AF591531

LE MARIAGE DE LA COUSINE

DE

L'ESPAGNOLE.

MŒURS IMPÉRIALES, ROYALES ET PAPALES.

LE MARIAGE DE LA COUSINE DE L'ESPAGNOLE

Par P. VÉSINIER,

PRISONNIER POLITIQUE, A BRUXELLES (BELGIQUE).

1er VOLUME.

LONDRES.

TRUELOVE, LIBRAIRE-ÉDITEUR, 256, HOLBORN (W. C.)

1868

Préface.

C'est au gouvernement français et à son humble serviteur celui de la Belgique, que nous devons de dater ce livre d'une prison; aussi nous tenons à leur témoigner publiquement, à tous les deux, notre reconnaissance pour leurs bontés, dont l'excès nous importune.

Depuis longtemps le gouvernement impérial nous avait donné des preuves non équivoques de la sollicitude avec laquelle il suivait nos publications. Surtout notre livre, *La Vie du Nouveau César* ne lui avait pas été indifférent, il l'avait même honoré d'une poursuite. Mais ce qui a déterminé l'explosion de ses faveurs pour nous, c'est l'apparition d'un nouvel ouvrage: *Le Mariage d'une Espagnole*, qui a eu lieu en mai 1866. Le gouvernement français a découvert dans ce livre le délit grave d'offense envers son illustre chef, et il nous a dénoncé à la vindicte du ministère public belge.

Dès que nous fûmes accusé du délit international prévu par la loi Faider, nous eûmes l'aimable visite de Monsieur le juge d'instruction, de son greffier et d'un commissaire de police; ces messieurs, au mépris de la loi qui défend de pratiquer des visites domiciliaires chez les prévenus de délits de presse, fouillèrent, boulversèrent, compulsèrent, lurent tous nos papiers et saisirent ceux qui leur convinrent, ainsi que nos livres qui eurent l'heureux et flatteur privilége de leur plaire, quoiqu'ils n'eussent aucun rapport avec l'enquête qu'ils faisaient. Ces honorables magistrats étaient sans doute des bibliomanes, qui ont profité d'une bonne occasion pour augmenter leurs collections, nous trouvons cela tout naturel, et nous sommes heureux qu'ils aient daigné juger nos bouquins dignes de leur choix; c'est un honneur auquel nous sommes très-sensible et dont nous leur exprimons toute notre reconnaissance.

Lorsque ces visiteurs indiscrets, aux doigts crochus furent partis, et après avoir subi un premier interrogatoire devant M. le juge d'instruction, nous fûmes consulter un avocat afin de connaître la pénalité et les autres agréments dont nous étions menacé par l'accusation qui pesait sur nous, et de savoir quelles étaient les mesures de précaution que nous devions prendre pour nous soustraire à ses conséquences.

Nous demandâmes d'abord à notre défenseur, si nous pouvions être arrêté préventivement pour délit de presse? — Non, nous répondit-il, la loi n'autorise pas cette mesure, et *notre magistrature a des mœurs trop honnêtes* pour se rendre coupable d'une illégalité en vous faisant arrêter.

Cette réponse péremptoire nous rassura complètement et nous décida à attendre de pied ferme l'issue des poursuites commencées contre nous.

Deux jours après la consultation que nous avions prise, Monsieur le juge d'instruction nous fit citer à comparaître devant lui, en son cabinet. Toujours confiant dans la parole de notre avocat et dans l'honnêteté des moeurs de la magistrature belge, nous ne prîmes pas même le temps de déjeuner et nous nous rendîmes avec empressement à la sommation qui nous était faite; depuis la jolie phrase louangeuse que notre avocat nous avait débitée, au sujet de la magistrature belge, dame Thémis n'avait plus rien de désagréable pour nous; elle nous faisait l'effet d'une femme charmante, aussi belle qu'aimable et qu'équitable, ayant de jolies manières, des formes polies et affables, pleines de grâce et d'aménité.

C'est dans cette confiante disposition d'esprit que nous nous présentâmes devant M. le juge d'instruction, duquel nous attendions naturellement l'accueil le plus gracieux et le plus sympathique.

Ce magistrat nous reçut en effet avec politesse, et nous engagea, dans notre intérêt, bien entendu, à nous reconnaître coupable du délit qui nous était reproché et, comme nous refusions d'obtempérer à ce désir, il ajouta, sans doute afin de faciliter nos aveux, qu'il venait de recevoir une lettre de M. le procureur général, dans laquelle ce dernier lui ordonnait de nous faire arrêter dans le cas où nous persisterions dans nos dénégations. A cette brusque déclaration toutes nos illusions sur *l'honnêteté et la douceur des mœurs de la magistrature belge* s'évanouirent, et nous fîmes observer, à M. le juge d'instruction, qu'en nous mettant dans l'alternative de faire des aveux ou d'aller en prison, il exerçait sur nous une violente contrainte, une torture morale, qu'il nous plaçait sur la *sellette;* qu'une pareille manière d'agir était inquisitoriale et indigne de la magistrature d'un peuple libre et fier de ses institutions libérales; qu'elle faisait rétrograder la Belgique de plusieurs siècles, et que nous ne nous attendions pas à une pareille manière de procéder, de la part de magistrats dont on nous avait vanté l'honnêteté des mœurs; mais que, dans tous les cas, il n'avait pas le droit de nous faire arrêter préventivement pour délit de presse.

Ce à quoi Monsieur le juge nous répondit:

que, comme nous étions étranger et non domicilié, il pouvait nous faire emprisonner préventivement.

Cette dernière assertion nous parut par trop forte; aussi nous ne pûmes nous dispenser de lui dire:

— Comment, vous osez prétendre que nous ne sommes pas domicilié? cela est exhorbitant, vous avez écrit vous-même sur notre mandat de comparution: *domicilié à Bruxelles,* et il y a en effet trois ans que nous sommes domicilié dans cette ville, nous avons fait notre déclaration à la police et déposé un superbe passeport illustré de l'affreuse aigle impériale.

Nous avons l'honneur d'être inscrit sur vos régistres communaux, et d'avoir une autorisation de domicile parfaitement en règle. Nous jouissons de toutes les libertés que vos *institutions libérales* octroient aux habitants de votre pays; nous avons le droit et le devoir, chaque fois que nous changeons de logement, d'aller nous présenter en personne, comme un forçat en surveillance, dans les bureaux de vos polices, et nous avons religieusement accompli cet exercice éminamment *libéral.*

Mais tout cela, selon M. le juge d'instruction, ne faisait pas que nous fussions domicilié, et ne nous donnait que la simple qualité de résident, et comme d'après lui nous n'avions pas de domicile légal en Belgique, ce magistrat honnête nous dit qu'il allait nous en donner un aux frais de l'État en nous faisant écrouer dans la maison de sûreté de Bruxelles, ainsi que le lui ordonnait M. le procureur général, qui était convaincu que nous nous étions rendu coupable du crime irrémissible d'offenses envers l'honnête auteur du deux-décembre.

Ce fut en vain que nous fîmes observer à notre interrogateur omnipotent, qu'en agissant comme il le faisait, en exécutant servilement les ordres du procureur général, il commettait un abus de pouvoir; qu'il compromettait son indépendance et la dignité de son corps; qu'il devait rendre bonne justice, des arrêts équitables et non pas des services; ce fut inutilement aussi que nous protestâmes contre l'illégalité et l'arbitraire de la décision prise à notre égard; M. le juge d'instruction, à bout d'arguments et ne sachant plus quelle contenance tenir, sonna les gendarmes, qui vinrent, fort à propos, le tirer d'embarras en nous conduisant en prison.

Voilà, chers lecteurs, un exemple frappant de *l'honnêteté des mœurs de la libérale magistrature belge*. Cette dernière, suivant les excellentes traditions que l'inquisition, Philippe II, le duc d'Albe et le Tribunal-de-Sang ont laissées chez elle, dit sans ambages aux accusés: „Avouez ou je vous fais jeter en prison;“ et cela non pas seulement en matière criminelle, mais encore lorsqu'il s'agit de simples délits de presse. Cette bonne magistrature est tellement coutumière de ce fait odieux, qu'elle ne prend pas même la peine de le dissimuler ainsi le sieur de Bavay, procureur-général, à qui notre avocat se plaignait de la façon indigne dont nous étions traité, en lui faisant observer que nous n'étions pas un criminel, lui répondit cyniquement :

— Ah-ça ! croyez-vous, par exemple, que je fasse une différence entre *les écrivains et les malfaiteurs?*

Et il poussa le sans gêne jusqu'à consigner à notre dossier la lettre inquisitoriale, dans laquelle il ordonnait de nous infliger illégalement de la prison préventive, si nous refusions de faire les aveux qu'il voulait nous imposer par la menace. Nous avons inutilement appelé de la décision arbitraire du juge instructeur, vainement nous en avons fait une question préjudicielle devant la cour d'assises et un moyen de cassation, trois arrêts successifs nous ont donné tort et ont confirmé la doctrine *libérale* de l'arrestation préventive en matière de presse contre les étrangers ; et la cour poussa la rigueur et l'arbitraire jusqu'à refuser notre mise en liberté sous caution.

Nous insistons sur ses actes de sévérité exagérée parce que la Belgique doctrinaire a la prétention d'être un pays libre, et qu'elle a su usurper cette réputation à l'étranger, à force de réclames mensongères.

Jamais mesure aussi exorbitante n'avait encore été ordonnée par une cour Belge contre un écrivain, et nous sommes le premier qui ait été emprisonné préventivement pour délit de presse. Cela ne se fait chez aucun peuple qui n'est pas soumis au despotisme le plus monstrueux; il était reservé aux libérâtres doctrinaires d'inaugurer, chez eux, cette iniquité. Sous ce rapport ces tartuffes du libéralisme laissent bien loin derrière eux le despotisme impérial, et il n'y a guère en Europe que l'Espagne, soumise au joug de la sœur Patrocinio et de Narvaez, qui applique de semblables procédés. Mais le gouvernement de la chaste Isabelle le fait à coup de décret et sous l'État de siège, tandis que les libéraux belges accomplissent leurs petites infamies légalement, le code à la main; ils ont une jolie collection de lois d'exception dont l'inquisition pourrait être jalouse, et une magistrature bien dressée, capable de rendre des points aux *jugeurs* du second Empire; et la sixième chambre correctionnelle du département de la Seine, qui s'est acquis une réputation si bien méritée pour la complaisance qu'elle met à rendre des services, pâlit devant les arrêts des cours belges.

En France, sous le despotisme impérial, on n'emprisonne pas préventivement les étrangers pour délit de presse; on laisse les condamnés en liberté jusqu'après le jugement qui les frappe, et on leur accorde tous les délais qu'ils sollicitent, lors même qu'ils ne sont pas domiciliés en France; ainsi que cela est arrivé pour M. Lacroix, éditeur, à Bruxelles, condamné récidiviste, à un an de prison, pour délit de presse, qui non-seulement n'a pas été arrêté préventivement, mais qui encore, après sa condamnation, a pu retourner à Paris, sans être inquiété, et qui n'a pas subi sa peine. Cependant M. Lacroix n'était pas domicilié en France, et nous l'étions en Belgique; il était récidiviste et nous ne l'étions pas; il avait été condamné pour *outrages envers la morale et la religion*, ce qui nous semble cependant beaucoup plus grave que le simple délit *d'offenses* envers un prétendu souverain.

En France, même sous le despotisme impérial, les mœurs publiques et le caractère national, toujours bienveillants pour les étrangers, tempèrent la rigueur des lois, tandis qu'en Belgique la grossièreté des mœurs judiciaires, le mépris des doctrinaires pour l'opinion publique en dehors des censitaires, l'avilissement de la grande presse, et l'aversion professée contre les *étrangers* par la gent officielle, laissent à l'administration la faculté de commettre impunément contre eux tous les actes d'arbitraire, de rigueur et de violence.

Le délit de presse, qui serait puni à Paris de 3 mois de prison, l'est facilement à Bruxelles de 18 mois, de 1000 francs d'amende et de 4 mois de prévention. Ainsi que nous le disait un honnête gendarme en nous mettant les menottes: „La Belgique est un pays libre, mais les lois y sont très-sévères.“ (textuel).

Nous rappelons ces paroles sensées, ainsi que l'arbitraire et les rigueurs dont nous avons été la victime, aux étrangers qui seraient tentés de venir jouir des bienfaits du libéralisme belge, afin qu'ils soient édifiés sur les procédés judiciaires de l'école doctrinaire, et pour qu'ils ne viennent pas, comme nous, se brûler à son prétendu flambeau libéral, ou tomber dans le piège perfide qu'elle cache sous les trompeuses apparences et les étiquettes menteuses de ses trop fameuses institutions.

Malgré l'assimilation grossière et brutale, faite par M. le procureur général, des écrivains aux malfaiteurs, beaucoup s'imagineront, peut-être, qu'elle était une pure fanfaronnade, et penserons qu'on mit néanmoins des formes et des égards dans l'exécution des mesures illégales dont nous avons été la victime; on croira, sans doute, qu'après s'être ainsi assuré arbitrairement de notre personne, on l'avait fait du moins avec les convenances et l'humanité qui ne devraient jamais être oubliées envers de simples prévenus, qui doivent toujours être présumés innocents, et surtout lorsqu'il s'agit d'un délit de presse qui, lors-même qu'il serait constaté, n'a rien qui entache l'honneur. Eh bien, on va juger comment on traite dans la *Belgique libérâtre, dite libérale*, les écrivains qui ont le malheur de déplaire dans les régions corrompues du pouvoir.

Monsieur le juge instructeur, qui nous fit conduire en prison, poussa l'aménité jusqu'à mettre à notre disposition la voiture des galériens, dans laquelle on nous força d'accepter une place dans une de ces étroites cages, qui sont un outrage à l'humanité; nous fîmes notre entrée triomphale au greffe de la *maison de sûreté* de Bruxelles, avec une douzaine de malfaiteurs de tous rangs et de tous grades. Voilà déjà 18 longs mois que nous avons le privilége de jouir des douceurs du régime cellulaire, d'être nourri, logé et non vêtu aux frais de l'État, et comme l'a dit si spirituellement M. le juge d'instruction, nous avons maintenant un domicile légal en Belgique.

Messieurs les jurés doctrinaires brabançons, avec l'intelligence et l'indépendance qui les distinguent, nous ont reconnu coupable du délit d'offenses envers le susdit Napoléon III.

Offenser l'Empereur,
Quel crime abominable;

La mort seule est capable
D'expier cette horreur.
On nous le fit bien voir;
De blanc, on nous fit noir.

Messieurs de la cour, aux mœurs honnêtes et douces, nous ont octroyé:

1° Dix-huit mois de prison, ci . .	18	mois
2° Mille francs d'amende ou 6 mois id, ci	6	id.
3° Quinze jours id. pour les frais, ci	$\frac{1}{2}$	id.
4° trois mois et demi de prévention, ci	$3\frac{1}{2}$	id.
Total vingt-huit mois, ci . . .	28 „	„

Voilà ce qu'il en coûte la première fois, dans la Belgique soumise au charmaut régime libéral-doctrinaire, pour un prétendu délit d'offenses envers ceux qu'on appelle si improprement des souverains.

Solouque 1er régnant, si nous avions écrit qu'il avait le sang mêlé, qu'il n'était pas pur ébène, qu'il était mulâtre, par exemple, ce qui est bien la plus grave offense que l'on puisse faire à une majesté nègre, aurait pu aussi déposer une plainte contre nous, et alors jurés et juges bourgeois, se fussent mis à l'œuvre, et nous eussent fait condamner à deux ans et demi de prison; c'est le minimum du tarif pour les offenses imprimées, seules celles lithographiées sont un peu moins chères, on les passe à un an et demi, si on est belge, et à 2 ans si on est étranger. Messieurs de la cour ne siègent pas à moins pour ces délits privilégiés et exceptionnellement bien rétribués.

Mais ce n'est pas gratuitement que l'honnête ministère libéral doctrinaire entend avoir rendu les petits services que le *bon frère* de son roi a obtenus de lui. Il espérait, et il espère encore, être décoré dans la personne des sieurs Bara, Frère, Rogier et Cie ; la magistrature se croit, elle aussi, digne de la même faveur et présente les poitrines des nommés de Bavay, Hendrix, Vauthier, Sanchez d'Aguilar, etc., sur lesquelles la croix de la légion, dite d'honneur, ferait si bien; nous la leur souhaitons de grand cœur, et si jamais ils ont le bonheur d'obtenier cette faveur, nous faisons des vœux pour qu'elle leur soit légère; nous leur rappelons le dicton populaire suivant, afin de leur inspirer le mépris des hochets royaux et impériaux.

On nous raconte qu'autrefois,
On pendait les voleurs en croix;
Maintenant les temps sont meilleurs,
Car on pend, les croix aux voleurs.

Ce-ci soit dit sans malveillance aucune contre les sus-nommés, puisque jusqu'à ce jour, quoique plusieurs aient eu de l'avancement, ils n'ont pas encore été décorés impérialement; lorsqu'ils le seront, nous retirerons notre quatrain, dans la crainte d'offenser ces excellences et ces messieurs, d'encourir leur courroux et d'agraver notre position, qui est suffisamment déplorable; car malgré l'aimable parité que M. le prorureur général a daigné établir entre les écrivains et les malfaiteurs, nous avons remarqué que les peines, des condamnés pour crimes et délits ordinaires, sont bien inférieures à la nôtre, et nous avons été étonné de tous les jolis petits méfaits et forfaits que l'on peut se donner la satisfaction de commettre pour 28 mois de détention.

Nous avons eu, depuis que nous sommes en prison, le précieux avantage de connaître une multitude de malfaiteurs qui étaient moins bien condamnés que nous. Ainsi un ex-magistrat qui avait volé une montre n'a eu que 18 mois de prison, et le roi, dans sa miséricorde souveraine, lui a naturellement fait remise des deux tiers de sa peine; un ex-officier étranger a été frappé de la même peine pour avoir demandé la bourse ou la vie la nuit, sur une place de Bruxelles; un baron millionaire n'a eu qu'un an de prison pour avoir frustré l'État de près de deux millions de droits sur les alcools, et encore on l'a mis bientôt en liberté sous prétexte de maladie; le pieux frère Ambroise, de la doctrine-chrétienne, n'a aussi été condamné qu'à 18 mois de prison, pour attentat à la pudeur sur plusieurs jeunes élèves de l'orphelinat d'Ostende.

L'aumonier d'une prison, un saint homme,

chargé de la moralisation des détenus, qui l'appelaient poétiquement un *bac à schnik*, à été beaucoup plus heureux que le chaste frère Ambroise, il n'a pas même été poursuivi, on l'a simplement révoqué de ses fonctions, pour tentative de conversion intime et aimable, dans l'exercice de son ministère, sur la personne d'une prisonnière, sa pénitente; le mari de cette malheureuse, aussi détenu, est tombé dangereusement malade en apprenant de quel touchant procédé sa femme avait été la victime. Un horloger, qui travaille en cellule, n'a eu qu'un an et demi de prison pour avoir tué son enfant. Un honnête barbier seulement six mois pour débauche de jeunes filles mineures, etc. Une grande quantité d'autres voleurs, filous, escrocs, débauchés, etc., étaient condamnés à des peines moindres. Messieurs les juges réservaient toutes leurs rigueurs pour les offenses envers les souverains étrangers, afin de protéger tous les Soulouques noirs et blancs. Il est vraiment étonnant de voir tous les jolis petits crimes et délits qu'on peut commettre pour une peine moindre que la nôtre; aussi les condamnés ordinaires, détenus dans la même prison que nous, prétendent, non sans raison, que nous avons bien maladroitement gaspillé notre temps, que s'ils étaient à notre place, ils auraient bien des regrets, et ne pourraient se pardonner d'avoir encourru une pareille peine pour si peu. Ils sont scandalisés de notre conduite inexpérimentée.

Avant la condamnation exorbitante qui nous a frappé, l'administration libérale et l'honnête magistrature belge nous avaient déjà donné, ainsi que nous l'avons dit, des preuves nombreuses de leurs sympathies; elles avaient poussé la bienveillante sollicitude dont elles nous entouraient, jusqu'à nous confondre, dès les premiers jours de notre arrestation, avec les malfaiteurs de toutes catégories, et elles nous obligaient de descendre chaque jour, dans une cour infecte, avec le vase des immondices à la main pour le vider en société d'une quarantaine de détenus pour crimes et délits ordinaires, dans les rangs desquels on nous forçait en-outre de nous promener pendant une heure autour du préau, matin et soir, afin que nous jouissions de cet exercice salutaire dans cette société choisie, et que nous respirions les suaves émanations qui s'échappaient ordoriférantes de l'égout dans lequel on venait de verser une quarantaine de bacs d'aisances. Lorsque notre arrêt de renvoi devant la cour d'assises fut rendu, on nous fit la surprise d'une nouvelle faveur. Notre gardien nous conduisit dans un autre préau, au-dessus de la porte duquel nous lûmes: *Cour des Criminels*, et dans lequel il nous enferma avec une douzaine de malfaiteurs de la *haute pègre*, tous munis, ainsi que nous, des inséparables seaux qui nous suivaient et nous parfumaient. Il y avait avec nous: un accusé de viol sur la personne de sa fille agée de 12 ans, ce malheureux a été condamné aux travaux forcés à perpétuité; un meurtrier condamné seulement à cinq ans; un autre aussi accusé de meurtre, qui a été condamné aux travaux forcés à perpétuité; un brigand de grand chemin, nommé Ponchaud, condamné à mort pour assassinat d'un malheureux paysan, avec guet-apens, la nuit sur une route.

Nous n'avons jamais pu comprendre quel était le motif, qui nous a fait mettre ainsi avec les détenus de la pire espèce. Était-ce pour nous humilier? Si c'était dans cette intention charitable, on s'est trompé; car, nous le déclarons franchement, nous tenons nos compagnons de geôle pour de parfaits honnêtes gens à côté des serviles et des immoraux, défenseurs des criminels de haut parage, qui nous ont fait condamner, et nous croyons que c'est un grand honneur que d'être en butte aux persécutions des valets des tyrans, qui sont cent fois plus nuisibles et plus criminels que les meurtriers et les assassins avec lesquels ils nous ont fait enfermer. Si c'était pour nous effrayer et nous amener à faire les aveux sollicités par M. le procureur général, leur procédé inique leur a été inutile, puisque nous n'avons fait qu'en hausser les épaules avec mépris.

Nous ne trouvons qu'une seule explication à cette mesure indigne, c'est que ceux qui s'en sont rendus coupables ont voulu imiter les traditions et les grands exemples des auteurs du deux décembre en confondant les écrivains et les hommes politiques avec les malfaiteurs, et nous croyons que nos persécuteurs étaient dignes en tous points de comettre ce plagiat.

Il y avait aussi avec nous, dans ce préau des grands criminels, un jeune proscrit polonais innocent, que le sieur de Bavay, procureur général, avait fait extrader de Dresde, et qu'il accusait de fabrication et d'émission de faux billets de banques russes; ce ne fut qu'après les souffrances atroces de 10 mois de la détention préventive la plus rigoureuse, que ce malheureux a été acquitté en cour d'assises et mis en liberté. Un autre pauvre prévenu, jeune paysan accusé d'incendie, a fait aussi 10 mois de prison, après quoi son innocence a été reconnue, par la chambre des mises en accusation, et il a été relaxé.

Quelqu'un qui ferait le compte des années de prison préventive que le procureur général et son parquet ont fait subir, depuis dix ans seulement, à des innocents, trouverait des siècles et des siècles de détention. Nous le demandons, que penser des lois à l'ombre desquelles s'accomplissent de pareils faits, de semblables abus de pouvoir? peut-on ne pas abominer une législation qui autorise ces iniquités? Mais là ne se sont pas bornés ses méfaits épouvantables, elle a encore bien souvent fait condamner à mort des innocents, et deux, Coucke et Gœthals, ont été reconnus tels après qu'on leur eut coupé le cou. Ceux qui les ont fait mettre à mort, ne devraient-ils pas être troublés par le remord d'avoir fait verser le sang de ces hommes? peuvent-ils être tranquilles au souvenir de ces iniquités et de ces crimes? ne devraient-ils pas trembler chaque fois qu'ils condamnent? Ne devraient-ils pas réclamer l'abolition de la peine de mort? Eh bien, au contraire, ils demandent son maintien. Un autre détenu innocent, que nous avons aussi beaucoup connu en prison, est le Turc Risck-Allah, accusé de faux et d'assassinat, qui a été acquitté, grâce à l'admirable plaidoirie de maître Lachaud. Mais nous n'avons eu l'avantage de fréquenter messieurs les malfaiteurs que pendant notre prévention, une fois que nous fûmes passé à l'état de condamné, nous avons été soumis au régime de la séparation la plus absolue et isolé de tous les autres détenus; toujours seul, vérouillé à double tour dans notre cellule, ainsi que dans la cour, où nous nous promenions, nous ne parlions jamais à personne, et il était expressément défendu aux autres prisonniers de nous adresser la parole sous peine d'être mis au cachot. Nous avons passé plusieurs mois dans cet isolement complet et dans cette solitude profonde.

Si la magistrature belge, le gouvernement et le parquet avaient été équitables envers nous, il y a longtemps que nous serions libre; d'après la nouvelle loi sur la détention, tous les condamnés ordinaires soumis au *régime de la séparation*, lors même qu'ils n'ont subi ce régime que pendant une partie de leur temps, ont droit à la remise de la moitié de leur peine, or, voilà déjà 18 mois que nous sommes prisonnier, et nous avons été soumis six mois au régime de la séparation la plus absolue, parconséquent, nous avons rempli les conditions exigées par la nouvelle loi et nous devrions être libre depuis plusieurs mois. Mais l'honnête ministère belge refuse notre mise en liberté parce que la maison de détention dans laquelle nous subissons notre peine n'est pas classée parmi les prisons cellulaires et, sous ce spécieux prétexte, on nous détient arbitrairement et on prolonge notre emprisonnement de plus d'un an. C'est envain que nous protestons contre cette détention arbitraire, il nous est impossible de faire admettre notre juste réclamation, et nous devons subir la loi du plus fort.

Et pourtant jamais criminel soumis au régime cellulaire le plus rigoureux n'a eu à souffrir autant que nous. Il n'a jamais été réduit à manger une nourriture aussi dégoûtante, repoussante, débilitante, malpropre et malsaine que la nôtre. Qu'on en juge par les faits suivants:

Le jour de notre incarcération nous étions à jeun depuis la veille; nous avons demandé des aliments, mais on nous les a refusés avec la grâce charmante et l'aménité inimitable qui caractérisent les geôliers; ce n'est que le lendemain matin, après 36 heures de jeune, que l'on nous a apporté, ainsi qu'à chaque prisonnier, un demi litre de décoction de mauvaise chicorée et une livre de grossier et affreux pain noir, moitié séigle, moitié son, et de la qualité la plus détestable. Le déjeuner, qui nous a été donné, ensuite se composait d'une gamelle de soupe très-difficile à décrire; cette nourriture dégoûtante était bien ce qu'il y avait de pire, de plus repoussant, de plus affreux d'aspect, d'odeur et de goût; il faut avoir vu cet aliment et en avoir mangé pour s'en faire une idée. C'est une infamie d'oser imposer une pareille nourriture à des hommes, car des porcs n'en voudraient certainement pas. Nous allons essayer d'en donner une faible idée à nos lecteurs. Deux fois par semaine cette soupe est faite avec du riz avarié, en très-petite quantité et un peu de sel en proportion très-insuffisante; elle n'a ni goût, ni saveur, ni qualité nutritive; elle est bonne tout au plus à charger l'estomac et à gonfler le ventre pendant une heure. C'est cependant là la meilleure soupe des prisonniers; celle à l'orge est encore de qualité bien inférieure; c'est une espèce de colle claire, faite avec des gruaux d'orge gâtés ou moisis, que l'on fait cuire dans l'eau; on obtient ainsi un liquide gluant, visqueux, de couleur gris sale, semblable à de l'admidon malpropre, dont le goût aigre-doux soulève le cœur, on ne peut rien manger de plus mauvais et de plus repoussant, il y a de quoi vomir rien qu'à le voir; on pourrait s'en servir avec succès en guise de colle pour tapisser sa cellule.

Enfin la troisième soupe, dite *soupe à la viande,* que l'on donne le jeudi et le dimanche, est faite avec une matière animale, qui n'est rien moins que potable, et qui devrait bien plutôt être enfouie que donnée comme aliment à des hommes. Nous devons avouer, pour être véridique, qúe nous ne nous serions jamais douté, quoique en ayant déjà mangé pendant plus de cinq mois, qu'il y eut une parcelle de viande dans l'affreux détritus qu'on nous donnait; nous n'avions jamais aperçu dans notre gamelle le plus léger morceau de bœuf ou de vache, la moindre trace de graisse, un seul œil sur le bouillon, ou senti le plus léger goût de soupe grasse, et nous n'avions pas soupçonné que chaque semaine le Vatel de la geôle nous faisait servir deux consommés au gras. Mais un jour, ayant entendu deux détenus parler d'une fameuse soupe à la viande, dont ils faisaient un éloge ironique, nous leur avons demandé à quelle époque et à quelle occasion ils avaient eu le précieux avantage d'avoir ce fameux potage illustré de bœuf; ils nous répondirent alors, que tous les jeudis et tous les dimanches on le leur servait ainsi qu'à nous et à tous les prisonniers.

C'est de cette façon que nous fûmes informé de la qualité de la soupe inconnue que nous mangions de confiance pour ne pas mourir de faim, mais dont nous ignorions le contenu.

Cet aliment est confectionné avec de la viande infecte, impropre à la consommation; avec les ventrailles, le cou, les nervures, les tendons, des morceaux de têtes, des machoires, etc., etc...., tout cela à moitié pourri; en un mot tout ce qui ne peut-être vendu, sert pour faire la soupe des malheureux prisonniers; et par le temps de peste bovine qui courrait alors, quand on pouvait déterrer quelque victime du fléau, on nous la servait; l'écarisseur des vieilles cavales fournissait aussi ses plus beaux quartiers pour notre consommation; tous les détritus des abattoirs et des charniers servaient et servent encore à confectionner cette célèbre soupe; par les grandes chaleurs qu'il faisait alors (juillet 1866), on mettait à la cave la provision de cette charogne afin de la conserver deux ou trois jours, mais elle ne tardait pas à se corrompre, aussi quand on l'employait, elle était ordinairement noire et verdâtre, pleine d'asticots et puante; on l'aurait prise plutôt pour de vieux cuirs ou des anciennes tiges de bottes, que pour de la viande destinée à la consommation. Déjà à moitié pourrie on la hachait très menue et on la faisait ensuite cuire dans de l'eau; on obtenait ainsi cette décoction pâteuse, gluante, jaunâtre, glaireuse et gélatineuse, qui nous était servie deux fois par semaine, sous le nom ronflant de *soupe à la viande*. Mais il était impossible de deviner avec quoi elle était faite si on ne le savait pas d'avance.

Voilà pourquoi nous ne nous étions pas douté pendant plusieurs mois que nous mangions de la soupe grasse.

La manière dont on la confectionne est bien faite aussi pour en inspirer le dégoût. Nous avons vu à la cuisine des hommes ayant LA GALE, frottés et tout jaunes de souffre, préparant la nourriture des prisonniers, maniant, découpant, manipulant, triturant la viande et les légumes, et confectionnant les aliments. Ajoutez à cela que plus du tiers des détenus militaires, qui ratissent, épluchent et choisissent les légumes, ont aussi la gale, et vous aurez une idée de la propreté, de la bonne confection et de la qualité de la nourriture des prisonniers. C'est cet appétissant et sain régime alimentaire que l'on nous a fait subir six mois. Mais cela n'est rien encore à côté des autres souffrances qui nous ont été infligées.

La cellule, dans laquelle on nous avait enfermé était digne de l'affreux régime que nous subissions, comme on va le voir: elle était étroite, humide, mal éclairée et puante; un mauvais sac de paille, mince, étroit, sale, déchiré; des draps noirs avec de grands trous et des taches, et qui avaient déjà servi à nos prédécesseurs, une couverture grasse et maculée d'ordures, et un hamac en joncs couvert de poussière et de toutes espèces de malpropretés, composaient un lit dur et humide, sur lequel on ne pouvait se retourner sans s'exposer à tomber par terre, vis-à-vis une table vissée à la muraille, un escabeau grossier attaché avec une chaîne, une gamelle d'étain et un bac à immondices complétaient l'ameublement de ce séjour, dans lequel on pouvait faire quatre pas en long et trois en large.

Cet affreux réduit recevait le jour par une espèce de vagistas à bascule, dont le chassi, garni de vitres dépolies, couvertes d'une épaisse couche de poussière, laissait difficilement pénétrer une lumière blafarde; on ne voyait à travers, ni le ciel, ni le soleil, et l'air ne pouvait pénétrer que par deux étroites ouvertures, d'un décimètre de large sur trois de longs. Comme la fenêtre était très-élevée, l'air, l'humidité et le brouillard tombaient lourdement, et le premier ne se renouvelait que dans le haut de la cellule, de sorte que le prisonnier était toujours plongé, dans une atmosphère viciée et humide, comme au fond d'un tombeau, d'une citerne ou d'un puits ; l'humidité et le froid de l'extérieur, lorsqu'il ouvrait son vagistas pour avoir de l'air, pénétraient dans son cachot et lui tombaient dessus comme un manteau glacé, sans changer l'air vicié de la région inférieure dans laquelle il respirait. Mais ce qui lui causait le plus grand supplice, c'était l'atmosphère empestée, nauséabonde, dans laquelle il était obligé de vivre. Cette cellule affreuse était située dans un long corridor étroit, sombre et humide, en contenant une cinquantaine de semblables, toutes occupées, quelques unes ayant jusqu'à trois locataires; la grande quantité d'individus enfermés dans ces espaces étroits, où ils devaient faire leurs immondices et dont l'air ne pouvait se renouveler que très-difficilement, suffisait bien pour vicier et corrompre l'atmosphère; mais plusieurs autres causes contribuaient encore beaucoup plus à ce résultat déplorable. Dès le matin 40 ou 50 malheureux enfants, prisonniers, traversaient le long et étroit corridor, sur lequel s'ouvrait notre cellule, portant leur vase de nuit à la main, dont ils laissaient tomber une partie du contenu infect dans le couloir, et ils allaient tous vider le reste dans un égout, dont l'ouverture était précisément située sous notre fenêtre. Dès que les malheureux enfants traversaient le corridor, une forte odeur suffoquante d'immondices envahissait notre cellule et nous asphixiait. C'était envain que nous faisions jouer la bascule de notre fenêtre, pour nous garantir de l'infection; le dernier enfant n'avait pas encore passé devant notre porte son vase de parfums nauséabonds à la main, que le premier, déjà arrivé dans la cour, versait ses excréments dans l'égout sous notre fenêtre, et tous ses camarades lui succédaient bientôt; la mauvaise odeur s'élevait alors épaisse de l'orifice du canal, et envahissait complètement notre cellule, et d'une façon si intense et si violente, que nous étions forcé de nous boucher le nez pour ne pas vomir; nous nous empressions alors de refermer la bascule, et un quart d'heure après nous la rouvrions, lorsque nous supposions que l'air extérieur n'était plus infecté, et à l'aide de nos couvertures nous ventilions notre chambre, dans laquelle notre bac d'immondices, encore rempli de la veille, était une autre cause permanente d'infection. A neuf heures du matin, le gardien ouvrait tout au large toutes les portes des cellules, alors l'air vicié de la nuit, l'odeur des matières fécales des prisonniers des cellules voisines envahissaient le corridor d'une manière suffoquante et soulevait le cœur; sur l'ordre du gardien chaque détenu prenait à la main son bac, et tous descendaient à la cour sur un rang, les uns derrière les autres, portant leurs vases, qui se balançaient suspendus à une chaîne, agitant ainsi forcément les excrétions et répandant l'infection. Arrivé dans la cour, chacun devait successivement venir vider son bac dans l'ouverture étroite de l'égout; qu'on se figure 40 et quelque fois 50 hommes, faisant queue pour accomplir cette opération dégoûtante, pressés les uns derrière les autres, quatre ou cinq versant à la fois, le nez sur la fosse, le contenu jaunâtre, repoussant, puant, de leurs vases d'immondices, s'éclaboussant et produisant une infection telle qu'il est impossible de s'en faire une idée si on ne l'a pas sentie. Le premier matin que nous avons été obligé de nous livrer à cet exercice, quoiqu'il y eut 36 heures que nous n'avions rien mangé, nous avons vomi notre souper de l'avant veille. Toutes les parties de la cour sont alors tellement infectées par l'odeur nauséabonde des excréments qu'il est impossible de trouver un abri contre la puanteur. Toute la journée d'autres détenus viennent successivement vider des vases dans le canal, on ne peut rester deux minutes dans la cour sans être suffoqué. A cinq heures du soir on fait vider une seconde fois les bacs des cellules où il y a plusieurs hommes, et on empeste de nouveau l'atmosphère, le corridor et la cour. Nos lecteurs nous pardonneront ces détails dégoûtants, que nous donnons dans l'espoir qu'ils feront changer cet horrible régime. Ils comprendront quel affreux supplice de tous les instants c'était pour nous d'être plongé jour et nuit dans cette atmosphère infecte et puante, enfermé continuellement dans une cellule étroite, contenant un seau d'excréments, qui n'était vidé qu'une fois dans 24 heures, respirant l'air vicié, corrompu et infecté par les exhalaisons méphitiques, qui s'échappaient d'environ 250 vases d'immondices transportés tous les jours à travers notre corridor et vidés sous notre fenêtre. C'est pendant les mois de juin, juillet, août, etc., à décembre 1866, au moment où le choléra sévissait avec le plus des violence, qu'on nous a imposé cette dangereuse torture. L'administration doit donner chaque matin du chlorure de chaux aux prisonniers, pour désinfecter leurs bacs; elle doit en verser dans les lieux d'aisances et dans les égouts; mais jamais, quand l'épidémie cholérique était la plus violente, elle n'en a donné, ni employé une seule parcelle, un atome; elle n'a pas pris la moindre précaution hygiénique, et notre gardien a attrapé le choléra et a été traité dans sa chambre à côté de notre cellule ; ses déjections cholériques ont augmenté le danger et l'infection. Nous sommes resté 4 mois dans notre cellule sans jamais avoir vu, ni directeur, ni inspecteur, ni médecin, ni employé supérieur, ni membre de la commission.

Nous avons végété et souffert cruellement la moitié d'une année dans ce lieu putride, puant, empesté, humide, cholérique et très-dangereux, lors de la plus grande intensité de l'épidémie, qui régnait alors très-violemment. Pendant l'unique heure de promenade que nous faisions chaque jour, nous ne pouvions échapper à l'infection qui nous suivait partout, et nous étions obligé de nous boucher le nez pour nous garantir des exhalaisons, qui s'échappaient de l'égout situé dans le préau où nous venions prendre l'air, et dans lequel on ne cessait de vider des vases d'immondices du matin au soir. Tel est, comme nous venons de le dire, le supplice permanent, continuel, que nous avons eu a subir pendant longtemps.

Ajoutez à cela qu'on ne nous permettait pas au commencement de recevoir aucun aliment du dehors, et qu'on a poussé la rigueur jusqu'à empêcher de nous remettre une demi livre de sucre. Un de nos amis, qui nous avait apporté un vase d'héliotrope pour placer dans notre cellule, afin de neutraliser un peu la mauvaise odeur, dont nous souffrions beaucoup, n'a pu obtenir l'autorisation de nous le donner. Nous n'avions non plus, ni feu, ni lumière. Et cependant il faisait très-humide et très-froid dans notre cellule aux mois d'octobre, de novembre et de décembre, et il n'y faisait jour que de 9 heures et demie du matin à 3 heures et demie du soir. Nous étions donc plongé dix-huit heures par jour dans l'obscurité. Comme le froid nous faisait beaucoup souffrir, nous nous vêtimes d'un double habillement: deux pantalons, deux chemises, etc., et nous nous enveloppâmes dans notre couverture, ce qui ne nous empêcha pas de trembler de froid et d'avoir les pieds gelés. La nuit nous étions forcé de laisser notre vagistas ouvert pour ne pas être asphixié par la puanteur méphitique et nauséabonde du couloir et par celle de notre vase ; le froid et l'humidité pénétraient dans notre cellule, et le matin notre lit était tout mouillé quand nous nous levions. Ajoutez à cela, 5 visites chaque nuit, faites par les gardiens accompagnés de soldats, frappant le parquet de la crosse de leurs fusils, faisant un grand bruit en marchant, et un vacarme épouvantable en ouvrant et vérouillant chaque énorme serrure des cellules ; de façon que nous étions réveillé toutes les deux heures par les rondes des gardiens, qui entraient dans les cellules avec leurs lanternes. C'est ce joli régime que nous avons subi du 9 juillet au 20 décembre 1866, et auquel nous serions encore soumis actuellement s'il ne nous étaient pas venu deux collégues belges, condamnés aussi pour délits de presse, et pour lesquels on en a organisé un autre beaucoup plus humain et beaucoup plus convenable, et dont nous avons profité; mais, si le hasard avait fait que nous fussions le seul condamné politique, nous sommes certain qu'on n'eut pas amélioré notre position et que nous serions mort de souffrances et de misères avant d'avoir fini notre temps.

Le supplice du froid que nous endurions était devenu intolérable, celui occasionné par la puanteur de l'atmosphère viciée que nous respirions dépassait tout ce que nous avons dit, nos vêtements en étaient tellement imprégnés, que, quand nous allions au parloir, nos visiteurs étaient souvent forcés de s'éloigner de nous, ne pouvant supporter l'infection que nous trainions avec nous comme une affreuse peste, et, nous le répétons, c'est pendant la période la plus violente du choléra qu'on nous a soumis à ce supplice de tous les instants, qui a duré six longs mois, jour et nuit. Les condamnés pour crimes et délits qui quelques fois pouvaient échanger quelques paroles avee nous, à la dérobée, à travers une grille ou dans un corridor, en passant, nous demandaient quel crime nous avions commis pour que nous soyons traité aussi rigoureusement, pour que l'on nous eut enfermé toujours seul dans une cellule et pour qu'on nous fit toujours promener isolément dans la cour? quand nous leur disions que nous étions accusé d'avoir fait un livre contre Louis Bonaparte, ces malheureux croyaient que nous nous moquions d'eux, ils ne comprenaient rien à la sévérité extrême du régime auquel nous étions soumis. Pour eux, être seul en cellule, c'est une grande punition, à laquelle on les condamne quand ils ont commis une faute grave; la menace de les mettre en cellule, après celle du cachot, est certainement celle qui les effraie le plus; depuis que nous sommes en prison, quatre détenus se sont pendus, dont deux sont morts, pour avoir été soumis pendant quelques jours seulement au régime de l'isolement. Les condamnés ordinaires étaient en effet beaucoup mieux que nous, ils avaient une grande cour dans laquelle ils se promenaient tous ensemble et une chambre à côté bien chauffée l'hiver, ils pouvaient causer et s'amuser une grande partie de la journée, et ils racontaient le soir des histoires pendant les longues veillées d'hivér dans leurs dortoirs communs, tandis que nous étions toujours seul et sans feu ni lumière;

aussi nous plaignaient-ils beaucoup, tous nous disaient qu'ils ne voudraient pas être à notre place.

Voilà le supplice qui nous a été infligé, sans doute pour nous décourager et nous empêcher de persévérer dans notre tâche, dans l'espoir de nous faire renoncer à continuer l'œuvre de châtiment que nous avons entreprise.

Eh bien, si telle est l'espérance de nos ennemis, ils se sont trompés, et ils seront déçus; loin de nous décourager, la persécution indigne dont nous sommes la victime ne fait que fortifier chaque jour notre foi, la prison est une école de persévérance, elle inspire les fortes résolutions, les grands sacrifices, les dévouements sublimes, elle est la pierre de touche infaillible pour éprouver les hommes; les caractères bien trempés se replient sur eux-même, puisent de nouvelles forces dans la solitude, et augmentent encore leur énergie et leur puissance.

Quant à nous, nous avons continué, en prison comme en liberté, à dévoiler et à stigmatiser les crimes des oppresseurs des peuples, et nous publions aujourd'hui un nouveau livre:

Le mariage de la Cousine d'une Espagnole.

Nous prions Messieurs les jugeurs belges de ne pas le confondre avec: *Le mariage d'une Espagnole*, qu'ils ont poursuivi et condamné avec tant de rigueur il y a 18 mois. Nous les prévenons, si besoin est, que dans ce nouveau livre, il s'agit des collatéraux de *l'Espagnole*, lesquels ne sont pas revêtus de la moindre souveraineté et parconséquent n'ont aucun droit à la protection de la fameuse loi Faider. Les meilleurs choses du monde laissent souvent beaucoup à désirer, il en est ainsi de la législation que la Belgique s'est laissé imposer par l'étranger. On a, dans cette bonne loi, oublié d'étendre la protection paternelle du gouvernement belge aux collatéraux jusqu'à la 18me génération inclusivement : aux laquais, aux courtisans, aux eunuques et aux maîtresses de César ; c'est là une lacune qu'il faut combler, et que nous signalons au zèle intelligent et libéral des législateurs doctrinaires, si dignes de compléter dans ce sens leur loi d'amour. Quand ils auront fait cette honnête besogne, nous respecterons tous les parents et amis de César, jusqu'au cheval de Caligula et sa descendence sacrée.

Mais en attendant cette heureuse amélioration, dont le besoin se fait sentir aujourd'hui, nous avons pris la liberté grande de publier une nouvelle peinture de mœurs impériales qui, nous l'espérons, ne manque ni d'attrait ni de piquant. Après avoir flétri les grands coupables, nous avons voulu infliger le même châtiment à leurs complices. C'est ce que nous faisons dans notre nouvel ouvrage.

Toutes les scènes, tous les récits qu'il contient, quelque extraordinaires qu'ils puissent paraître, sont rigoureusement vrais. Les tableaux de mœurs qu'il enferme sont d'une exactitude irréprochable; et les types de corrompus et de criminels qui jouent les principaux rôles sont d'une grande vérité historique, il en est de même de ceux des héros et des martyrs qui sont mis en scène.

Ce livre a un but moral des plus élevé: celui de stigmatiser le vice et le crime, d'en inspirer l'horreur et le dégoût, afin qu'ils disparaissent au plus tôt du sommet de l'ordre social, où ils brillent d'une éclat pernicieux.

Nous avons la conviction profonde que notre conduite aura les sympathies de tous les gens réellement honnêtes, que ces dernier nous approuveront de mettre à nu les vices grossiers, les crimes monstrueux de ceux qui tyrannisent les peuples, qui font le malheur de l'humanité, et de hater ainsi leur chute et leur châtiment.

Nous savons aussi, d'un autre côté et par expérience, que tous ceux dont nous flétrissons la conduite coupable, leurs parents, leurs amis, leurs laquais et leurs sicaires, nous blameront, qu'ils nous accuseront d'avoir fait une œuvre mauvaise, un livre immoral, en mettant au jour des mystères d'iniquité et de perversion, à qui, selon eux, l'ombre eut convenu beaucoup mieux; d'avoir raconté des trahisons, des mœurs de cour, qu'ils eussent préférés voir à jamais couvertes d'un voile épais.

Nous répondrons : si c'est une mauvaise action que de flétrir le crime et de glorifier la vertu, cette action, que les fripons et les véreux blament, nous sommes fiers de la commettre, et nous sommes heureux d'être persécuté et de souffrir pour elle.

Si c'est être coupable que de dévoiler des mystères de honte, des existences vicieuses et dégradées, une politique corrompue et corruptrice, machiavélique et tyrannique, afin d'en inspirer le mépris et l'horreur, nous l'avouons franchement cette faute, nous la commettons aujourd'hui de propos délibérés.

Si c'est être criminel que de condamner et de signaler au mépris public le vice orgueilleux, renté, titré, décoré, encouragé, récompensé et triomphant, que de le vouer à l'infâmie et de le clouer au pilori, au lieu de lui faire des apothéoses, de lui jeter des fleurs, de lui brûler de l'encens, de lui tresser des couronnes et de le donner en adoration à la foule abusée ou stupéfiée, nous le déclarons, ce crime nous nous honorons de nous en rendre coupable, et nous persisterons dans notre conduite malgré les persécutions dont nous sommes victime. Chez nous la voix du devoir est plus forte que celle de l'intérêt et de la prudence. Comme a dit le poète:

Nous attachons la gloire à tout ce qu'on maudit;
Nous attachons la honte à tout ce qu'on bénit!

Si c'est être immoral que de peindre des mœurs corrompues et dépravées; que de déchirer le voile qui couvre les infâmes débauches des misérables qui se repaissent, s'engraissent et jouissent des sueurs, des larmes et du sang des peuples; eh bien, nous l'avouons avec orgueil, nous sommes immoral, et nous sommes heureux de l'être; car nous avons autant d'amour pour cette immoralité honnête et courageuse que de mépris profond pour la moralité hypocrite et perverse des plats, des vils et des serviles de la cohue stupide, inepte et lâche qui salue César au passage, glorifie la force brutale, encense le crime, admire l'infamie et applaudit à tous les forfaits.

Si les corrupteurs et les corrompus se reconnaissent dans nos personnages, tant mieux, nous en serons heureux; cela prouvera que nous sommes peintre et historien fidèle. Et, s'ils avouent la ressemblance, nous leur dirons: Vous êtes aussi maladroits qu'imprudents et stupides, car vous constatez ainsi l'exactitude et la vérité de nos récits. S'ils se plaignent de ce que nous les avons photographiés d'après nature, nous leur répondrons: N'est-il plus permis de peindre les vices et les crimes, de les ridiculiser et de les stigmatiser parce que cela déplait aux vicieux et aux criminels? Doit-on se taire dans la crainte de leur courroux, de leur haine et de leur vengeance, de leurs condamnations et de leurs prisons?

Mais dans l'affirmative, le mal régnerait seul, sans conteste et sans partage; seul il aurait la parole et conserverait éternellement son pouvoir odieux.

Notre conduite, que tout le monde trouverait méritoire s'il s'agissait de coupables obscurs et de criminels ordinaires, deviendrait-elle par hasard un crime quand ce sont des scélerats de haute lignée que nous flétrissons?

Est-ce qu'il y aurait deux morales, deux justices, comme l'enseigne l'école bonapartiste par l'organe de M. Nisard? Une pour les puissants et une pour les pauvres? Une pour les sujets et une pour ceux qui les oppriment?

Quant à nous, nous avons toujours eu la naïveté de croire le contraire et d'être persuadé qu'il n'y a qu'une règle pour juger le bien et le mal, le juste et l'injuste, le bon et le mauvais, que cette mesure unique qu'enseigne la raison, qu'approuve la conscience, est conforme au principe d'égalité et de justice. C'est cette règle là qui nous a servi de guide dans notre œuvre.

Pour nous le vice est toujours le vice, le crime est toujours le crime, que ceux qui s'en rendent coupables soient couverts de haillons ou de pourpre, qu'ils se servent d'une pioche, d'un marteau, d'une truelle ou d'une épée, qu'ils portent une besace, une blouse, un outil, une couronne ou un sceptre.

Nous ne croyons pas aux êtres privilégiés, aux élus de la Providence, aux souverains, aux pontifes qui, loin d'être deshonorés par l'infamie, ont au contraire le pouvoir de la faire honorer et pour qui le crime est vertu,

„*Et qui peuvent changer en or un vil métal.*"

Nous croyons à l'égalité humaine et à l'unité de la morale.

La captivité, loin de nous décourager et d'affaiblir nos croyances aux grands principes de justice naturelle et primordiale, ne fait au contraire que les fortifier par l'étude, la méditation et le recueillement.

Nous avons foi dans la moralité et la vérité des principes que nous défendons, dans la justice de la cause pour laquelle nous souffrons et dans la grandeur du but que nous poursuivons; aussi rien ne peut et ne pourra jamais nous décourager, et nous continuerons notre tâche avec persévérance, en prison comme en liberté.

Nous avons pour nous le droit, la justice, la sécurité de notre conscience et la satisfaction du devoir accompli.

D'autres volumes sont sous presse ils verront bientôt le jour et dévoileront encore des mystères de honte et d'iniquité.

C'est en vain que de puissants coupables auront espéré l'impunité. Nous les clouerons au pilori de l'histoire, nous tracerons leur écriteau infamant; ils ne nous échapperont pas.

„Car je tiens le fer rouge et vois leur chair fûmer."

Comme a dit l'auteur des *Châtiments.*

P. Vénisier.

Prisonnier politique, à Bruxelles, (Belgique).

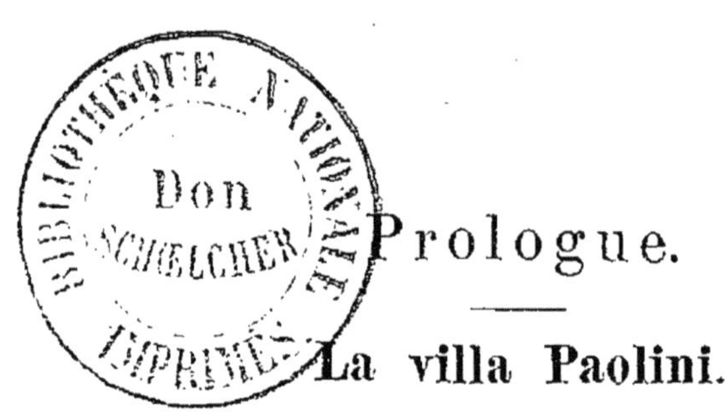

Prologue.

La villa Paolini.

On se rappelle encore aujourd'hui quel souffle régénérateur agita l'Italie en 1847. D'un bout à l'autre de la péninsule le peuple était dans l'attente de grands événements, des lagunes aux Marais-Pontins, de Messine à Milan, de Sanit-Marc au Vatican, des sources du Pô à celles du Tibre retentissaient des cris d'indépendance et de liberté.

La patrie de Savonarole, du Dante, de Rienzi, de Mazaniello depuis si longtemps ensevelie vivante par la monarchie et la théocratie se réveillait de nouveau de sa longue léthargie et soulevait la pierre de son sépulcre. Les enfants les plus dévoués, les plus généreux, les plus courageux de la nation martyre travaillaient alors à son affranchissement.

Si le lecteur veut bien nous suivre à Rome dans la villa Paolini, nous l'introduirons dans un salon aux tentures de soie brochées d'or sur champ de pourpre, au parquet recouvert d'épais tapis des Gobelins, aux boiseries garnies de belles peintures d'histoire représentant la mort de César et celle de Caton, la révolte de Spartacus, l'expulsion des Tarquins, l'assassinat des Gracques, le bûcher de Savonarole, le martyre de Rienzi, la torture de Galilée, le triomphe et le supplice de Mazaniello, la proscription du Dante et d'autres sujets révolutionnaires.

Un lustre de cristal répandait une brillante clarté dans ce sanctuaire du goût et des arts meublé avec une rare élégance, une grande somptuosité et une recherche exquise; tous les meubles étaient d'ébène et incrustés d'ivoire; les sofas et les fauteuils avaient des garnitures de soie rouge à ramages brochés d'or, les étagères, les consoles étaient couvertes de bronzes antiques, de porcelaines de Chine et du Japon, de vases florentins et étrusques, de statuettes, d'objets d'art, de corbeilles de fleurs rares et de cassolettes de parfum. Des tableaux de maîtres, des Corrège, des Titien, des Paul Véronèse, etc. s'offraient à l'admiration des connaisseurs. Mais ce qui donnait le plus grand attrait à ce charmant séjour, c'était un groupe de femmes admirables, vrai chef-d'œuvre de grâce et de beauté. Ces belles personnes assises autour d'une table ronde recouverte d'un tapis rouge brodaient, lisaient et devisaient des nouvelles politiques du jour. La plus remarquable d'entre elles était une jeune romaine, Cornélia Marcus, fille du peuple, véritable descendante des héros du Mont Aventin. Elle était née, il y avait alors 16 ans, au Trastévère d'une famille plébéienne, sa mère qui avait été, comme elle, d'une grande beauté, eut le malheur d'être remarquée d'un puissant prélat le Cardinal A...., qui lui fit faire les offres les plus brillantes et les plus avantageuses si elle voulait céder à son amour, mais la jeune femme était vertueuse et aimait son mari, elle repoussa avec mépris les propositions du prince de l'église romaine; celui-ci, qui n'était pas habitué à éprouver de refus, persista, dans ses poursuites et quelques jours après, en l'absence du père de Cornélia, il fit enlever sa mère et obtint par la violence ce qu'il n'avait pu avoir par les promesses et les séductions.

Lorsqu'à son retour le malheureux mari, nommé Pietro Marcus, apprit l'enlèvement et les outrages dont sa femme avait été la victime, il entra dans une grande colère, jura et se venger, et, armé d'un poignard, il alla attendre le cardinal sur le grand escalier du Vatican; au moment où ce prélat descendait il se précipita sur lui pour le frapper, celui-ci, qui avait aperçu ses mouvements et deviné son intention, se réjeta vivement en arrière et évita ainsi le coup de poignard qui lui était destiné. Les gardes du palais se précipitèrent sur le père de Cornélia et l'arrêtèrent. Il fut ensuite conduit dans les cachots de la Sacrée-Consulte et détenu sous l'accusation de tentative d'assassinat et de conjuration contre le gouvernement. Comme le père de Cornélia était un républicain révolutionnaire bien connu pour ses opinions avancées, il ne fut pas difficile d'échafauder contre lui toute une accusation de conspiration et de donner à sa tentative une couleur politique, afin d'en cacher la véritable cause. Ce malheureux fut condamné à mort et exécuté dans les dernières années du règne de Grégoire XVI. Sa femme infortunée, à la nouvelle du supplice de son mari, fut prise d'un violent accès de désespoir dont elle mourut. Cornélia resta ainsi orpheline à quatorze ans; elle fut recueillie par son oncle, patriote romain des plus dévoué, qui continua à développer chez elle les principes démocratiques et républicains que son père lui avait inculqués de bonne heure; elle avait hérité de l'âme stoïque et du courage de l'auteur de ses jours, de son enthousiasme pour la liberté, de son amour pour la république, de sa haine pour la royauté et pour le gouvernement des prêtres.

Nature ardente, passionnée et téméraire, elle se signala dans les nombreux mouvements populaires qui suivirent l'avénement de Pie IX; sa jeunesse, sa beauté antique et sa bravoure chevaleresque la firent bientôt admirer et aimer du peuple de Rome. Lorsqu'elle se mêlait à quelque insurrection, son beau front resplendissait, ses sourcils bruns et arqués, élégamment se rapprochaient, ses yeux lançaient des éclairs de colère, ses narines se gonflaient, ses lèvres roses se contractaient et se plissaient; le sourire disparaissait de sa bouche gracieuse et mutine qu'agitait une légère émotion, ses joues se coloraient du carmin le plus pur et le plus délicat et sa chevelure soyeuse semblait être agitée par la sourde colère qui grondait dans son cœur. Cornélia était grande et belle, elle avait la taille souple et mince, des épaules d'ivoire, un sein de neige aux contours harmonieux, la démarche imposante et fière les mouvements gracieux, les mains petites, les pieds cambrés, les jambes rondes, les hanches voluptueuses, tous ses attraits eussent rendu Vénus jalouse d'elle.

Quand son amour pour la liberté l'inspirait, quand son ardeur guerrière la dominait, quand armée d'une carabine ou d'un sabre arraché aux soldats du Pape, elle s'élançait en avant la fascination qu'elle exerçait devenait irrésistible, sa grâce, sa beauté, sa jeunesse et son courage subjugaient les foules et entraînaient les masses, le peuple de Rome se précipitait sur ses pas avec une ardeur invincible, tout cédait à l'élan de son enthousiasme, elle était sublime et devenait l'héroïne des journées populaires. Son intelligence était à la hauteur de son courage et de son dévouement; elle exerçait une grande influence sur la marche des événements politiques.

A côté de Cornélia on remarquait la princesse Hélène de C...., grande dame romaine, fille du traître qui contribua puissamment, dans une journée fameuse, à l'établissement d'une dictature militaire, à la destruction des libertés et au renversement de la République française. Cette dame était belle encore quoique sur le retour. Sa fille, Maria de S...., était assise auprès d'elle. Cette jeune princesse, sans avoir les traits aussi purs et aussi réguliers que ceux de Cornélia, était cependant pleine de grâce et de beauté. De magnifiques cheveux noirs, nattés à la grecque et enroulés au tour de sa tête, la paraient d'un voluptueux diadème; elle avait le front poli et intelligent, les yeux brillants et hardis, le regard plein d'audace; son nez, sans être d'une pureté irréprochable, et ses lèvres rouges comme deux cerises donnaient à sa bouche mutine un attrait de sensualité plein de séduction; elle avait les dents blanches et nacrées; son menton gracieux était orné d'une jolie fossette et l'ovale de son visage bien dessiné; son teint clair et ses joues roses, sa lèvre supérieure légèrement ombrée donnaient un grand charme à sa physionomie; son cou de cygne, ses épaules adorables, sa gorge aux contours séduisants, sa taille fine, souple et élancée complétaient son type de beauté piquante et sensuelle.

Cette attrayante personne avait bien jeune encore épousé un comte allemand, Monsieur de S...., beaucoup plus âgé qu'elle; mais, soit disproportion d'âge, soit incompatibilité de caractère, légèreté de mœurs de la jeune femme ou tout autre motif, les deux époux se séparèrent bientôt. Depuis la vollage et inconstante Maria vêcu loin de son mari, à Rome, auprès de sa mère, ou en voyage avec de nombreux amis.

Une autre charmante personne était encore assise auprès de Madame de S...., c'était sa cousine, la princesse Quadridoff, fille d'un roi célèbre par ses débauches et sa bigamie, que le flot révolutionnaire renversa de son trône chancelant et éphémère comme tous ceux que créa Napoléon Ier. La princesse Quadridoff était jeune et belle aussi, sa carnation luxuriante, la blancheur de sa peau et la richesse de ses charmes la rendaient fort séduisante; elle avait les cheveux noirs d'une Italienne, le teint blanc et rose d'une Germaine, les grands yeux, les sourcils arqués, les longs cils, la taille cambrée, la jambe ronde, le mollet voluptueux et le pied petit d'une Espagnole; ses épaules, du plus blanc satin, n'avaient pas de rivales pour la grâce et la séduction; elle avait le nez grec, la bouche mutine, le sourire plein de sensualité, l'air hardi, des allures de fille, la gorge rebondie et la pose provocante.

Très jeune encore cette altesse avait épousé par caprice un prince arménien d'une grande richesse, sorte de Nabab, cent fois millionnaire, qui avait su toucher son cœur et éveiller ses sens.

Lorsqu'elle rencontra la première fois l'objet de sa flamme, il était vêtu de son costume national, on assure même que ce fut à son bonnet d'Astrakan, à sa robe persane et à sa longue barbe qu'il dut d'avoir captivé le cœur de la belle princesse qui avait toujours rêvé des amours de houri et des voluptés de harem; qui s'était promis depuis longtemps de ne donner son tendre cœur et de n'accorder la jouissance de ses charmes séduisants qu'à un fils du prophète, dont elle serait l'Almé bien-aimée.

Mais hélas! après son mariage, ce beau rêve fut de courte durée, l'époux légendaire, le pacha merveilleux, le calife séduisant et redoutable, se présenta un jour devant elle dans le simple, disgracieux et prosaïque costume européen; quand la tendre et enthousiaste jeune femme aperçut son mari ainsi vêtu, elle refusa de le reconnaître et le chassa de sa présence en jurant de ne plus jamais l'aimer. Le malheureux délaissé, dans l'espoir de faire changer de résolution à sa capricieuse compagne, reprit son ancien costume, mais ce fut inutilement, le désenchantement qu'il avait causé était irréparable; le héros des mille et une nuits, des songes dorés, des amours orientales s'était évanoui comme un rêve, envolé comme une fugitive espérance; il ne restait plus que des désillusions à la belle princesse qui refusa obstinémentde recevoir son prosaïque époux loin duquel elle vécut depuis.

Bientôt plusieurs cavaliers vinrent rejoindre ces aimables dames et s'asseoir auprès d'elles; c'étaient: le prince Louis, le commandeur Urbain R...., Félice O.... et Giuseppe M.....

Le premier était un prince en disponibilité d'emploi, à la recherche, comme Jerôme Patureau, d'une position sociale, et qui ne rêvait rien moins que de s'asseoir sur le premier trône de l'Europe dont il se disait l'héritier légitime.

Venait ensuite le commandeur Urbain R...., signor italien aspirant au rôle d'homme politique libéral et dont l'ambition vulgaire était le seul mobile. Le troisième était un conspirateur italien, homme d'une grande énergie, d'un courage, d'une persévérance à toute épreuve et qui avait déjà beaucoup souffert pour la cause de la liberté et de l'affranchissement universel.

Le quatrième, Giuseppe M...., était bien l'apôtre le plus dévoué, le plus persévèrant de la liberté et de l'indépendance de l'Italie, homme d'un grand talent et d'un rare mérite.

Lorsque ces quatre personnages entrèrent dans le salon où étaient réunies les belles dames, celles-ci devisaient sur les événements du jour.

— Messieurs, leur dit la princesse Hélène de C..., vous vous êtes faits bien désirer, cela n'est pas aimable à vous et voilà bien longtemps que nous vous attendons.

— Veuillez nous pardonner, Madame, répondit le prince Louis en grimaçant un sourire, car nous sommes les premiers punis quand nous nous privons du plaisir d'être près de vous.

— Le prince a raison ajouta le commandeur en s'adressant à Madame Maria de S.... chaque instant que je passe loin de vous me semble un siècle de bonheur perdu.

— Monsieur le commandeur, vous êtes toujours un modèle de galanterie, répondit la charmante Maria en minaudant.

— Comment pourait-il en être autrement, belle dame quand on aspire au bonheur de vous plaire, répliqua l'aimable cavalier.

— Si tel est votre desir, signor commandeur, et si vous vous plaisez autant que vous le dites dans notre société, pourquoi n'êtes-vous pas venu plustôt nous voir? demanda la princesse Quadridoff.

— Hélas! Madame, ce n'est pas la bonne volonté qui nous a manqué, à mes amis et à moi, et je vous prie de n'accuser de notre absence que les circonstances et les grands événements politiques qui se préparent, ajouta encore le commandeur.

— Je sais, Monsieur, que vous consacrez à la défense de la liberté le temps que vous ne passez pas près de nous, et je vous en félicite, répliqua Maria de S....

— Il est tout naturel que notre patrie bienaimée soit placée avant nous dans les cœurs de ces messieurs, car l'intérêt général doit primer les affections particulières, fit observer Cornélia.

— Excellente citoyenne, répondit Félice O..., vous êtes toujours aussi bonne et aussi dévouée; quand donc l'Italie sera-t-elle libre pour que vous puissiez jouir du bonheur que vous méritez et être heureuse.

En disant ces mots ce citoyen romain contemplait l'adorable jeune fille avec une admiration profonde mêlée de recueillement et d'amour; sa belle tête couverte de cheveux noirs était gracieusement rejetée en arrière, son front vaste et poétique rayonnait d'enthousiasme et semblait entouré d'une brillante auréole, ses yeux noirs surmontés de sourcils arqués lançaient des éclairs, ses narines dilatées et mobiles, ses lèvres frémissantes annonçaient l'ardeur de ses passions; ses moustaches élégantes, sa barbe soyeuse, ses traits réguliers, la pureté de son profil donnaient un grand charme à sa physionomie inspirée. Toute sa personne était attrayante et exerçait autour de lui une séduction irrésistible. Ce citoyen, déjà célèbre par ses malheurs, son courage et son audace, il avait beaucoup souffert dans les prisons autrichiennes, dont il s'était évadé d'une manière extraordinaire et qui avait produit une profonde sensation en Italie.

Près de lui était assis le prince Louis, dont la physionomie et toute la personne contrastaient extraordinairement avec celles du patriote italien. Le prince était absorbé dans ses réflexions, il examinait toutes les personnes présentes avec une scrupuleuse attention et semblait les étudier avec soin. Ce personnage taciturne et observateur descendait d'une illustre famille italienne; conspirateur persévérant et monomane, il avait déjà revendiqué plusieurs fois, dans de ridicules échauffourées restées célèbres, ce qu'il appelait les droits de sa famille; il avait aussi, l'orsqu'il était jeune encore, pris les armes contre la papauté. Aujourd'hui (en 1847) il était venu clandestinement à Rome conspirer avec les patriotes Italiens. C'était un homme de taille moyenne; il avait le torse long, les jambes courtes, l'attitude embarrassée, l'air timide et disgracieux, la pose grotesque, l'œil bleu clair à fleur de tête, gros terne, vitreux et voilé; son regard éteint, comme celui du nyctalope, s'échappait inquiet de dessous ses paupières pendantes ; on aurait cru qu'il n'était pas complètement éveillé et que l'éclat des bougies le fatiguait; ses pommettes étaient saillantes, ses joues creuses, son teint pâle et livide, son front sillonné de rides précoces et profondes, ses sourcils gros et mal arqués ; il avait les cheveux châtains, ramenés en avant sur les tempes comme ceux d'un dandy sur le retour, le nez gros, long, proéminent, semblable un bec d'un Cacatoi, les moustaches épaisses, en crocs et cosmétiquées, les lèvres minces, pâles et le sourire perfide. Il causait peu et ne répondait que par monosyllabes aux questions qui lui étaient adressées ou il les éludait très adroitement. Il témoignait cependant de vives sympathies pour l'indépendance et la liberté de l'Italie. Du reste, son passé parlait pour lui, car, dès 1831, il avait combattu contre l'Autriche et la Papauté dans les rangs des patriotes italiens, et perdu à cette époque son frère aîné mort de fatigue et d'épuisement à Forli, dans les Romagnes, à la suite de la campagne faite contre les oppresseurs de l'Italie.

Le commandeur Urbain R... s'était assis auprès de Maria de S.... et semblait beaucoup plus occupé d'elle que de la conversation politique qui avait lieu à côté de lui.

— Vous savez, Madame, combien je vous aime,

lui disait-il à demi-voix, je vous en prie, ne me laissez pas sans espérance, car je serai trop malheureux.

— Je vous l'ai déjà dit commandeur, j'ai eu le malheur d'épouser un homme avec lequel il m'est impossible de vivre, mais depuis je me suis promise de ne jamais aimer qu'un patriote italien qui aura rendu de grands services à la cause de l'indépendance et de la liberté de notre patrie; vous connaissez maintenant quel est le chemin qui conduit à mon cœur, c'est à vous de le suivre si vous voulez mériter mon amour.

— Mais j'ai pris depuis longtemps la voie que vous m'indiquez et je ne l'abandonnerai jamais; cessez donc d'être aussi cruelle envers moi, comblez le plus cher de mes vœux en me promettant que vous partagerez les sentiments que j'ai pour vous?

— Il dépend de vous que cela arrive bientôt, répondit la belle Maria, distinguez-vous par une action d'éclat, devenez un personage politique important, un homme d'État; mon affection est à ce prix.

— Inspiré par mon amour et par le desir d'être aimé de vous, je me sens capable des plus belles actions, des plus grandes choses; je vous le jure, Maria, je réussirai, j'arriverai, je deviendrai un homme célèbre et je serai aimé de vous ou je succomberai à la peine et à la douleur.

— J'espère, répondit la coquette Maria, qu'un jour je pourrai vous accorder les tendres sentiments que vous me demandez et j'en serai bien heureuse. Puis se tournant vers Cornélia, qui semblait plongée dans de sombres réflexions. Madame de S.... lui dit: Qu'avez-vous donc, chère amie, pourquoi toujours être triste, cela ternit l'éclat de vos beaux yeux et assombrit votre front charmant. Ce n'est pas au moment où la fortune semble sourire à l'Italie, quand nous entrevoyons les premières lueurs du jour de la délivrance, qu'il faut nous abandonner à de tristes pressentiments, bientôt, espérons-le, notre belle patrie sera libre.

— Je serais bien heureuse si ce que vous me dites se réalisait, répondit Cornélia, mais je n'ose l'espérer, j'ai de bien tristes pressentiments, je vois l'avenir tout en noir, je crois que beaucoup de courageux martyrs devront encore verser leur sang avant que nous ayons conquis notre liberté.

— Il faut chasser ces tristes pressentiments, répondit Maria de S...., en présence des événements qui viennent de s'accomplir et de ceux qui se préparent, la délivrance est certaine, bientôt la République romaine aura détrôné la vieille papauté et l'Italie aura chassé l'Autrichien. Une nouvelle ère de liberté, de grandeur et de prospérité sera inaugurée définitivement et je crois qu'il n'est pas nécessaire que le sang des bons citoyens coule de nouveau sous le fer des tyrans pour féconder les germes de liberté. Il en a déjà malheureusement beaucoup trop été versé.

— Vous êtes une séduisante prophétesse, une pythonisse pleine de charmes, dit le commandeur, à Maria S.... en se mêlant à la conversation des deux jeunes femmes, aussi est-ce avec un grand bonheur que tous nous acceptons vos favorables augures; nous sommes persuadés que les destins ne peuvent nous être défavorables tant que nous vous aurons avec nous, tant que vous serez notre bonne fée.

— Monsieur le commandeur, répondit la comtesse Maria, je serais bien heureuse si je possédais le précieux talisman dont vous me gratifiez si gracieusement. Pour vous prouver mon admiration et mon enthousiasme pour notre belle patrie, si vous le permettez je vous déclamerai quelques strophes inédites d'une de mes amies qui pourront peut-être vous être agréables.

— Très volontiers, dirent les assistants, nous serons tous charmés d'entendre les beaux vers que vous nous proposez de nous dire.

La jeune femme se leva alors, rayonnante de grâce et de beauté, le regard brillant d'une flamme ardente, se drapant à l'antique dans une magnifique robe de cachemire blanc au corsage très-échancré, sans épaulettes et sans manches, comme une tunique grecque, retenue à la naissance des bras par un ruban attaché avec de superbes ferrés de diamants; sur son sein de neige, entre deux globes d'ivoire, on voyait briller une belle grenade aussi rouge que ses lèvres; sur son front poli, éclatant de blancheur, resplendissait un solitaire magnifique, scintillant comme une escarboucle sous sa noire chevelure, dont les tresses luisantes, nattées à la grecque, aussi sombres que la nuit, la couronnaient comme un diadème; cette jeune femme ainsi costumée avait un grand cachet de beauté antique, auquel se prêtait sa physionomie inspirée et mobile. Elle déclama bientôt d'un accent ému les vers suivants:

Italie, Italie, ô terre des prodiges!
O terre dont la gloire égale la beauté!
En vain ton sol magique étale ses prestiges,
Ta splendeur ne dit rien à mon oeil attristé.

Ah! c'est que l'étranger opprime tes campagnes,
C'est que tes citoyens remplissent tes prisons,
C'est que je vois, du haut de tes saintes montagnes
L'étendard autrichien flotter aux horizons.

. . . .
. . . .

O Rome, sois encore reine de l'Italie!
Rome, rappelle-toi ton passé qu'on oublie!
O Rome, redeviens la mère des héros!
Rome, réveille-toi, pour des âges nouveaux!

. . . .
. . . .

Ces beaux vers produisirent une grande sensation sur les auditeurs ; la belle Maria eut un brillant succès, et chacun la félicita sur son talent de déclamation. Le commandeur surtout ne tarissait pas d'éloges ; il s'approcha d'un superbe rosier, cueillit la plus belle de ses fleurs parfumées, et la donna à Madame de S.... en lui disant :

— Permettez-moi, séduisante Maria, de vous offrir cette fleur, faible hommage de mon admiration, car jamais muse plus poétique n'a récité de plus beaux vers.

— Notre charmante Maria a autant de talent que de beauté, ajouta Félice O.... et il serait bien difficile de trouver une dame romaine plus accomplie qu'elle.

— Les vers que vous venez de nous lire sont non-seulement très beaux de forme, mais encore de pensée et je vous en félicite bien sincèrement, dit Giuseppe M...., dont le jugement faisait autorité en pareille matière.

— Messieurs, répondit modestement Madame de S...., c'est trop d'éloges pour quelques vers médiocres, dont je ne suis pas l'auteur ; je n'ai donc d'autre mérite que celui de la déclamation. et je suis suffisamment récompensée si j'ai pu éveiller dans vos cœurs l'amour ardent dont je brûle pour l'Italie.

— Soyez persuadée, Madame, ajouta encore Giuseppe M...., que nous nous sommes sentis animés de l'émotion la plus patriotique quand nous avons entendu les vers admirables que vous avez débités tout à l'heure avec un goût exquis et une voix des plus sympathique. Comment n'aimerions-nous pas notre chère patrie quand nous voyons quels sentiments généreux elle inspire aux dames, quelle passion ardente elle allume dans leurs cœurs ? Comment n'adorerions nous pas tout ce que vous aimez et comment ne maudirions-nous pas tout ce que vous maudissez? L'influence heureuse du talent et de la beauté èst trop puissante pour que nous ne la ressentions pas, aussi je ne doute nullement de l'affranchissement prochain de notre chère patrie, tout ce que je vois, et l'enthousiasme sublime dont vous êtes animée, m'en sont de sûrs garants. Puisque de belles dames, des héroïnes et des poètes nous promettent et nous accordent leur concours; nous donnent l'exemple du dévouement et de l'enthousiasme, comment pourrions-nous douter de l'avenir? Ayons donc confiance, travaillons avec courage au triomphe de notre cause et bientôt nous aurons, soyons en persuadés, le bonheur de voir se réaliser nos voeux les plus ardents et nos espérances les plus chères.

Quelques minutes après la conversation que nous venons de reproduire, Cornélià Marcus, le prince Louis et les trois patriotes italiens quittèrent le salon dans lequel restèrent seules la princesse Héléna de C...., Maria sa fille, et Madame Quadridoff.

PREMIERE PARTIE.

LA JEUNE ITALIE ET LA PAPAUTÉ.

I.

Les Conspirateurs.

Le neuf février 1848, quelques mois après la soirée de la villa Paolini qui eut lieu chez madame la princesse Héléna de C...., et dont nous avons raconté les détails, un observateur, qui se fût promené à onze heures du soir sur le corso, eût certainement remarqué un personnage mystérieux, enveloppé dans un long manteau dont le collet et les plis rejétés en arrière lui cachaient en partie la figure, sur laquelle étaient rabattus les larges bords d'un feutre noir, comme en portaient alors les patriotes italiens; et en continuant ses observations notre curieux promeneur n'aurait pas tardé à apercevoir plusieurs individus s'arrêtant successivement auprès de l'homme au manteau, avec lequel ils échangeaient quelques mots mystérieux, après quoi ils disparaissaient se dirigeant tous, les uns après les autres, du même côté.

Tous ces personnages semblaient prendre les plus grandes précautions pour ne pas être reconnus; ils avaient la figure en partie cachée par le col de leur habit, par une grosse cravate ou un cache-nez et par leur chapeau enfoncé sur les yeux. Quelqu'un qui les eut suivis aurait vu qu'ils se rendaient dans une petite rue du Trastévère qu'ils s'arrêtaient tous devant la même maison, à la porte de laquelle ils frappaient d'une façon particulière, qu'un individu échangeait alors quelques mots avec eux à travers un judas, qu'après cette précaution préalable, qui probablement donnait un résultat satisfaisant, la porte s'ouvrait et qu'aussitôt les nocturnes visiteurs étaient introduits.

Lorsque minuit sonna, l'homme en faction sur le corso abandonna son poste et vint à son tour frapper à la porte mystérieuse, dont il franchit bientôt le seuil, après avoir toute fois subi aussi la formalité de reconnaissance à travers le judas.

Chaque inconnu, dès qu'il était arrivé dans l'intérieur de la maison, montait au premier étage où il rencontrait sur le palier un homme masqué tenant un glaive à la main, lequel lui faisait un signe et un attouchement mystérieux, si le nouveau venu satisfaisait convenablement à cette double épreuve, le masque lui en faisait subir une autre en lui disant à l'oreille un mot de reconnaissance et, lorsque le visiteur lui répondait convenablement, il était introduit dans une grande salle aux murs couverts de tapisseries noires sur lesquelles se détachaient en blanc plusieurs inscriptions politiques telles que les suivantes : *Souveraineté du peuple et indépendance nationale. — Liberté, égalité, fraternité et solidarité. — Vive la République universelle démocratique et sociale ! — Mort aux tyrans !* etc. A côté ou au-dessus de ces légendes révolutionnaires on voyait des peintures allégoriques représentant des couronnes, des tiares, des sceptres, des chaînes, des instruments de torture tous brisés, à côté desquels on apercevait aussi des compas, des équerres, des niveaux, des emblêmes d'égalité et des instruments de travail de toutes sortes.

Plusieurs hommes masqués étaient assis autour d'une table recouverte d'un tapis rouge au milieu de laquelle on voyait un livre relié en chagrin rouge et doré sur tranche, sur lequel on lisait en grosses lettres le titre suivant :

Droits de l'homme et du citoyen.

A côté de ce code républicain étaient placés des poignards en croix et les statuts de la **Jeune Italie.**

Un gardien était de faction à la porte de la salle le poignard à la main.

Tous les assistants avaient à la boutonnière un ruban aux couleurs italiennes et le président de la réunion en portait un semblable en sautoir. Lorsque le président jugea l'assemblée assez nombreuse pour ouvrir la séance, il frappa sur la table placée devant lui trois coups d'une façon particulière avec une petite hache qu'il tenait à la main, en disant:

Mes frères, debout et à l'ordre. A ce signal, tous les hommes masqués se levèrent, croisèrent leurs bras sur leurs poitrines se prirent par les mains, formant ainsi une chaîne circulaire, et échangèrent entre eux un mot d'ordre à voix basse, quand tous l'eurent fait, celui qui était en face du président lui dit en s'avançant vers lui:

— Vénérable frère les mots sont justes.

— Quelle heure est-il? demanda le président.

— Il est minuit.

— Eh bien, puisque les mots sont justes et qu'il est l'heure à laquelle nous avons l'habitude de nous réunir pour commencer nos travaux, je déclare ces derniers ouverts au nom de la *République universelle démocratique et sociale.* Maintenant mes frères reprenez vos places, ajouta encore le président.

A ces mots les assistants rompirent leur chaîne et se rassirent.

Un instant après on frappa trois coups à la porte, d'une façon particulière.

Le gardien dit alors au président:

— Vénérable frère on frappe.

— Assure toi qui vient troubler nos travaux.

Le gardien entr'ouvrit la porte et échangea quelques mots avec un personnage placé de l'autre côté, puis se retournant vers le président il lui dit:

— C'est un visiteur qui demande à être introduit pour partager nos travaux.

— Qu'on le dépouille de ses armes et de tous ses métaux, qu'on lui bande les yeux et qu'on l'introduise, dit le président.

Un instant après le visiteur, qui n'était autre que le prince Louis dont nous avons fait le portrait dans le prologue, fut introduit; il avait les yeux bandés et marchait entre deux factionnaires; quand il fut arrivé devant la table de comparution, le président lui fit subir l'interrogatoire symbolique d'usage.

— Quel âge as-tu, lui demanda-t-il?

— J'ai dix-sept ans.

— Où es-tu né?

— Dans la vallée du Tibre.

— Quelle est ta mère?

— La liberté.

— Pour qui travailles-tu?

— Pour la révolution.

— Qui dois-tu épouser?

— La république.

— Que viens-tu faire ici?

— Chercher la lumière.*

— Avance à l'ordre près de moi, donne-moi ta main, fais moi les attouchements et dis-moi les mots sacrés.

Le visiteur fut conduit auprès du président qui plaça sa main dans la sienne. Le nouveau venu lui fit les attouchements des affiliés et lui donna le mot sacré à l'oreille, cette épreuve ayant réussi, le président dit aux sociétaires: Les mots et les attouchements sont justes; mes frères, voulez-vous que la lumière soit donnée au visiteur et qu'il soit admis à participer à nos travaux.

— Oui, répondirent tous les assistants en levant la main.

— Eh bien donc, mes frères, debout formez la voûte d'acier.

Tous les assistants se levèrent alors et formèrent au-dessus de la tête du visiteur avec les lames de leurs poignards une véritable voûte hérissée de pointes d'acier.

Le président tenant sa petite hachette à la main, frappa trois coups inégalement espacés et dit:

---

* Dans toutes les sociétés secrètes les interrogatoires sont des épreuves symboliques et servent de moyen de reconnaissance. Avoir dix-sept ans, signifie qu'il y a dix-sept ans que l'on fait partie de l'association secrète; être né dans la vallée du Tibre, signifie avoir été reçu sur les bords de ce fleuve, etc....

— Que la lumière soit donnée au visiteur.

— A ces mots le bandeau qui couvrait les yeux du nouveau venu fut prestement enlevé et celui-ci put voir les lames des poignards briller au-dessus de sa tête.

— Tu vois ces glaives, dit le président, si tu tiens les serments que tu as prêtés à notre société ils te protégeront, si au contraire tu deviens traître et parjure ils te puniront; maintenant je vais te donner l'accolade fraternelle et tu pourras désormais assister à nos travaux,

Le président embrassa le nouveau venu et lui fit ensuite prendre place dans les rangs après qu'il se fut revêtu des emblêmes de la société et qu'il eut mis un masque.

Les formalités de réception du visiteur terminées les travaux continuèrent.

Parmi les initiés présents à cette réunion il y avait: Giuseppe M...., président de la réunion; Félice O....; le commandeur Urbain R...., que nous avons vus tous les trois à la villa Paolini et plusieurs autres patriotes italiens; parmi lesquels nous citerons: Garibaldi, Piéri, Pianori, Galetti, Zambianchi, Ciceracchio, Torré, Calandrelli, Pisacane, etc.... et quelques Français tels que Laviron, Lebren, etc....

Mes frères, dit le président Giuseppe M....,

nous sommes arrivés aujourd'hui à une époque qui doit exercer une influence décisive sur les destinées de notre chère patrie. L'heure est solennelle ; tous nos sacrifices, nos travaux, nos souffrances et nos misères, vont enfin porter leurs fruits. Notre sang, celui des héros et des martyrs qui a coulé sur les champs de bataille et sur les échafauds n'aura pas été versé inutilement. Bientôt nous aurons la joie de voir triompher la révolution, que nous avons préparée avec tant de patience et de persévérance, et proclamer l'indépendance et la liberté de notre patrie. L'Italie toute entière est sur un volcan, il suffit maintenant du moindre choc, du plus léger accident pour faire éclater l'éruption imminente. On dirait que tous nos ennemis sont pris vertige, qu'aucun d'eux n'a conscience du danger qui le menace ; le pape lui-même attise, sans s'en douter l'incendie, qui doit bientôt embraser ses États. Chacune de ses paroles, chacun de ses actes tombent comme une goutte d'huile sur le braisier qui couve silencieusement. Préparons-nous donc à profiter du mouvement prêt à éclater et à le diriger si nous ne voulons pas le voir avorter comme tant d'autres.

Mais n'oublions pas ce que nous désirons, souvenons-nous de notre programme ; car, vous le savez, nous ne voulons pas seulement des institutions dites libérales, un gouvernement laïque avec la papauté à Rome, les rois en Piémont et à Naples; les ducs à Florence, à Modène et à Parme, etc., . . . et l'indépendance de l'Italie avec le despotisme intérieur. Non tout cela ne peut pas nous convenir. Notre programme, celui de la *Jeune Italie*, est non-seulement indépendance nationale, mais encore république et liberté!

Et si vous voulez que la résurrection à laquelle nous allons assister porte tous ses fruits; que la liberté ne soit pas de nouveau couchée dans le cercueil et scellée dans la tombe, il faut jurer une haîne implacable au despotisme, repousser toutes ses avances perfides, rejeter tout pacte avec lui, et ne jamais oublier que tous les tyrans, spirituels ou temporels, sont les éternels ennemis de l'humanité. Que nous devons les considérer et les traiter comme tels à moins que nous voulions perdre de nouveau notre cause.

Pendant que Giuseppe M.... s'exprimait ainsi le prince ne le perdait pas de vue; ses yeux ordinairement ternes étaient éclairés d'une pâle étincelle de haîne; son teint jaune était devenu livide.

Au contraire, Félice O.... écoutait avec ravissement le chef de section de la Jeune Italie.

— Citoyens, dit ce dernier, elle va bientôt sonner, espérons-le, cette heure de délivrance pour la patrie, objet de nos plus chères espérances et de notre amour; cette heure dans l'attente de laquelle nous avons effeuillé toutes les fleurs de nos plus belles années, tous les lis et toutes les roses de notre jeunesse, à laquelle nous avons sacrifié tous nos jours, que nous aurions pu remplir des plus douces joies, de l'amitié et de l'amour, pour laquelle nous avons consumé toutes nos veilles, au lieu de nous laisser bercer par les songes dorés de l'ambition ou de nous endormir mollement dans les bras de nos compagnes bien-aimées.

Oh! qu'elle vienne bientôt cette heure tant désirée, car jamais amant n'a soupiré après sa maîtresse avec autant d'ardeur que nous pour la délivrance de notre patrie! Nous sommes prêts, s'il le faut, à verser jusqu'à la dernière goutte de notre sang, à donner jusqu'à notre dernier soupir et notre dernier souffle pour elle. Mais comme vous l'a dit notre vénérable président, l'Italie ne peut être libre avec la papauté et la royauté; la république seule peut assurer définitivement sa liberté celle de l'Europe et du monde. Il nous faut donc chasser le pape, l'empereur, les rois, les ducs et proclamer la république si nous voulons faire une oeuvre sérieuse et durable.

— Quand Félice O... eut fini de parler le commandeur R.... se leva et prenant la parole à son tour, il dit:

Bientôt, espérons-le, notre chère patrie sera libre, bientôt nos martyrs seront vengés, les siècles de despotisme, de misère et de souffrance seront finis; les larmes amères et le sang auront cessé de couler sur notre beau sol; on n'apercevra plus au milieu de nos campagnes fertiles et des fleurs parfumées, des volées de noirs corbeaux se repaître des cadavres des martyrs et des héros; le despotisme autrichien ne souillera plus de sa présence les plus belles provinces de l'Italie. On ne verra plus le Croate stupide et féroce et tous nos oppresseurs étrangers insulter nos femmes; nous voler notre or, notre indépendance, notre liberté et notre patrie. L'unité de l'Italie sera faite et la liberté règnera d'un bout à l'autre de la péninsule. L'antique cité romaine aura recouvré ses splendeurs et sa gloire, le représentant du génie du mal, le prêtre roi, aura fui du Vatican et la République romaine, détruite il y a deux mille ans, brisera son sépulcre, surgira radieuse et rayonnante sur le monde, et proclamera, du haut du Capitole, les grands principes primordiaux de justice éternelle, antérieurs et supérieurs à la volonté humaine, inprescriptibles et inaliénables.

Le prince écoutait, muet et immobile, tous ces discours et toutes ces professions de foi, sans que sa physionomie impassible trahit la moindre émotion. La parole lui ayant été offerte, il la refusa en disant qu'il était de l'avis de ses collègues.

— Un autre conjuré, nommé Cornélius, se leva alors ; il avait la taille fine et gracieuse, les mains petites et potelées, et il était de grandeur moyenne ; à travers son masque on apercevait deux beaux yeux veloutés qui lançaient une flamme ardente, pleine de charme et de séduction ; lorsqu'il prit la parole, sa voix était douce, vibrante et mélodieuse. Quoique, ce jeune membre de la *Jeune Italie* fut, comme tous ses collégues, costumé en homme, il se dégageait de sa personne tant d'attrait, de charme et de séduction, il était si gracieux et si délicat, ses mains et ses pieds étaient si petits et si mignons, qu'on se demandait en le voyant si ses habillements ne dissimulaient pas son sexe ?

— Citoyens, dit-il, comme on vient de l'expliquer nous ne pouvons avoir d'autre but que le triomphe de la République ; il y a trop longtemps déjà que la papauté, la royauté et l'empire souillent, déshonorent, abaissent et dégradent l'Italie, la plongent dans des abîmes de despotisme, d'ignorance, de misère, de fanatisme et d'esclavage ; qu'ils la tiennent, malgré les progrès de notre époque, dans les ténèbres, le despotisme et la misère du moyen-âge. A toutes ces tyrannies, il s'en est jointe une plus redoutable encore : celle du capital, qui plonge sous son joug de fer les générations actuelles, qu'elle exploite et pressure, ses ravages sont affreux et croissent d'une manière effrayante: en raison directe du développement du commerce et de l'industrie; c'est elle qui a engendré les deux plus grandes plaies sociales de notre époque: *le paupérisme* et *le prolétariat.* Il est nécessaire que cet affreux régime, qui constitue l'ordre social actuel, disparaisse; il est temps que toutes les iniquités sociales soient détruites; que le despotisme religieux, politique et social soit anéanti. Il faut affranchir les âmes et les corps des citoyens.

Le pouvoir temporel est un abus criant de la force brutale, une violation des droits du peuple, la destruction de sa souveraineté et la consécration de la tyrannie; l'exploitation de l'homme par l'homme est la mise en pratique du vol légal des produits des travailleurs; c'est la plus monstrueuse des iniquités sociales; le pouvoir spirituel est une fiction théologique, un préjugé ridicule, une usurpation indigne, un outrage odieux, une insulte grossière au bon sens, une confiscation arbitraire et inique du libre arbitre et de la souveraineté de la raison; c'est le plus affreux despotisme que l'on puisse imaginer; c'est en son nom que se sont accomplis les plus grands crimes dont l'humanité ait eu a souffrir et qui l'ont ensanglanté. C'est à lui que l'on doit toutes les guerres de religion, les croisades, la Fronde, l'inquisition et les jésuites; l'extermination des Maures et des juifs d'Espagne; le dépeuplement du Mexique et du Pérou; les massacres des Hussites; l'extermination des paysans d'Allemagne, de la Bohème, des Pays-Bas; celle des Albigeois et des Vaudois; les dragonnades et les égorgements des Cévennes; la Saint-Barthélemy; la révocation de *l'Édit de Nantes*, etc. On pourrait compter ses victimes par milliards.

L'homme naît libre; nul n'a le droit de lui imposer sa domination spirituelle ou temporelle; ceux qui veulent le faire ne méritent que la haine et que le mépris, et doivent être mis au ban de l'humanité par tous les hommes de cœur à qui il est resté conscience de leur dignité et de leurs droits.

La désobéissance et l'insurrection sont contre la tyrannie les plus sacrés des devoirs et les plus imprescriptibles des droits. Il ne faut à l'humanité, pour qu'elle soit heureuse, ni despotisme spirituel, ni tyrannie temporelle, ni pontifes, ni Césars, ni exploiteurs. La liberté, l'égalité, la fraternité et la solidarité pour tous et entre tous les citoyens, voilà la devise immortelle qui doit unir tous les hommes, et que la République universelle démocratique et sociale peut seule mettre en pratique. Aussi, je jure de leur rester fidèle toute ma vie et de me consacrer à leur triomphe.

En disant ces mots Cornélius, plein d'enthousiasme, avait une attitude énergique on l'aurait cru inspiré par le génie de la Révolution. Tous ses compagnons le regardaient avec admiration séduits par son accent résolu et son air de conviction profonde, entraînés par son éloquence ; seul, le prince restait insensible devant le jeune conjuré qu'il contemplait d'un œil morne et voilé, en gardant un profond et prudent silence.

— Chère Cornélius, disait Giuseppe M...., tu auras l'occasion de concourir avec nous au triomphe de ton idéal, et bientôt tu pourras combattre le pouvoir temporel et spirituel du pape. Le 10 février prochain, il y aura une grande manifestation populaire, pour demander la création d'un ministère laïque et libéral, et pour forcer Pie IX à déclarer la guerre à l'Autriche. Si le pape résiste aux désirs du peuple, s'il refuse de céder à ses vœux nous passerons outre et s'il le faut nous le déposerons et nous proclamerons la République.

— Le 10, je serai à la tête du peuple avec vous, et malheur au représentant du génie du mal s'il résiste à la volonté des Romains. Il y a trop longtemps que la papauté pèse sur Rome et sur l'Italie toute entière comme une atmosphère de plomb. L'heure de la faire disparaître va bientôt sonner et nous ne faillirons pas à notre tâche.

— Citoyens, ajouta encore Giuseppe M.... d'une voix grave, vous avez tous entendu quels sont nos projets, quel est le but que nous poursuivons, quelle est la grande cause que nous voulons faire triompher.

Avant de nous séparer, renouvelons tous notre serment solennel, engageons-nous de nouveau à faire triompher la République et à tout lui sacrifier, jusqu'à notre vie s'il le faut.

Ce républicain dévoué et tous ses collégues étendirent alors les mains sur le livre des droits de l'homme et du citoyen, et tous prononcèrent le serment suivant :

— Au nom de la souveraineté du peuple et des droits imprescriptibles et éternels de l'homme et du citoyen, je jure amour et dévouement à la République universelle démocratique et sociale ; je jure fidélité à sa devise immortelle

liberté, égalité, fraternité, solidarité.

Je jure de travailler toute ma vie au triomphe de la justice et du droit ; je jure de combattre partout et toujours pour cette grande cause et pour ses principes sublimes, et de verser, s'il le faut, jusqu'à la dernière goutte de mon sang ; je jure haine implacable et mortelle à la tyrannie spirituelle et temporelle, et à tous les ennemis de l'Italie et de l'humanité ; je jure en outre de conserver le secret le plus inviolable sur ce qui s'est dit et fait dans notre réunion.

Tous les assistants dirent alors successivement, je le jure, je le jure, je le jure !

— Le président ajouta ensuite: Si jamais je forfais à mes serments, si je deviens traître et parjure, que les glaives de mes frères me punissent de mon crime, qu'ils me percent le cœur et que ma mémoire et mon nom soient maudits et voués à l'exécration de la postérité.

Tous les conjurés ajoutèrent: Nous le jurons! et prononcèrent ce serment d'une voix ferme et enthousiaste. Le prince seul était calme et froid; pas une fibre de son visage ne vibra, quoique tous les regards fussent fixés sur lui. Quand vint son tour de jurer trois fois, il le fit avec un calme apparent et un grand flegme; sa voix était lente et monotone comme d'habitude; l'observateur le plus expert n'aurait pu trouver une seule intonation, qui trahit la contrainte ou une arrière pensée. Tout le monde fut convaincu de la parfaite sincérité du serment du visiteur princier.

Le président recommanda encore aux conjurés de ne pas manquer d'assister à la grande manifestation qui se préparait pour le lendemain, dix février, et tous promirent d'être fidèles au rendez-vous.

— Au nom du peuple souverain, ajouta le président, je déclare nos travaux clos.

— Mort aux tyrans! dit le premier assistant.

Tous les conjurés répondirent:

— Mort aux tyrans! mort aux tyrans!! mort aux tyrans!!!

Et après s'être de nouveau promis de se trouver tous au rendez-vous du dix février et après avoir échangé une dernière fois le mot d'ordre les membres de la jeune Italie rompirent leurs rangs et se séparèrent.

II.

Une victoire du peuple romain.

Depuis son avénement, Pie IX avait successivement accordé plusieurs réformes libérales, moitié par vanité, moitié par peur, mais toujours avec la plus grande hésitation et de nombreux atermoiements; il avait publié un édit sur la presse et établi une consulte d'État. Ces concessions si ardemment desirées étaient accueillies avec enthousiasme par le peuple, mais elles ne le satisfaisaient pas.

Le 10 février 1848, comme nous l'avons dit, une manifestation politique fut organisée pour demander un changement de ministère et de promptes mesures militaires contre l'Autriche.

Une masse considérable de peuple, portant des bannières et des drapeaux aux couleurs italiennes, partit ce jour là du Monte Cavallo et s'avança jusqu'au Vatican. Au milieu de cette foule compacte on pouvait remarquer plusieurs des personnes dont nous venons de parler dans le chapitre précédent: Cornélia Marcus resplendissante de beauté marchait au premier rang, costumée en Amazone et montée sur un beau cheval noir; sa taille, gracieuse, fine et souple, était emprisonnée dans le corsage montant de sa robe noire; les plis de sa longue jupe tombaient gracieusement sur ses petits pieds chaussés d'élégantes bottines; sa belle tête se balançait coquettement en suivant les ondulations de sa monture; ses yeux bruns lançaient des éclairs; ses joues roses étaient pâles d'émotion; ses narines se dilataient; son front, ordinairement poli comme un marbre, se plissait; ses lèvres frémissaient agitées et crispées par la colère; ses épais cheveux bruns, enflés par le vent, s'échappaient en boucles abondantes sous son feutre noir orné d'une plume d'aigle, et tombaient avec grâce sur son cou d'ivoire, fin et délicat; d'une de ses petites mains elle tenait les rênes de son coursier et de l'autre un sabre nu. Son air intrépide, sa tournure martiale, son maintien héroïque, sa beauté hors ligne, la faisaient admirer de tous les spectateurs, elle était le point de mire de tous les regards; le peuple armé la suivait avec enthousiasme et la contemplait avec amour.

On apercevait auprès d'elle Félice O...., dont la belle tête se dessinait au milieu de la foule immense; son vaste front resplendissait d'enthousiasme; il excitait de la voix et du geste la masse populaire qui le suivait et reportait souvent ses yeux avec amour sur la belle amazone qui le précédait. A côté de lui, le front pensif, marchait Giuseppe M...., l'illustre proscrit, venu au péril de ses jours combattre pour sa patrie bien-aimée et pour la liberté. Un grand nombre de citoyens devenus illustres depuis, marchaient aussi dans les rangs du peuple, on remarquait parmi eux: Ciceruacchio et ses deux fils, Galetti, Torré, Calandrelli, Pieri, Pianori, Zambianchi, etc... ainsi que tous les membres de la *Jeune Italie.* Au balcon d'une maison voisine on apercevait Madame Maria de S.... et la princesse Quadridroff, qui encourageaient la manifestation du geste et de la voix, et qui étalaient leurs grâces à côté de leur fidèle sigisbée, le commandeur R....; à mesure que la foule ondoyante approchait du Vatican, ses rangs se grossissaient et ses acclamations augmentaient; arrivée sous les murs du palais, elle poussa un immense hourra, en demandant la nomination d'un ministère laïque et la guerre contre l'Autriche.

Ce fut Galetti qui fut député auprès de Pie IX. Il eut beaucoup de peine à se faire recevoir, et ne put obtenir tout d'abord qu'une réponse évasive; le pape refusait les propositions qui lui étaient faites avec sa duplicité habituelle en disant: „*qu'il s'en remettait à la volonté de Dieu.*" Ces paroles mécontentèrent le peuple que les Suisses de garde au palais insultaient.

Cornélia fronçait ses beaux sourcils sur son front poli.

Que nous fait à nous la volonté de son prétendu Dieu, disait-elle; ce que nous voulons d'abord ce sont d'autres ministres et la guerre contre les envahisseurs et les oppresseurs de la patrie. Les paroles hypocrites de ce prêtre roi ne nous en imposent pas. En avant, cria-t-elle, il faut exiger et obtenir par la force ce que l'on nous refuse, et, marchant au premier rang, elle s'avança courageusement vers les Suisses qui se disposaient à faire usage de leurs armes et à tirer sur le peuple; lorsqu'informé de ce qui se passait, craignant que sa garde soit battue et que la foule se rendit maîtresse de son palais, le pape apparut bientôt au balcon en faisant signe qu'il voulait parler; le peuple cessa aussitôt le feu qu'il venait d'engager. Pie IX, quoique pâle et fatigué, avait son air habituel de placidité, de mansuétude et de résignation, et le cachet de faux bonhomme qui le caractérise et qui ne l'abandonne jamais, même dans les occasions les plus critiques.

Lorsque le bruit de la mousqueterie eut cessé et que le calme se fut rétabli, Pie IX harangua la foule et commença à l'exhorter à la patience et à la résignation; mais de nombreux et violents murmures accueillirent ce début peu satisfaisant; le pape changea alors de langage, il promit de faire droit aux réclamations populaires en renvoyant ses ministres et en combattant pour l'indépendance de l'Italie.

— Comme vicaire de Jésus-Christ, dit-il, je suis en paix avec l'univers, mais comme prince italien j'ai le droit de défendre la patrie italienne. Je vous bénis, la cause que vous servez est sainte; Dieu la fera triompher.

Le peuple enthousiasmé applaudit avec bonheur, et le pontife s'enivra des bravos de la foule qu'il remercia du geste et de la voix d'un air du jubilation.

— Je vous bénis encore une fois, combattez, et triomphez au nom du seigneur, ajouta-t-il.

A ces mots les hourras redoublèrent; le peuple bon, crédule et confiant, comme il l'est toujours, acclamait de tout cœur l'astucieux et vaniteux vieillard, qui faisait des vœux hypocrites pour l'indépendance de l'Italie. Les premières défiances furent oubliées ; Pie IX promit son concours contre les Autrichiens et la nomination d'un ministère laïque; la réconciliation fut complète. Cette foule enthousiaste et mobile qui, il y avait à peine un quart d'heure, voulait forcer le palais de Sa Sainteté, et tout mettre à feu et à sang, fut tout à coup calmée par quelques paroles bienveillantes et quelques promesses fallacieuses. Le peuple et les Suisses prêts à s'entre égorger, il y avait quelques instants à peine, se mirent tout à coup à fraterniser. En contemplant cette scène touchante, pleine de généreuse imprudence, Cornélia dit d'un accent mélancolique, à Félice O.... placé auprès d'elle et qui ne l'avait pas quittée un seul instant depuis le commencement de la manifestation:

— Le peuple est toujours le même, bon, généreux et imprudent, il a suffi de quelques paroles de ce prêtre astucieux pour le faire rentrer dans le calme, pour changer sa colère en joie.

— Patience, répondit Félice, il sera bientôt désabusé, il ne tardera pas à reconnaître son erreur, et à avoir la preuve de la fourberie et de la trahison de ses ennemis, et malheur à ces derniers car alors il ne leur pardonnera pas.

— Qui sait, il est si bon, qu'il est toujours prêt à oublier ses souffrances, ses malheurs et toutes les infamies de ses oppresseurs, dont il est l'éternelle victime.

— Oui dit Guiseppe M...., mais c'est à nous à lui rafraîcher la mémoire et à lui rappeler son malheur et son esclavage séculaires; c'est à nous à lui dire quels sont ceux qui le plongent dans l'enfer de maux dans lequel il est la proie de toutes les souffrances, de toutes les ignorances, de toutes les misères et de tous les fléaux; c'est à nous à lui indiquer les moyens par lesquels il se soustraira à leur influence désastreuse; comment il s'échappera de la gehenne dans laquelle on le torture; comment il reconquerra son bien-être et sa liberté.

C'est-là, répondit Cornélia, le devoir de tout bon citoyen et nous ne faillirons pas à notre tâche.

Pendant la conversation que nous venons de raconter, la foule continiuait d'acclamer Pie IX, qui s'enivrait des applaudissements, et dont la vanité incommensurable se repaîssait de l'enthousiasme populaire. Pour exprimer sa satisfaction, le souverain pontife saluait du regard, du geste et de la voix.

Maria de S...., la princesse Quadridoff et leurs cavaliers servants mêlaient leurs applaudissements à ceux de la multitude et semblaient être dans la plus grande joie; les promesses du pape comblaient certainement tous leurs desirs.

Le soir le journal officiel annonça la formation d'un cabinet laïque composé de Mamiani et d'autres patriotes dévoués à la cause italienne; mais, afin de neutraliser les effets de cette mesure, l'astucieux Mastaï confia successivement la présidence du nouveau cabinet aux cardinaux Antonelli, Ciacchi et Soglia, qui employèrent tous les moyens en leur pouvoir pour entraver la marche libérale du nouveau ministère. Voici un fait qui souffira, croyons-nous, pour donner une idée de l'insigne mauvaise foi et de la trahison patente des conseillers intimes de Pie IX. Le cardinal Soglia écrivait à vienne, au nonce pontifical, sur l'ordre de Pie IX: „de ne tenir aucun compte des ordres du ministère mais d'obéir seulement au Pape."

Nous ne suivrons pas les prêtres de Rome, dans la pratique de leur politique d'astuce et de ruse jésuitique, qui est suffisamment connue, et pour édifier nos lecteurs sur la valeur morale des hauts dignitaires de l'Église romaine nous leur esquisserons la biographie de l'un d'eux.

III.
Une orgie romaine.

Monsignor Giacomo A...., conseiller intime de Pie IX et président du ministère nommée en 1848, habitait au Vatican, un bel appartement au-dessus de Sa Sainteté.

Cet illustre prélat est digne en tous points de la confiance de son maître, et de la haute position qu'il occupe dans la hiérarchie catholique; issu d'une famille de brigands, il compte parmi ses ancêtres une longue lignée de voleurs de grands chemins et d'assassins de première classe; c'est le petit village de Sonnino, qui a eu l'honneur de lui donner le jour; ce repaire de bandits est situé sur la frontière des États de Naples, au milieu de halliers, de bois épais, de fourrés impénétrables, au sommet de petites montagnes escarpées, où l'on arrive par des chemins tortueux et rapides offrant toutes les facilités pour le crime, toutes les commodités pour l'assassinat. La respectable famille A....

est une des plus ancienne, des plus connue, et des mieux famée de ce réceptacle de bandits; elle a eu la gloire d'avoir plus d'un de ses membres roués vifs ou écartelés sur la grand'place de Sonnino, pendant que d'autres avaient l'honneur insigne de travailler dans les galères de Sa Sainteté. Les nobles traditions des aïeux de l'illustre Éminence se sont perpétuées de père en fils, de génération en génération jusqu'à nos jours et jamais le zèle de la police, de Messieurs les carabiniers pontificaux et du bourreau ne put parvenir à éteindre cette race robuste et prolifique, aussi âpre un pillage qu'ardente à l'amour et qui, suivant la loi du seigneur, croit et multiplie d'une façon dangereuse pour la sécurité publique et privée.

Le premier ministre de Pio nono, avait sucé avec le lait maternel les principes de morale privée, religieuse, politique et sociale enseignés dans les cavernes de Sonnino; le grand cardinal avait été bercé au bruit des chants héroïques des brigands ses aïeux; l'odyssée paternelle avait été pendant longtemps son seul enseignement et sa seule éducation; elle avait développé de bonne heure chez lui les précieux instincts qui firent plus tard sa gloire et sa fortune. Avec une facilité, qui fait le plus grand honneur à son intelligence, le jeune Giacomo, comprit que la vie devait être consacrée à acquérir des richesses, afin de se procurer la plus grande somme possible de jouissances, et ce n'étaient pas les principes de morale, ni les scrupules qui le gênaient; il était persuadé que tous les moyens étaient bons pour atteindre le beau résultat qu'il se proposait, et que les plus expéditifs étaient les meilleurs. Mais il avait pensé aussi que la prudence ne doit pas être négligée quand on poursuit un but aussi élevé. Le métier d'assassin, qu'il avait vu pratiquer dans son village, par ses parents et par ses amis avait bien son charme, et surtout rapportait d'assez jolis profits, mais il n'était malheureusement pas sans inconvénients et sans dangers. Par exemple, le grand papa de notre Eminence, qui avait pratiqué le brigandage et chouriné si longtemps avec une grande habileté et un grand succès, n'en avait pas moins été décapité. Cette fin tragique donnait beaucoup à réfléchir au jeune Giacomo, qui se mit en quête de la profession qui pourrait offrir les mêmes avantages ou de supérieurs sans faire courir les mêmes risques. Et, après un examen approfondi, il découvrit que la meilleure et la plus lucrative carrière qu'il put embrasser après celle de brigand était celle qui conduit aux premières dignités ecclésiastiques: au cardinalat et à la papauté, à moins que ce ne soit celle qui mène à l'Empire. Mais pour le moment il ne fallait pas songer aux deux dernières dignités, il était beaucoup trop jeune pour être pape et depuis Constantin il n'y a plus d'empereurs à Rome. Quand aux autres États ils sont suffisamment pourvus de sauveurs providentiels, soit en ligne directe soit en collatérale. Après mûre réflexion, il se décida non pas à être prêtre, mais à devenir prélat, ce qui n'est certes pas la même chose, car pour être prêtre il faut recevoir les ordres, tandis que l'on peut devenir cardinal sans cela, et ce n'est jamais qu'à la dernière extrémité, et dans l'espoir d'arriver à la papauté, qu'un homme d'esprit et de bonne société se décide à subir la formalité désagréable de l'ordination. Aussi, un grand nombre de prélats romains ne sont pas ordonnés prêtres et monseigneur Giacomo A...., lui-même, qui, en suivant l'inspiration de sa jeunesse, est devenu cardinal et secrétaire d'État de Sa Sainteté Pie IX, n'a pas reçu l'ordination, et il espère bien ne jamais la recevoir si le Dieu des Sonniniens lui continue sa protection; il n'a jamais pris fantaisie à notre Éminence de dire la moindre messe et d'écouter, entre quatre planches et quatre yeux, les péchés des vieilles bigotes; comme nous l'avons dit, c'est une pensée bien plus profane qui l'a inspiré; le cardinal prefère, et de beaucoup, administrer les finances du Saint-Siège à réciter des orémus, et à psalmodier des litanies. Sa position élevée lui a permis de réaliser d'énormes bénéfices, à côté desquels ceux des honnêtes habitants de Sonnino ne sont qu'un menu frétin et ne peuvent être comparés. Aussi, avec quel orgueil, les anciens de sa commune parlent-ils de lui, du jeune Giacomo, comme ils l'appellent; ils sont fiers de penser qu'un des leurs est arrivé aux premières dignités de l'État; qu'il est coiffé du chapeau et vêtu de rouge; qu'il se promène à Rome dans un superbe carrosse; qu'il a de beaux chevaux et de magnifiques maîtresses; qu'il loge au Vatican, au-dessus du Pape; Que les embassadeurs et les ministres des puissances étrangères le traitent d'Éminence, et que non-seulement les carabiniers pontificaux ne l'arrêtent pas, mais, au contraire, qu'ils lui présentent les armes lorsqu'il passe; ce dernier trait surtout émerveille les bons Sonniniens; car ils ne peuvent comprendre, ces dignes gens, comment leur cher Giacomo, né au milieu d'eux, qu'ils ont connu tout petit, sans un sou vaillant, a pu amasser aussi facilement une fortune princière sans avoir eu maille à partir avec la justice, tandis qu'eux ont tant de peine à gagner leur misérable vie et à amasser un petit pécule, à la sueur de leur front, dans les gorges de Sonnino, en courant risque de leurs vies, de leurs têtes et en étant toujours exposés à se voir arrêtés par la gendarmerie pontificale, qui traite avec tant de déférence un des leurs, leur chef à tous, l'illustre Giacomo A...., de Sonnino. Tel est le phénomène qu'ils ne peuvent comprendre, qui cause leur admiration, et qui leur paraît au moins aussi extraordinaire que le miracle de Saint Janvier ou que le dogme de l'immaculée conception. Mais, quoiqu'il en soit, le cardinal ministre n'en est pas moins la gloire de Sonnino et le bras droit de la papauté. Ses quatre frères ont fait, dans leur jeunesse, le rude apprentissage que les anciens de leur village enseignent à leurs enfants. Depuis que leur frère est passé à l'état d'Éminence, ces quatre Sonniniens ne tremblent plus devant la justice pontificale avec laquelle ils n'avaient pas toujours été en très-bonne harmonie ; ils ne redoutent plus les galères, qu'ils ont frisées plusieurs fois de très-près ; ils sont bien placés à Rome, où ils jouissent d'une haute position et aident leur frère à administrer les biens de l'Église et les derniers de l'État. Comme ils ont conservé cette habileté native, qui faisait leur mérite lors de leurs débuts à Sonnino, il leur est resté dans les mains une grande partie de l'or de leurs administrations ; aussi sont-ils riches, mais très-riches, aussi riches que des Colonna et, comme les honneurs vont toujours de pair avec la fortune, ils ont un blason, sont comtes et barons. En outre, par prévoyance, le signor Giacomo, en homme prudent, a placé un sien neveu à la tête de la police ; grâce à cette petite précaution, il est assuré que sa famille et lui n'auront rien à redouter de dame police fort peu aimable, aux yeux louches, aux doigts crochus et à l'oreille subtile. Depuis que le collatéral de Son Éminence est revêtu de cette haute fonction les honorables Sonniniens jouissent des plus grandes immunités et peuvent exercer tranquillement leur petite industrie de grands chemins. L'honnête population, qui a eu l'honneur de donner le jour au cardinal, peut être assurée maintenant qu'on ne renouvellera plus envers elle les persécutions indignes dont elle eut tant à souffrir, sous Léon XII et Pie VII. Aussi, depuis qu'un Sonninien est à la tête de la police pontificale, les affaires de ces braves gens vont au mieux.

On mentionne chaque jour des scènes tragiques, de nouveaux exploits, accomplis par eux, dans les gorges de leurs montagnes; on raconte surtout que quelques chaises de poste ont été dévalisées, après que les hommes furent assassinés et les femmes violées; mais, cela ne tire pas à conséquence, jamais les moindres poursuites ne sont exercées contre les meurtriers, car ils sont couverts par la robe rouge de monseigneur le cardinal secrétaire d'État.

Son Éminence a conservé, ainsi que nous l'avons vu dans le prologue, les habitudes de galanterie téméraire pratiquées dans les repaires de Sonnino, et prévues par le code pénal, seulement les belles dames qu'il eut été forcé d'attaquer sur la grande route pour les posséder, s'il fut resté dans les montagnes, lui accordent aujourd'hui très-gracieusement et avec empressement leurs faveurs. Voilà à quels heureux résultats on aboutit quand on sait s'y prendre adroitement, quand l'on a de l'esprit, quand on est bel homme et cardinal; on a alors de bonne volonté ce que dans d'autres circonstances on ne pourrait obtenir qu'à l'aide de la violence.

Cependant notre prélat malgré sa position sociale n'a pas encore pu dépouiller tout à fait le viel homme, il a conservé la ruse et l'instinct natifs du bandit, ses appétits grossiers et féroces; il les assouvit journellement sur les femmes qui ont le malheur d'être remarquées par lui. Quand une jolie dame lui plait, il la fait acheter à son mari ou à sa famille, si on veut la lui vendre; si on refuse d'accepter son marché infâme il fait arrêter les récalcitrants par la police pontificale, ou par les familiers du Saint-Office sous un prétexte quelconque et, pendant que le mari ou les parents pourissent dans quelques culs de basse fosse ou sont exécutés en place publique, Giacomo fait conduire la femme près de lui et, se rappelant ses habitudes de jeunesse, si elle ne cède pas de bonne volonté à ses desirs, il la viole; puis il l'envoie à son tour mourir dans un in-pace, si elle n'a pas succombé de désespoir. C'est ainsi qu'il en a agi avec le père et la mère de Cornélia, comme nous le verrons plus loin.

Mais, si monseigneur A.... ne craint plus les gendarmes, il a peur en revanche des assassins; depuis que le père de Cornelia l'a attendu, dans les escaliers du Vatican, armé d'un mauvais couteau, pour venger sa femme, il voit partout des poignards. Aussi chaque fois qu'il a un rendez-vous avec une dame, il commence d'abord pas la fouiller minutieusement, pour s'assurer qu'elle n'a pas d'armes cachées et ce n'est qu'après cette vérification préalable qu'il s'occupe des charmes de la belle, et s'il n'a rien découvert de suspect, alors la défiance du bandit disparait pour faire place aux instincts sauvages du montagnard lubrique; son nez en bec d'aigle s'allonge quand il flaire les appas de sa maîtresse d'un quart d'heure; ses narines se dilatent; son oeil d'épervier s'émérillonne, quand il contemple sa proie; il se précipite sur elle avec la voracité carnassière du vautour ou du condor et, quand il est bien rêpus, semblable à ces tyrans des airs, il reste longtemps à digérer ses jouissances, plongé dans une sorte de somnolence.

Voilà quel est le célèbre prélat qui habite l'appartement situé au-dessus de celui de Sa Sainteté. Ce Monseigneur est logé avec toute la somptuosité d'un prince de l'Église; parmi les pièces nombreuses dont se compose son appartement, il y a une splendide salle à manger, aux lambris de velours pourpre, avec des colonnes bleues à chapiteaux dorés, au milieu de chaque portique on admire une immense glace de Venise reflétant tous les objets et tous les convives; devant chacune d'elles, on voit alternativement une sompetueuse console, chargée de vaisselle d'argent et de vermeil précieusement ciselée ou de vases remplis des plus belles fleurs et garnis de fruits magnifiques; à l'une des extrémités de cette salle splendide des gradins, couverts d'une mosaïque composée de morceaux de marbre, de porphyre, de jaspe et d'agate, imitant un riche tapis de perles, sont surmontés d'une superbe statue de la vierge, légèrement drapée dans une blanche tunique transparente, semée d'étoiles et de rubis, à travers laquelle on aperçoit la carnation splendide et les formes gracieuses de la mère du Sauveur; une couronne de fleurs, composée de pierres présieuses, de feuillage d'or vert, orne la tête de la vierge et lui sert de diadême, à ses pieds jouent de petits chérubins ailés que l'on prendrait pour des amours. Cette statue, avec ses ornements et ses atours profanes, ressemble beaucoup plus à une Vénus qu'à la vierge immaculée. Toute l'ornementation de cette pièce a, du reste, le même cachet profane. A l'autre extrémité de la salle, et lui faisant vis-à-vis, un corps de belles orgues sert à séparer les musiciens de la compagnie. La voûte est couverte de peintures magnifiques, représentant des sujets bibliques, dont la nudité et la crudité sont propres à inspirer tous autres sentiments que la piété et le recueillement; une chaste Susanne au bain a un aspect fort peu orthodoxe; elle est bien faite pour causer les plus ardents désirs, fusse même à des vieillards blasés; une Putiphar ne lui cède en rien, et un Loth et ses filles ont des attitudes fort risquées.

L'artiste entraîné par la réalité de son sujet l'a traité avec la plus grande verve et une liberté extraordinaire, il est loin d'avoir jeté un voile pudibond sur les moeurs des personnages bibliques. Tout l'ameublement est d'une grande somptuosité et s'harmonise avec ces tableaux; les tapis épais, qui recouvrent le parquet, représentent également des sujets sacrés peints d'une façon érotique: des Madeleines, savourant les plaisirs de l'amour; des Saras, enlevées à leurs époux; des vierges, livrées aux soldats ivres de vin et de débauche; Eve dans l'Eden, goûtant aux délices du fruit défendu, ou la mère du Christ concevant par l'opération du Saint-Esprit, en l'absence de son mari Joseph. Les chaises, les fauteuils, les canapés brodés ont des sujets analogues, reproduits en broderies sur leurs coussins et sur leurs dossiers, et les mortels privilégiés qui fréquentent ce lieu de délices ne s'osseoient dessus que troublés par la volupté et tremblants de desirs. Quand les coryphées du lieu y font leur entrée, ils ne manquent jamais d'aller s'agenouiller aux pieds de la vierge et de lui demander de leur être propice.

Le lendemain de sa nomination à la présidence du premier ministère laïque de Pie IX S. E., monsignor A...., donnait un grand dîner à ses amis du sacré collège; à l'heure indiquée la porte de la salle à manger, que nous venons de décrire, s'ouvrit à deux battants; Son Éminence le cardinal secrétaire d'État et une demi douzaine de ses collègues firent leur entrée. Tous allèrent immédiatement s'agenouiller, avec le maître du lieu, devant la statue de Marie, à laquelle ils adressèrent une ardente invocation. A peine avaient-ils terminé leur prière que les panneaux de la boiserie s'ouvrient de chaque côte d'eux, et qu'ils virent apparaître de belles jeunes femmes, en tuniques transparentes, semblables en tout à la vierge devant laquelle ils venaient de se prosterner. Chacun des convives, à l'exemple du signor cardinal A...., prit par la main une des nouvelles venues, et s'avança avec elle auprès de la table splendidement servie, où tous prirent bientôt place. Des castrats semblables à ceux de la chapelle Sixtine servirent un dîner succulent aux Éminences et à leurs belles convives, pendant que des musiciens, cachés derrière le jeu d'orgues, exécutaient les symphonies les plus délicieuses.

Parmi les charmantes prêtresses de ce temple du plaisir, il en est deux qui sont connues de nos lecteurs; ce sont: Maria de S.... et la princesse Quadridoff. Ces deux belles dames, que nous avons vues avec les conspirateurs de la *Jeune Italie*, chez Madame la princesse de C...., étaient toutes deux des femmes de plaisir, aux mœurs faciles. Elles connaissaient par expérience tout le charme des jouissances raffinées que les femmes goûtent toujours dans les fêtes des Éminences romaines et, malgré tout les beaux sentiments et le dévouement qu'elles affichaient pour la liberté et l'indépendance de l'Italie, elles ne manquaient jamais une occasion de s'amuser avec ses oppresseurs; chez elles le plaisir avait la priorité sur les opinions qu'elles affichaient. Les autres courtisanes qui assistaient à cette réunion étaient de grandes dames romaines et une amie de cœur de Sa Sainteté, femme de l'embassadeur d'une puissance catholique.

Comme nous l'avons dit, toutes ces belles dames étaient vêtues de tuniques en mousseline, des plus transparentes, qui laissaient apercevoir des charmes adorables que les Éminences dévoraient du regard.

Monseigneur L...., l'odieux secrétaire d'État de Grégoire XVI, la honte et la terreur de Rome, avait choisi la belle princesse Quadridoff, dont la carnation splendide brillait d'un éclat séduisant à travers sa tunique de gase; ses belles épaules éblouissaient à la vive lueur des bougies; sa gorge, ferme et rebondie, étalait avec grâce deux globes d'albâtre surmontés de deux beaux grenats humides, qu'on aurait pris facilement pour deux boutons de roses ou deux fraises; son torse, fait au tour; ses hanches bien développées; sa jambe ronde et tous ses charmes adorables se dessinaient voluptueusement sous la mousseline indiscrète; ses petits pieds mignons, chaussés de babouches d'or, s'échappaient coquettement sous sa blanche tunique; une couronne de lierre, au feuillage d'argent avec baïes en brillants, scintillait de mille feux sur les noirs bandeaux de son épaisse chevelure; une rivière de diamants étincelait autour de son cou gracieux; ses yeux noirs, surmontés de sourcils bien dessinés et ombragés de longs cils, distilaient une flamme ardente et voluptueuse; ses lèvres, rouges comme deux cerises, avaient la fraîcheur et le brillant humide de ces fruits délicieux; son sourire enchanteur laissait voir une rangée de dents d'ivoire. Toute sa personne était une merveille de grâce et de beauté, aussi son heureux cavalier la couvait-il d'un œil plein de désirs. Les instincts lubriques de l'Éminence se réveillaient à la vue des charmes promis à sa convoitise.

Madame de S.... avait aussi pour cavalier un

haut dignitaire de l'Église, le cardinal G...., qui avait succedé à son collégue L...., à la secrétairerie d'État. La séduisante Maria ne le cédait en rien à la belle princesse Quadridoff. La tunique grecque, dans laquelle elle se drapait et qui laissait deviner tous ses attraits, rehaussait encore l'éclat de ces derniers en les voilant à demi; sa beauté classique la faisait ressembler à une hétaire antique; Pygmalion l'eut volontiers fait poser pour sa Galathée s'il l'eut vue dans le costume des Lesbiennes, et la belle et poétique Sapho en eut certainement été jalouse; ses cheveux, nattés à la grecque, entouraient de leur noir diadème son front poli, dont une guirlande de roses, enrichies de pierreries, rehaussait encore l'éclat; sous ses noirs sourcils ses beaux yeux brillants étincelaient d'un éclat difficile à soutenir; son sourire enivrait; ses lèvres humides promettaient les plus douces faveurs; ses joues tendres et roses attiraient les baisers; ses formes rondes, délicates et harmonieuses recelaient mille perfections, faisaient rêver au plus grand bonheur, et eussent donné le vertige à un sage. Il eut été impossible de rencontrer plus de perfections, plus de beautés secrètes chez une femme, et il eut été difficile d'en rêver davantage. Cette séduisante sirène savait, du reste, par un raffinement de coquetterie, les mettre en évidence, sous le meilleur jour et en tirer tous les avantages; par ses poses et par ses attitudes elle déployait mille grâces, mille séductions irrésistibles, et montrait des charmes que trahissait la mousseline indiscrète.

Toutes les autres charmantes personnes, qui assistaient à cette soirée, étaient aussi d'une beauté accomplie et dignes de figurer à côté des deux grandes dames dont nous venons de parler. Elles étaient, comme celles-ci, pleines d'entrain et de gaieté et déployaient toutes leurs grâces et toutes leurs coquetteries pours enflammer les Eminences, qui leur faisaient l'honneur de soupirer pour elles. Chaque prélat possédait auprès de lui une de ces enchanteresses, seul le Cardinal A.... n'en avait pas. Cette réserve de sa part surprenait beaucoup ses invités, car il était ordinairement toujours le premier à l'orgie. Aux questions qui lui furent adressées au sujet de sa continence exceptionelle, il répondit: qu'il attendait une merveille de beauté, qui lui serait bientôt présentée, et il invita, en attendant, ses convives à se livrer aux délices de la table et aux douceurs de l'amour.

C'était un singulier et peu édifiant tableau que celui qu'offrait cette réunion de robes rouges et blanches, de prélats d'un âge mur et de jeunes femmes dans tout l'éclat de leur beauté, entourant la table du festin et se livrant à toute l'expansion de leurs passions surexcitées; lorsque les libations nombreuses, qu'ils faisaient, eurent allumé en eux les desirs les plus ardents ; quand la contagion du vin et de l'amour leur eut fait oublier toute retenue et toute pudeur, et que s'enlaçant avec ardeur ils formèrent, comme Tibère à Caprée, une guirlande de voluptés, et donnèrent ainsi un spectacle bien propre à causer le dégoût de ceux qui eussent pu les contempler.

Au moment où l'orgie était à son comble, le cardinal A.... fit un signe à un castrat qui se tenait debout immobile près de orgues. Celui-ci s'avança vers l'Eminence, qui lui dit quelques mots à l'oreille. L'eunuque disparut aussitôt avec un de ses compagnons et, quelques instants après, tous deux rentrèrent amenant avec eux une belle jeune femme d'une pâleur extrême ; ses beaux cheveux bruns dénoués tomblaient en long flot sur ses blanches épaules d'ivoire poli ; ses sourcils froncés et son front plissé annonçaient le courroux qui grondait dans son âme ; ses grands yeux lançaient des éclairs de colère ; sur sa bouche se dessinait un sourire de profond mépris ; toute sa physionomie, toute son attitude annonçaient la rage concentrée qui la dévorait et la haine prête à faire explosion qui convait dans son âme. Elle était belle ainsi d'une beauté antique ; sa gorge mouvante bondissait sous les plis gracieux du long peignoir qui l'enveloppait ; ses bras blancs et potelés, ses mains mignones et ses doigts de cire sortaient de ses larges manches ; son torse plein de séduction et d'élégance, sa taille fine, les rondeurs accentuées de ses hanches voluptueuses se dessinaient avec grâce sous les plis de la blanche étoffe qui les couvrait. En la voyant entrer, avec son attitude méprisante et courroucée, dans cette salle consacrée à l'orgie, on l'aurait prise pour la statue de la pudeur outragée par le spectacle de la débauche.

A son arrivée le cardinal A.... fit un signe aux deux castrats qui avaient amené la jeune femme, et ces derniers se retirèrent en arrière.

L'illustre Éminence s'avança alors au-devant de la nouvelle arrivée et lui dit, en cherchant à s'emparer de sa main :

— Venez auprès de nous, charmante Cornélia, votre place est ici, venez partager nos plaisirs.

En entendant prononcer le nom de Cornélia, Madame de S.... et la princesse Quadridoff reconnurent l'héroïne du dix février qu'elles n'avaient pas remarquée tout d'abord et poussèrent une exclamation de surprise.

— Misérable, dit Cornélia au cardinal, en retirant sa main et en se reculant avec mépris, n'est-ce donc pas assez d'avoir fait assassiner juridiquement mon père et d'avoir outragé ma mère, qui en est morte de désespoir? oses-tu donc pousser l'infamie jusqu'à vouloir deshonorer la fille de tes victimes?

Ne m'approche pas, ta présence me fait horreur! et redoute ma vengeance qui t'atteindra bientôt.

— Comment, que distes-vous, dequel assassinat, de quelle violence parlez-vous?

— Ah! misérable, ne te souvient-il plus de Judith et de Pietro Marcus, tes victimes? Eh bien, c'étaient mon père et ma mère.

— Je me rappelle en effet d'un certain Pietro Marcus, justement, exécuté pour avoir volu m'assassiner, et qui conspirait contre la sûreté de l'État. Quand à sa femme je l'ai fort peu connue.

— Tu mens misérable! tu ne peux avoir oublié ma mère infortunée, à qui tu as fait subir le dernier des outrages, ni mon malheureux père, que tu as fait exécuter parce qu'il a voulu venger son épouse.

Je crois, ma belle inhumaine, que la colère te trouble la raison, car je n'ai commis aucun des crimes dont tu m'accuses, si j'ai eu quelques torts envers ta mère, je ne demande pas mieux que de les réparer, dis-moi ce que je puis faire pour cela et pour te rendre heureuse? car je t'aime, Cornélia! J'ignorais que tu fusses la fille de Pietro Marcus, dont je me rappelle la mort; mais en suis-je responsable? Pouvais-je l'empêcher. Il a été condamné régulièrement, pour avoir attenté à mes jours. Est-ce donc une raison pour repousser mes voeux et mes hommages? Me feras-tu aussi un crime d'avoir aimé ta mère, n'est-ce pas au contraire un motif, pour comprendre l'amour que je t'ai voué, et qui s'explique ainsi tout naturellement; cesse donc de m'en vouloir, pardonne-moi ton arrestation que je n'ai fait opérer que pour me rapprocher de toi, cède à mes desirs et tu seras la plus heureuse des femmes; les chaînes dont j'ai été obligé de te charger seront brisées, et remplacées par les guirlandes de roses de l'amour; les joies, les plaisirs, les festins et les fêtes succèderont à la tristesse, aux souffrances et aux larmes qui sont ton partage depuis que tu es prisonnière. Dis un mot et tu seras la reine de cette soirée.

— Comment peux-tu me supposer capable d'avoir d'autres sentiments que la haine la plus profonde pour toi, qui a causé tous les malheurs et la mort de mes parents? comment peux-tu me croire capable de me laisser séduire par tes promesses? Il y a entre nous deux un abîme de haine, et tout le sang de mes malheureux parents, qui crie vengeance! les cadavres de mon père et de ma mère sont là, gisants devant moi, ils me désignent leur bourreau et réclament sa punition. Et tu voudrais que je t'aime... Horreur! Assassin de mon père et de ma mère, ne me parle plus de ton amour qui est pour moi le plus grand des outrages; ne m'approche pas; fais moi reconduire dans mon cachot et tremble pour toi le jour où j'en sortirai.

— Malheur sur toi Cornélia; si tu me pousses

à bout redoute ma colère; car tu es à ma discrétion, n'espère pas m'échapper.

Pendant que le cardinal se livrait à un violent accès de colère, Cornélia, qui ne l'écoutait même pas, venait de reconnaître dans les deux personnes qui avaient poussé un cri de surprise lors de son arrivée, Madame de S.... et la princesse Quadridoff; cette découverte la stupéfia.

— Comment, leur dit-elle, vous ici, Mesdames, dois-je en croire mes yeux ou ne suis-je pas plutôt la proie d'une hallucination? Quoi vous, que je croyais si dévouées à la cause de la liberté et à celle de l'indépendance de l'Italie, vous ne rougissez pas de vous abaisser jusqu'à vous faire les courtisanes de ses oppresseurs, de vous dégrader jusqu'à vous prostituer à ces prélats immondes et criminels, auteurs de tous nos maux. Mais quelles âmes de boue sont donc les vôtres, et quel rôle infâme jouiez-vous donc en venant au milieu de nous dans nos réunions politiques?

— Voyons, cruelle Cornélia, cesse tes récriminations inutiles et tes accès de colère impuissants; calme-toi et résigne-toi; imite l'exemple de ces deux nobles dames, tes compagnes de conjuration, vois comme elles savent concilier adroitement leur amour pour l'Italie et pour le plaisir; fais comme elles et tu t'en trouveras bien; à quoi te servirait une résistance inutile, impuissante et déplacée; tu es ici à ma discrétion, cède à mes desirs, viens partager nos plaisirs, accorde-moi de bonne volonté ce qu'il m'est facile d'obtenir par la force et ne m'oblige pas à employer des moyens violents pour triompher de ta résistance.

— Je te le repète toutes tes instances sont inutiles, cesse tes prières et tes menaces, n'espére ni me séduire, ni n'intimider ; je te méprise et je te hais trop pour que jamais je puisse changer d'avis à ton égard.

— Eh bien, s'il en est ainsi, tu seras à moi de force et puisque tu le veux absolument j'emploierai la violence pour te posséder ; pas plus que ta mère tu ne m'échapperas, tu seras à moi, je le veux, je l'ai juré.

Et faisant un signe aux deux castrats, témoins muets de cette scène, il leur dit, en s'avançant près de Cornélia :

— Saisissez cette femme, forcez la de m'obéir, et mettez la dans l'impossibilité de m'opposer aucune résistance. Les deux serviteurs s'avancèrent aussitôt, pour s'emparer de la jeune femme ; mais, celle-ci, plus prompte que la pensée, fit un bond de panthère du côte de la table, et saisissant un couteau elle en menaça ses adversaires, en leur disant :

— Le premier qui m'approche est un homme mort. Puis, s'adressant spécialement au Cardinal, elle ajouta. Et toi, prélat suborneur, ravisseur infâme, lâche assassin, je vais te faire expier tous tes crimes et venger mes malheureux parents, dont tu asc ausé la mort; et, brandissant sont poignard, elle s'élança sur le cardinal pour le frapper; mais, celui-ci, à la vue de l'arme meurtrière se sauva en toute hâte derrière la table, en criant: au secours, à l'assassin!

Tous les convives furent alors pris d'une grande frayeur et se sauvèrent comme une volée de moineaux; les soldats de garde accoururent bientôt, envahirent la salle, arrêtèrent Cornélia, la désarmèrent et la reconduisirent dans son cachot.

Lorsque cette malheureuse victime fut partie, les aimables convives, les ministres du représentant de Dieu sur la terre rentrèrent dans la salle, reprirent leurs places et l'orgie continua de plus belle.

Monseigneur A.... déploya mille grâces auprès de la beauté facile qui cette soirée là eut le privilège de le charmer, et passa avec elle une délicieuse nuit d'amour.

Les autres cardinaux ne furent ni moins aimables, ni moins galants avec leurs belles compagnes, qui les rendirent tous très heureux. Il était jour depuis longtemps lorsque l'orgie cessa et quand les membres de ces couples bizarres, en robes rouges et en robes blanches, se séparèrent en promettant de se revoir au plus tôt.

IV.

L'in-pace.

Comme nous l'avons vu, Cornélia Marcus était prisonnière du Cardinal; ce dernier l'avait remarquée le dix février, jour de la grande manifestation à la tête de laquelle elle marchait; il avait été séduit par la beauté éclatante de la jeune héroïne, impatient de la posséder, et peu habitué à différer l'accomplissement de ses caprices, Monseigneur A.... n'avait pas trouvé de meilleur et de plus expéditif moyen de les satisfaire que de faire arrêter la jeune femme sous prétexte de conspiration contre le Saint-Siége et d'hérésie. La malheureuse, surprise chez elle, la nuit, fut baillonnée et conduite dans un cachot de l'inquisition.

Nos lecteurs vont sans doute se récrier et dire que l'odieux tribunal du Saint Office à été aboli depuis longtemps, car on se refuse généralement à admettre aujourd'hui son existence.

Les preuves qu'il fonctionne encore à Rome

abondent malheureusement et, au moment où nous écrivons ces lignes, de nombreuses victimes gémissent encore dans les prisons de l'inquisition. La papauté ne fait plus aujourd'hui d'auto-da-fé en public, elle ne l'ose pas, mais elle continue de torturer et de tuer en secret dans ses cachots.

A ceux qui croiraient, par exemple, que le bon et débonnaire Pie IX, le souverain pontife, plein de mansuétude pour ses bons et fidèles sujets, a aboli le tribunal de l'inquisition et la torture, nous répondrons que ce représentant d'un prétendu Dieu de miséricorde a au contraire remis en usage plusieurs supplices tombés en dessuétude lors de son avénement: par exemple, celui du chevalet ou du banc. Pie IX a rendu un décret spécial à ce sujet. Voici, du reste, des faits qui prouvent surabondamment que le tribunal de l'inquisition existe encore: Nous citons des document officiels: „Le frère Philippe Bertholotti, *inquisiteur* du Saint-Siége apostolique, spécialement délégué contre l'hérétique malice, a fait afficher dans les villes et diocèses de Pésaro, Rimini, Fano, Penabilli et dans les terres et lieux attentants: chez les imprimeurs, libraires, douaniers, employés d'octroi, portiers, aubergistes, traiteurs et marchands, et dans les sacristies et les églises, un décret du *Saint-Office* ordonnant aux fidèles de satisfaire à l'obligation très-stricte de dénoncer au tribunal de la *Très-Sainte-Inquisi-*

tion les délits de sa compétence. sous peine d'excommunication, outre les peines prescrites par les canons sacrés, etc....; et accordant pleine liberté au *père inquisiteur* qui voudrait faire administrer *un peu de torture, de chevalet,* de jeune ou de prison, même perpétuelle, à quelques malheureux entachés de politique."

Comment trouvez-vous, chers lecteurs, cette faculté accordée au père inquisiteur de faire *administrer* un peu de *torture, de chevalet ou de prison même perpétuelle* au malheureux entaché de politique. N'est-ce pas là de la bonne et belle inquisition dans toute son affreuse horreur, et savez-vous, à quelle époque a été rendue et affichée cette ordonnance du Saint-Office? Les naïfs croiront qu'elle date du quinzième siècle, du temps de Torquemada. Non, détrompez-vous, cette mesure salutaire contre *l'hérétique malice*, s'appliquait *aux malheureux entachés de politique* en 1860, sous le pontificat du miséricordieux Pio nono. Voici d'autres témoignages constatant les mêmes faits, ils sont signés par un ecclésiastique, don Giuseppe Poltronieri, et par deux autres de ses collégues, qui ont assisté à Bologne, dans la nuit du 15 au 16 mars 1853, trois malheureux condamnés à mort pour cause politique. „Je veux d'abord, dit le premier condamné, nommé Succi, faire quelques mots de testament et vous dire que la confession et la déposition que j'ai faites m'ont été arrachées par la violence, par le *supplice de la planche, par la bastonnade et les fers*, on ne se bornait pas à me menacer, on me frappait et on me torturait, et si je ne voulais pas mourir sous les coups et dans les tourments, il fallait bien que je dise ce que l'on voulait."

Le second condamné, Malagutti, a dit: „Sachez que dans mes interrogatoires, j'ai dû dire tout ce qu'on a voulu, que j'ai souffert une *horrible torture* qui m'a causé une hémorragie."

Le troisième condamné, nommé Parmeggiani, a dit aussi: „Je suis innocent; tout ce que j'ai dit m'a été arraché par la question, par la bastonnade et par les fers (on m'a laissé un mois entier enchaîné). Il a fallu ensuite me porter à l'hôpital des martyrs, où je suis resté 18 jours."

Il parlait sans cesse de la manière injuste et inique de chercher la vérité par la torture.

Nous pourrions citer mille autres exemples de semblables barbaries si nous voulions fouiller dans les annales du règne de ce pontife, que le peuple de Rome avait tout d'abord acclamé comme un libérateur. Victor Hugo a flétri les atrocités, que nous venons de citer, dans les beaux vers suivants:

Les suppliciés d'Ancône emplissent les murailles,
Le pape Mastaï fusille ses ouailles;

Il pose là l'hostie et commande le feu.
Parmeggiani périt le premier, tous les autres
Le suivent sans parler, tribuns, soldats, apôtres.

. . . .

Saint-Père sur tes mains, laisse tomber tes manches!
Saint-Père, on voit du sang à tes sandales blanches!
Borgia te sourit, le pape empoisonneur.
Combien sont morts? Combien mourront? qui sait le nombre?
Ce qui mène aujourd'hui votre troupeau dans l'ombre,
Ce n'est pas le berger, c'est le boucher, Seigneur!

V. Hugo.

Ainsi, comme nous venons de le prouver, l'odieux tribunal de l'inquisition et la hideuse torture existent encore dans les États romains, sous le pontificat de Pie IX. Nos lecteurs ne trouveront donc rien d'invraissemblable dans les scènes qui suivent, et ne nous accuseront pas d'exagération.

Comme nous l'avons dit, Cornélia Marcus avait été reconduite dans les prisons du Saint-Office. On l'avait jetée dans un de ces in pace, étroit cabanon, noir et humide, n'ayant d'autre ouverture qu'un petit guichet, percé dans l'épaisse porte de chêne; un peu de paille pourrie, une cruche d'eau et un bac d'immondices étaient tout l'ameublement de ce tombeau affreux, à la muraille suintante et couverte de moisissures, pendait une chaîne à l'extrémité de laquelle on avait eu la cruauté d'attacher la prisonnière; un rang du grossiers anneaux de fer entourait et meurtrissait la taille fine et délicate de la malheureuse Cornélia; chaque matin le gardien ouvrait le guichet, et lui jetait, comme à un chien, un morceau de grossier pain noir; c'était là la seule nourriture de la jeune femme. Depuis trois jours elle était placée dans cet isolement et dans cette obscurité profonde, en proie au froid et à l'humidité, ne pouvant faire que deux on trois pas à l'extrémité de sa lourde chaîne, qui déchirait ses hanches délicates; elle ne distinguait plus la nuit du jour et ne pouvait pas dormir sur sa paille humide, étant tourmentée et mordue par de gros rats et tout un fourmillement d'insectes, qui grouillaient dans sa couche de moisissures.

Cornélia un matin était plongée dans de tristes et de profondes réflexions lorsqu'elle entendit un bruit de pas; bientôt la porte de son cachot s'ouvrit, un homme entra. Il était enveloppé dans un grand manteau et avait la figure à moitié cachée sous les ailes d'un large chapeau, lorsqu'il fut dans la cellule de la jeune femme, l'inconnu fit un signe au geôlier qui l'avait accompagné; ce dernier accrocha sa lanterne au mur, prit une petite clef pendue à sa trousse, ouvrit le cadenas qui attachait la prisonnière à sa chaîne, après quoi il sortit de la cellule dont il referma la porte.

La jeune femme, d'abord éblouie par l'éclat de la lumière, contemplait avec étonnement le nouveau venu.

— Vous ne m'avez pas reconnu, Cornélia, dit ce dernier, en autant son chapeau et en se débarrassant de son manteau.

L'étonnement de la captive redoubla quand elle vit devant elle le cardinal A...., car c'était lui qui venait d'entrer.

— Qui vous amène ici, lui dit-elle, venez-vous insulter à mon malheur, et vous repaître des souffrances que vous me faites endurer.

— Non, Cornélia, je n'ai pas de pareilles pensées ; je viens au contraire pour te sauver, pour t'offrir la liberté ; car il dépend de toi de quitter cet affreux séjour.

— Je vous connais et je comprends ; vous venez me proposer un marché infâme ; la liberté en échange de la honte et du déshonneur. Mais n'espérez pas que je l'accepte jamais.

Calmez-vous, signora, n'interprétez pas ainsi mes sentiments ; ce qui m'amène ici, ce n'est pas la haine, mais l'amour profond que vous m'avez inspiré ; depuis que je vous ai vue si belle, si courageuse, si héroïque, marchant à la tête du peuple, contre nos troupes, j'ai été séduit par le charme de votre beauté et la grandeur de votre caractère ; je vous ai aimée de toutes les forces de mon âme, comme jamais je n'avais encore aimé ; un sentiment inconnu de moi jusqu'alors m'a dominé tout entier ;

je n'ai plus pensé qu'à vous, et je suis venu pour vous dire : Cornélia, ne repousse pas mon amour, laisse-moi t'aimer, et tu seras libre !

— Jamais je n'achèterai ma liberté à ce prix !

— Oh ! je t'en prie, ne repousse pas ainsi mes vœux, écoute-moi, car je te le repète ; je t'aime ! mais je t'aime ! d'un amour profond, inextinguible, avec toute la violente passion de ma nature ardente, je suis résolu à tout pour te posséder, dis-moi, ce que tu désires, ce que tu veux, et quelles que soient tes exigences je suis prêt à les satisfaire pourvu que tu sois à moi.

— Je vous l'ai déjà dit, je n'ai pour vous que mépris et qu'horreur, et vous ne m'inspirerez jamais d'autres sentiments ; cessez donc de m'importuner par vos supplications et vos protestations d'amour.

— Mais tu ne comprends donc pas combien je t'aime, qu'il faut que tu sois à moi, coûte que coûte. Oh ! je t'aime, Cornélia ! ajouta avec passion le cardinal en se jetant aux pieds de la jeune femme, je t'aime ! jusqu'au délire, jusqu'à la folie ! depuis trois jours ton image me suit partout, tu m'apparais sans cesse avec mille charmes, mille attraits, tu rayonnes dans mes nuits, tu brilles dans mes songes, tu resplendis dans mes jours ; je te vois toujours et partout, j'aspire sans cesse au bonheur d'être près de toi, de te posséder, je n'ai qu'une idée fixe: être aimé de toi. Je t'en prie à genoux, ne me repousse pas; tu vois quelle passion profonde, ardente, brûlante j'ai pour aie toi, pitié de mes tourments, car je souffre mille tortures depuis que je t'aime; dis-moi simplement que tu ne me haïes pas, que tu pourras peut-être un jour m'aimer, et je te rends ta liberté; je ferais tout pour que tu sois heureuse; je serai ton humble serviteur; tes desirs seront pour moi des ordres; je mets à tes pieds ma fortune, ma puissance; ta vie sera un enchantement, tes jours des fêtes. Mais ne me repousses pas, car je ne puis vivre sans toi et pour te posséder je suis capable de tout.

— Vos prières et vos menaces sont inutiles; je n'aurai jamais pour vous que les sentiments d'horreur que m'inspire l'ennemi le plus dangereux de ma famille et de ma patrie; l'assassin de mon père et de ma mère; le conseiller intime, l'âme damnée du prêtre roi, qui opprime mes concitoyens; ainsi, relevez-vous, quittez cette attitude basse, vile, rampante et dégradante, car vous me faites pitié et vous m'inspirez autant de mépris que de haine et de dégoût.

A ces mots le cardinal se releva d'un seul bond, comme s'il eut été mu par un ressort; il était affreux de colère et de désespoir; il avait la figure livide, les yeux injectés de sang, les lèvres pâles, blanches d'écume. Furieux, il saisit les deux mains de Cornélia en lui disant :

— Tu seras à moi, je le veux ! Et, dans sa rage hystérique, il essaya de renverser la jeune femme sur son lit :

— Ah ! misérable, tu oses employer la violence, mais elle ne te réussira pas mieux que tes prières et tes promesses, s'écria cette dernière ; en se débattant revenue de sa première surprise, elle dégagea ses mains et repoussa dans un coin du cachot le prélat luxurieux, qui voulait la violenter ; puis, saisissant sa cruche à eau, elle s'en fit une arme contre son adversaire, en le menaçant de la lui briser sur la tête. Le cardinal effrayé, se recula vers la porte, contre laquelle il frappa, en appelant du secours ; le gardien accourut aussitôt à son aide.

— Enchaînez cette furieuse, qui veut me briser la tête, dit le cardinal, en sortant ; puis se retournant une dernière fois vers sa malheureuse victime, il lui dit : Cornélia, tu auras bientôt de mes nouvelles, la torture se chargera de te faire obéir à mes désirs.

— Jamais je ne céderais ! répondit la courageuse prisonnière. Le geôlier se précipita comme un furieux sur cette dernière, l'enchaîna de nouveau solidement, et l'abandonna dans l'obscurité de son cachot sur sa paille humide.

La malheureuse jeune femme, en proie à une grande agitation, résultat de la scène violente qu'elle venait d'avoir, se promena pendant quelques instants au bout de sa chaîne, pouvant à peine faire deux ou trois pas dans un cercle très-étroit. Elle se rappela les dernières paroles du cardinal, et ce ne fut pas sans une terreur secrète qu'elle pensa qu'elle était à la discrétion de cet homme violent, passionné, vindicatif, inexorable et tout puissant. Peu à peu, son irritation se calma, elle s'accroupit contre la muraille, plaça sa tête entre ses deux mains, et se plongea toute entière dans les plus sombres et les plus tristes réflexions. Que vais-je devenir? se disait-elle à elle même; je suis la proie de ce monstre. Il ne me reste qu'une seule chance de salut, c'est que Félice et nos amis me délivrent. Mais, hélas! ils ignorent même ce que je suis devenue; enlevée comme je l'ai été pendant la nuit, dans l'obscurité, sans que personne s'en soit aperçu, on ne me découvrira pas dans cet in-pace; on me croit morte, sans doute, et-on ne saura probablement jamais que je suis ici, enfermée dans ce tombeau. Oh! si Félice en était informé, nul doute qu'il ne s'empressât de me délivrer, et qu'il n'employât tout les moyens pour me faire sortir d'ici; mais, hélas! je ne vois aucune possibilité de le lui faire savoir. Mon geôlier est un homme incorruptible; je craindrais en lui faisant des propositions qu'il ne redoublât de sévérité envers moi, et qu'il ne prît encore de plus grandes précautions contre une tentative de délivrance. Il faut me résigner et attendre la mort avec courage. Si je devais être exécutée par la corde ou par la hâche, j'envisagerais mon supplice avec courage et avec stoïcisme. La vie est pour moi un fardeau embarrassant, et il me serait bien doux de mourir pour ma cause. Mais ce n'est pas une mort violente, presque instantanée qui m'attend. C'est une lente agonie dans ce cachot où toutes les tortures atroces, que l'inquisition inflige à ses victimes, me sont réservées. Le cardinal accomplira la menace qu'il m'a faite en s'en allant, il me soumettra à la question et, si je refuse de céder à ses infâmes désirs, il me fera mourir dans les supplices les plus affreux. Eh bien, j'aurai du courage jusqu'au bout, je resterai digne de moi-même, digne de la cause à laquelle j'appartiens; je saurai tout endurer, tout souffrir et mourir dans les tourments; mais, jamais je ne céderai à ce prélat éhonté. Toute la nuit, qui lui sembla longue de plusieurs siècles, s'écoula au milieu des plus sinistres réflexions et des plus sombres visions. La malheureuse aurait bien voulu pouvoir se reposer un peu en s'étendant sur sa paille humide; mais elle n'osait le faire, car elle redoutait les gros rats qui hantaient son cabanon, et tous les insectes malpropres et incommodes qui grouillaient dans sa couche pourrie. Elle resta donc appuyée contre la muraille froide et suintante, accablée de fatigue et de sommeil, mais sans pouvoir céder à ce dernier, quoiqu'il y eut trois nuits qu'elle n'avait pas dormi. Dès qu'elle s'assoupissait un peu, elle sentait aussitôt de gros rongeurs humides et velus qui lui couraient sur le corps et qui la réveillaient en sursaut. Des insectes dévorants lui montaient aussi le long des jambes, la piquaient partout, et le froid augmentait encore son supplice; une fièvre lente commençait à la dévorer et faisait chaque jour de nouveaux progrès; aussi quelqu'un qui l'eut vue au bout de trois jours de prison l'aurait reconnue avec peine; ses belles couleurs et son teint frais avaient disparu; son front était pâle, ses joues creuses, ses yeux caves, ses lèvres n'avaient plus de sourire, son corps s'affaissait sous la fatigue et les veilles, sa taille se courbait sous le poids des chaînes, s'endolorissait par leur frottement et ses membres, pleins de sève et florissants de santé avant son arrestation, s'amaigrissaient par le manque de nourriture et de repos. Cependant elle était toujours pleine de grâce et de séduction, sa beauté s'était transfigurée; si quelqu'un l'avait vue dans son cachot, les cheveux flottants sur ses blanches épaules, les yeux illuminés d'ardents éclairs et brillants sous son front pâle, la bouche contractée par la douleur, il l'eut certainement prise pour le désespoir fait femme ou pour la personnification de la douleur, et il fut resté en extase devant tant de charme, de beauté et d'innocence aux prises avec tant d'adversité.

V.

La torture.

Le lendemain de la scène violente qui s'était passée entre le cardinal A.... et Cornélia, le geôlier et deux gardes vinrent chercher la prisonnière et la conduisirent dans une salle basse toute tendue de noir, dans le fond de laquelle siégeaient, sur une espèce d'estrade, autour d'une table couverte d'un tapis rouge, trois hommes masqués revêtus d'un costume étrange, leurs longues robes noires étaient semées de têtes de morts et de tibias en croix; à droite on voyait un autre homme, aussi masqué, enveloppé dans une longue robe de pourpre, et à gauche un cinquième personnage, tenant une plume à la main, assis devant une petite table sur laquelle s'étalaient plusieurs liasses de papiers.

Lorsque Cornélia entra, ces hommes mystérieux, qui chuchotaient entr'eux, se turent, et la salle fut plongée dans un profond silence. Les deux gardes, armés de sabres et d'arquebuses, firent asseoir la prisonnière sur un escabeau en bois, placé au milieu de la salle en face de l'estrade, et se tinrent debout à côté d'elle, l'arme au poing.

A la vue du spectacle qu'elle avait devant les yeux, Cornélia comprit de suite qu'elle était en face d'un tribunal, qui avait pour mission de la condamner.

Celui des trois hommes qui semblait présider cette cour sinistre lui dit alors :

— Comment vous nommez-vous ?

— Cornélia Marcus, répondit l'accusée.

— Où demeurez-vous ?

— Au Transtévère.

— Dites-nous de quoi vous êtes accusée ?

— Je ne le sais pas ; j'ai été arrêtée chez moi, la nuit, par des hommes masqués qui m'ont bandé les yeux, baillonnée et jetée dans un cachot. Mais j'ignore complètement le motif de mon arrestation.

— Réfléchissez bien, ma fille, à la faute que vous pouvez avoir commise, vos révélations vous vaudront l'indulgence du tribunal, au contraire si vous refusez de faire des aveux, il sera obligé, bien à regret, d'employer envers vous la question ordinaire et extraordinaire pour obtenir la confession de vos fautes et de vos crimes.

— Cessez cette indigne comédie et n'espérez

pas m'effrayer par les tortures dont vous me menacez; je n'ai commis aucun crime et je n'ai rien à confesser.

— Prenez garde à vos réponses, nous vous engageons, dans votre intérêt, à parler au tribunal avec plus de modération et de respect.

— Vous auriez dû commencer par me dire quel est l'étrange tribunal devant lequel je suis traduite.

— Ne l'avez-vous pas deviné? Vous êtes ici devant le tribunal de la très-sainte-inquisition. Ainsi répondez, nous vous le demandons de nouveau, quel est le crime qui vous a fait traduire à notre barre ?

— Je vous ai déjà dit deux fois que je n'avais commis aucun crime, et je vous préviens que je ne répondrais plus à vos questions. Je suis ici au pouvoir de mes ennemis; ils peuvent me soumettre à tous les supplices, mais ils ne me feront pas avouer des crimes imaginaires, que je n'ai pas commis. Vous pouvez faire de moi tout ce que vous voudrez, mes amis me vangeront bientôt.

A ces mots, le personnage habillé de rouge, qui remplissait le rôle de grand inquisiteur, se leva et dit:

— Au nom de la Très-Sainte-Trinité je requiers que la question ordinaire et extraordinaire soit appliquée à l'accusée, afin d'obtenir les aveux de ses crimes.

Cornélia crut reconnaître l'accent de cette voix stridente, il lui sembla l'avoir déjà entendu; le regard brillant qu'elle aperçut à travers le masque de l'inquisiteur ne lui était pas non plus inconnu. Elle se souvint alors de la visite que le cardinal lui avait faite dans son cachot, et elle crut reconnaître monseigneur A.... sous le masque du grand inquisiteur.

— Une dernière fois, voulez-vous avouer vos crimes, dit le président?

— Je n'ai rien à avouer, et j'ignore de quoi l'on m'accuse, répondit Cornélia.

— Nous voulons bien, par une grâce spéciale, pour faciliter les aveux de l'accusée et sa repentance, lui dire qu'elle est prévenue des crimes de conspiration, rébellion, haute trahison contre le pouvoir de notre Saint-Père le Pape, d'incrédulité et d'athéisme.

— Nous espérons maintenant, ajouta le président, en s'adressant à Cornélia, que vous connaissez les crimes dont on vous accuse que vous vous montrerez digne de la haute faveur qui vous a été faite en les confessant tous, en en demandant pardon au tribunal et en implorant son indulgence.

— Vos paroles hypocrites ne m'en imposent

pas; je n'ai rien à confesser et point de pardon à implorer; je ne me laisserai pas prendre dans les piéges que vous me tendez; je vous répête une dernière fois ce que je vous ai déjà dit; je vous considère comme des ennemis et non comme des juges, faites de moi ce que vous voudrez, mais rappelez-vous que le peuple de Rome me vengera sous peu.

Pendant que la belle et courageuse Cornélia prononçait ces paroles, le grand inquisiteur la regardait, à travers son masque, d'un œil flamboyant. Il fit un signe au président du Saint-Office. Ce dernier sonna, un familier apparut aussitôt.

— Dites au bourreau de venir avec ses aides, d'apporter le banc du supplice et les instruments de torture.

A cet ordre cruel et malgré tout son courage, la malheureuse ressentit un serrement de cœur involontaire; mais, rappelant aussitôt sa résolution et son énergie, elle resta imapssible.

Quelques minutes après que cet ordre eut été donné, cinq hommes masqués entrèrent. L'un d'eux, le bourreau, était habillé de rouge et les quatre autres, ses aides, de brun. Ils avaient apporté avec eux plusieurs instruments de torture, tels que: cordes, courroies, chaînes, colliers, menottes, fouets, lanières, nerfs de bœuf, fers à rougir au feu, chevalets, poulies, tenailles et un épais banc de chêne, long d'environ quinze pieds, à chacune de ses extrémités il y avait un treuil, au tour duquel étaient enroulées deux cordes solides. Lorsque cet instrument de supplice fut convenablement placé, le président du Saint-Office dit à Cornélia:

— Vous voyez ces engins de supplice, si vous refusez d'avouer vos crimes, on va vous mettre à la torture; réfléchissez donc bien avant de vous exposer à un pareil supplice.

— Mes réflexions sont faites, je refuse.

— Eh bien, dit le juge, que l'on fasse subir à cette femme la question ordinaire par le supplice du banc. Sur un signe du grand inquisiteur, les quatre aides du bourreau se précipitèrent sur Cornélia, deux lui saisirent les mains pendant que leurs collègues s'apprétaient à la deshabiller. Quand la malheureuse jeune femme comprit quelle allait être entièrement dépouillée de ses vêtements et exposée aux regards obscènes de ses bourreaux, la rougeur de la honte lui monta au front, elle se sentit saisie d'un profond sentiment d'indignation; tout son être se révolta ; par un effort sur humain, elle dégagea ses deux bras, repoussa les deux aides qui la tenaient, se leva, saisit l'escabeau sur lequel elle était assise et, furieuse et terrible, elle menaça de le briser sur la tête du premier qui l'approcherait. Les valets du bourreau, d'abord surpris et effrayés de la résistance énergique et des menaces de la jeune femme, se reculèrent prudemment à quelques pas.

— Ah! misérables que vous êtes, dit Cornélia, en se tournant vers le tribunal, vous poussez l'infamie jusqu'à vouloir soumettre une pauvre femme aux outrages de vos mercenaires; vous ne rougissez pas de vouloir la faire dépouiller de ses vêtements, et de l'exposer nue à vos regards obscènes et à ceux des vos bourreaux. Vous avez donc perdu, dans la pratique de votre culte superstitieux et de votre infâme ministère, tout sentiment de pudeur, tout respect humain. Vous êtes donc aussi dégradés que lâches et cruels. Eh bien, osez m'approcher et vous êtes morts, car je saurais défendre mon honneur. Et l'héroïne brandissait toujours son siège menaçant.

Le bourreau et ses aides intimidés se tenaient toujours à distance.

— Poltrons que vous êtes, dit le grand-inquisiteur, avez-vous donc peur d'une faible femme, allez-vous donc vous sauver devant elle.

Ces cinq misérables à cette apostrophe reprirent un peu de courage et s'élancèrent tous à la fois sur l'énergique jeune femme; l'un d'eux reçut un vigoureux coup d'escabeau, mais les quatre autres s'emparèrent de la captive, la renversèrent sur le banc, la garottèrent et la deshabillèrent tout à leur aise, lorsqu'ils l'eurent mise dans l'impossibilité de se débattre.

C'était avec une rage concentrée que l'infortunée voyait enlever un à un tous ses habillements, elle faisait des efforts inouis pour briser ses liens, mais hélas! inutilement. C'était en vain qu'elle meurtrissait ses blanches mains, qu'elle ensanglantait ses poignets délicats, qu'elle déchirait ses petits pieds en se débattant, elle était trop solidement garottée pour pouvoir se dégager. Ses bourreaux eurent bientôt fait de lui arracher ses vêtements. Lorsqu'apparurent ses épaules adorables, sa gorge nue, ses bras d'ivoire, sa taille élégante et souple, et tous ses charmes secrets, que nul homme n'avait encore contemplés jusqu'à ce jour, les yeux des juges du Saint-Office s'allumèrent d'une flamme impudique et brillèrent à travers les trous de leurs masques; ces misérables se repaissaient de la vue des beautés de leur victime. Le grand-inquisiteur n'était plus maître de lui; tous les trésors d'amour qu'il contemplait avaient embrasé son sang; un feu intense le dévorait. N'y tenant plus il se leva, s'avança auprès de la prisonnière et la flairant, avec la soif ardente, l'appétit dévorant que la vue des proies excite chez les animaux féroces, il était prêt à se précipiter sur la malheureuse nue et garottée. Il se pencha sur elle afin d'aspirer de plus près les senteurs enivrantes, les émanations voluptueuses qui s'échappent toujours du corps d'une jolie femme et qui causent le délire des sens ; ses narines se dilatèrent, ses lèvres se séchèrent, son haleine brûla, ses yeux s'injectèrent de sang sous son masque ; et, approchant sa bouche tout près de l'oreille de Cornélia, il lui dit, tout bas, d'une voix tremblante d'émotion.

— Je t'aime ! tu es plus belle que les grâces, plus séduisante que les voluptés, promets-moi que tu seras à moi, dis un mot, et je serai le plus heureux des hommes et toi la plus heureuse des femmes, je te ferais délier et transporter dans mon palais, ta vie ne sera qu'une longue jouissance et Rome entière sera jalouse de ton bonheur.

— Jamais ! répondit Cornélia, aussi à voix basse, je préfère tous les supplices qui me seront infligés ici, à la honte d'être la maîtresse d'un misérable de ton espèce.

— Eh bien, tu l'auras voulu, ne t'en prends qu'à toi des tortures que tu vas endurer ; toi seule seras cause si on disloque et si on déchire ces beaux membres que j'aurais voulu couvrir de baisers et envelopper de soie et de dentelle.

— La malheureuse suppliciée, pour toute réponse, lança un regard de profond mépris et de dégoût à son persécuteur, et tourna sa belle tête de l'autre côté.

Le cardinal A...., car c'était lui, poussa un soupir de rage, et dit tout haut aux tortionnaires :

— Qu'on applique la question à cette coupable qui persiste dans son impénitence.

Les aides s'emparèrent alors de Cornélia et l'étendirent tout de son long sur le banc du supplice. Ils lui attachèrent fortement aux mains et aux pieds, les deux cordes enroulées au tour des deux treuils placés aux deux extrémités du banc ; ils lièrent en outre la patiente à ce dernier au moyen de trois courroies, dont l'une était placée autour du cou, l'autre à la ceinture et la troisième aux pieds.

Et quand la victime fut ainsi garottée, les aides tournèrent les manivelles des treuils jusqu'à ce que les cordes, attachées aux bras et aux jambes de Cornélia, fussent tendues, ainsi que les membres et tout le corps de la patiente. Lorsque les apprêts du supplice furent terminés, le grand-inquisiteur fit un signe, et les valets du bourreau firent enrouler encore d'un quart de tour les deux cordes sur les treuils ; on entendit alors un craquement de nerfs et la suppliciée poussa un cri aigu ; elle était pâle comme une cire vierge, ses bourreaux la contemplaient avec volupté. Chez certaines natures sensuelles, il n'est de bonheur complet que par le mélange des cris de douleur des victimes aux soupirs de plaisir, des râles aux baisers, de l'amour à la cruauté.

Tibère et Louis XV étranglaient les jeunes enfants qu'ils violaient dans leurs bains pour doubler le charme de leurs plaisirs. Les inquisiteurs se repaîssaient de la vue des charmes de leurs victimes en les torturant, beaucoup consommèrent sur elles le dernier des attentats pendant qu'elles étaient sur le banc des suppliciés. Si le cardinal A.... eut été seul avec sa victime garottée, il en eut certainement fait autant. Mais, ne pouvant assouvir immédiatement sa luxure, il donnait un libre cours à sa cruauté. Il fit un nouveau signe aux bourreaux, et ceux-ci appuyant sur la manivelle, firent enrouler de nouveau les cordes et les tendirent davantage. Cornélia poussa un second cri, encore plus aigu que le premier; ses membres craquèrent et se disloquèrent de nouveau; la tension produite sur son corps devenait de plus en plus douloureuse à mesure qu'elle augmentait. C'était un spectacle affreux que celui qu'offrait cette jeune femme, ainsi étirée et disloquée, sur cette machine à torturer; ses bras, ses jambes et tout son corps étaient dans un état de tension si extrême que l'on apercevait, à travers sa peau ses nerfs et ses fibres prets à se rompre. Mais ce qu'il y avait de plus révoltant encore, c'était de voir tous les tortionnaires contempler d'un regard avide et libidineux cette malheureuse, ainsi placée dans une position qui leur permettait de fouiller des yeux jusque dans ses charmes les plus secrets. On aurait volontiers pris tous ces mystérieux personnages, qui l'entouraient pour un groupe de satyres ou de faunes contemplant une nymphe tombée en leur pouvoir; on aurait facilement supposé qu'ils s'étaient costumés en juges pour cacher leurs corps difformes et velus, et qu'ils avaient placé un masque sur leurs faces cyniques afin qu'on ne put pas y voir briller leurs instincts de bestiale lubricité.

Pendant qu'ils se livraient ainsi à leur contemplation inpudique, la patiente, en proie à la honte et à mille souffrances, dissimulait sa douleur et restait impassible. Mais cela ne faisait pas l'affaire de ses bourreaux, plus avides d'émotions sensuelles que d'aveux, et qui jouissaient en secret de voir palpiter les chairs de leur belle victime sous les étreintes de la douleur, puisqu'il ne leur était pas donné de les faire frissonner sous celles du plaisir. Ils ordonnèrent à leurs satellites d'imprimer une nouvelle tension aux cordes.

Cette fois la malheureuse suppliciée ne poussa qu'un faible soupir, ses grands yeux se voilèrent d'angoisses, ses lèvres se blanchirent d'écume, la sueur perla sa peau, une pâleur mortelle la couvrit, elle s'évanouit complètement. Le bourreau s'étant approché d'elle déclara que si on la soumettait à une nouvelle tension de la corde cela pourrait amener une dislocation complète de ses membres et lui causer la mort. Il fut, en conséquence; décidé que l'on ne continuerait pas le même supplice. Une idée diabolique traversa alors l'esprit du grand-inquisiteur: il proposa d'infliger à sa victime le supplice du fouet; afin, disait-il, de la faire revenir de son évanouissement. Le bourreau ayant déclaré que ce genre de torture appliqué avec mesure ne pouvait pas avoir des conséquences dangereuses, tous les membres du Saint-Office s'empressèrent d'appuyer la proposition du cardinal, qui leur promettait de nouvelles jouissances cyniques. En conséquence l'infortunée Cornélia, toujours évanouie, fut retournée sur son banc de douleur et placée dans l'autre sens, de manière à montrer son dos; puis, lorsqu'elle fut de nouveau assujetie par les courroies, et qu'elle eut les membres bien tendus à l'aide des cordes des deux treuils, les valets du bourreau, armés de fines lanières garnies de petites épingles, lui singlèrent la partie la plus charnue avec précaution; chaque coup traçait un léger sillon rouge; la peau de la malheureuse se perlait aussitôt de petites gouettelettes de sang. Après quelques minutes de cet exercice cruel la suppliciée poussa un cri, s'agita convulsivement et commença à reprendre l'usage de ses sens; bientôt elle rouvrit les yeux et, par un sentiment de pudeur, elle voulut se retourner; mais la chose lui fut impossible, les courroies qui la fixaient étaient solides, elle fut ainsi contrainte de rester dans sa position, des plus indécente et des plus douloureuse. Lorsqu'elle fut entièrement revenue de son évanouissement, le cardinal lui dit, d'un ton plein d'implacable ironie :

— Je suis heureux, Madame, de voir que vous avez repris l'usage de vos sens, et que les sels que je vous ai fait respirer ont produit un effet salutaire.

La malheureuse jeune femme resta muette, éperdue de honte et de douleur, à cette odieuse plaisanterie.

Mais son bourreau n'était pas encore satisfait. Il s'approcha de nouveau d'elle, et lui dit tout bas :

— Maintenant, veux-tu être à moi ? Prends garde, si tu me refuses, je fais continuer le supplice.

Cornélia lança un regard de mépris à son bourreau et tourna la tête de l'autre côte. Celui-ci, indigné de la persistance de sa victime à repousser ses propositions infâmes, dit à ses sbires :

— Cette femme coupable et pervertie refuse toujours de confesser ses crimes, continuez de lui appliquer la question.

Les treuils tournèrent de nouveau, les cordes se tendirent avec force, les muscles et les nerfs de la patiente craquèrent; mais cette fois son épuisement était si grand et la douleur fut si violente que la malheureuse n'eut pas même la force de crier; elle s'évanouit une seconde fois.

— L'exécuteur des hautes œuvres s'approcha alors d'elle, l'examina attentivement, lui tâta le pouls et dit:

— Cette personne ne pourrait supporter plus longtemps la torture sans succomber, je vous engage à ne pas continuer le supplice.

Le cardinal, à cette déclaration, ne put contenir un mouvement de mécontentement. Cet homme débauché et cruel ne voyait pas, sans un vif regret, sa malheureuse victime lui échapper pour un jour. La vue de cette femme nue était pour ce prélat passionné et lubrique une grande jouissance; s'il ne pouvait la posséder, il avait au moins le plaisir de contempler tout à loisir ses charmes adorables, ses beautés les plus séduissantes, ses perfections les plus cachées; il s'en enivrait avec délices; il humait avec une volupté ardente ce parfum qu'exhale toujours une jeune femme; il ne pouvait détacher sa vue de ce beau corps, dont il rêvait la possession; aussi ne pouvant se décider à quitter sa victime, il la suivit dans son cachot, où il la fit transporter, toujours évanouie, dans l'espoir d'accomplir sur elle l'infâme attentat qu'il préméditait.

Lorsque cette malheureuse revint de son évanouissement, elle était dans son cabanon froid et humide, plongée dans une obscurité profonde ; seulement, à sa grande surprise, au lieu d'être étendue sur sa paille pourrie, elle s'aperçut qu'elle était couchée sur un lit confortable et enveloppée de draps et de chaudes couvertures.

Elle ne revenait pas de sa surprise, et cette amélioration inattendue l'étonna beaucoup, cependant elle se l'expliqua bientôt facilement ; elle supposa qu'on lui avait donné un lit à cause de l'état de souffrance que lui avait occasionné la torture à laquelle elle avait été soumise ; cette explication lui sembla même toute naturelle, lorsque tout à coup elle vit ouvrir sa porte, et elle entendit bientôt la voix du cardinal, qui lui disait d'un ton moqueur.

— Eh bien, ma belle, comment vous trouvez-vous maintenant, êtes-vous revenue de votre évanouissement ? je vous ai entendu remuer, et je viens m'informer de l'état de votre précieuse santé. Cornélia ne répondit pas à ce sarcasme grossier.

— Il parait, ma belle amie, continua le cardinal, que vous me conservez rigueur et que vous avez juré de me priver du plaisir d'entendre votre douce voix ? Eh bien, je vais vous raconter un petit détail qui, je l'espère, vous déliera la langue. Il y a une demie heure environ, quand on vous a apportée ici, évanouie, je suis venu avec vous, ne voulant confier à personne le soin de veiller sur votre charmante personne. Lorsque vous fûtes mollement étendue dans le lit que j'avais fait mettre ici pendant votre absence, je renvoyais tout le monde, je m'assis à votre chevet, et je veillais seul à vos côtés. La lampe, que j'avais fait suspendre au-dessus de votre tête, répandait une douce clarté sous la voûte sombre de votre cachot et vous caressait de ses tendres rayons; vous étiez belle, mais belle! comme je vous avais rêvée, la première fois que je vous avais vue; vos longs cheveux bruns tombaient en flots épais sur vos épaules blanches; vos beaux yeux étaient fermés, mais votre front si pur, malgré sa pâleur, était d'une grande beauté; votre bouche mi-close attirait le baiser; vos lèvres tendres comme des fraises étaient à croquer; votre sein de neige montait et descendait comme un flot mouvant, qui cherche les baisers de la rive; mille autres appas s'étalaient à mes yeux et s'emblaient m'inviter à leur faire fête; or, quoique cardinal et ministre d'État, je ne suis pas un saint, mais bien un homme qui vous aime, vous le savez Cornélia. Moins vertueux que Saint Antoine, je fus heureux, mais complètement heureux, d'un bonheur ineffable, votre évanouissement était si profond que vous ne vous aperçûtes même pas de mon bonheur. Au bout d'un quart d'heure, lorsque je sentis que votre cœur commençait à battre plus fort, et que je vis que vous alliez reprendre connaissance, je jugeais prudent de mettre une porte solide entre vous et moi, car je redoutais à votre réveil l'expression de votre reconnaissance; j'abandonnais donc votre couche voluptueuse, sur laquelle je venais de goûter dans vos bras de si vifs plaisirs; mais j'attendais patiamment ici que vous soyez réveillée afin de vous exprimer toute ma reconnaissance, pour le bonheur que vous m'avez procuré. Maintenant, si vous ne voulez pas consentir à m'accorder à l'avenir de bonne volonté ce que je puis obtenir chaque jour par la force, et ce que je viens de prendre aujourd'hui, chaque fois que je voudrais être heureux dans vos bras, je vous ferais donner la question jusqu'à ce qu'elle vous ait occasionné un profond évanouissement, alors je vous ferais transporter dans votre chambre, où je resterai seul avec vous, et, comme aujourd'hui, je gouterai le bonheur le plus parfait.

— Vous mentez, misérable, lui répondit Cornélia, vous n'avez pas accompli une pareille infamie!

— Tout beau, ma charmante, ne vous fachez pas, ne m'insultez pas, car cela serait inutile. Vous pouvez facilement vous assurer que je ne vous ai pas menti, et que, tout à l'heure, j'ai joui avec vous des plus grandes privautés.

— Infâme scélérat! vous avez osé abuser de l'évanouissement de votre victime pour consommer sur elle le plus abominable attentat, mais je saurai bien vous châtier. En disant ces mots, la malheureuse captive sauta au bas de son lit, et voulut se précipiter vers la porte, pour infliger la première punition à son infâme suborneur ; mais elle avait compté sans sa chaîne, à peine eut-elle fait deux on trois pas qu'elle fut arrêtée court par cette dernière et qu'elle s'affaissa sur elle même, en proie à une grande douleur, ses membres disloqués, ses nerfs foulés par la torture ne pouvaient la soutenir. Elle fut sur le point de s'évanouir de nouveau et ce ne fut qu'avec le plus grand effort qu'elle parvint à remonter sur son lit.

— Calmez-vous, ma belle amie, lui dit son bourreau, vous voyez que la colère ne vous vaut rien, vous devriez ne pas vous livrer aussi facilement à ce vilain péché; il serait même préférable, dans votre intérêt, que vous eussiez pour moi un sentiment tout opposé à celui que vous m'avez témoigné jusqu'à présent, cela vous serait très-profitable, et me dispenserait d'employer les petits moyens violents, auxquels vous m'avez déjà forcé d'avoir recours pour triompher de vos rigueurs.

— Insultez-moi, raillez-moi, après m'avoir violée, votre conduite est bien digne d'un misérable de votre espèce; mais, soyez certain que vous n'échapperez pas au châtiment de la justice inéxorable qui vous attend et qui vous frappera bientôt.

— Allons donc belle incrédule, est-ce que la

question, que je vous ai fait subir, vous aurait convertie? croiriez-vous aux châtiments providentiels par hazard? Est-ce qu'une conversion miraculeuse se serait opérée en vous depuis que vous êtes captive? auriez-vous oublié vos principes d'athéisme? S'il en est ainsi, sous ce rapport encore, je suis votre maître, car je crois bien moins que vous en Dieu, surtout en un Dieu providence, qui punit les méchants et qui récompense les bons, et si j'affiche pompeusement une opinion contraire, c'est par intérêt et non par conviction.

— Comme je vous l'ai dit, répliqua Cornélia, je ne crois pas en Dieu et parconséquent en une justice providentielle; mais, la raison m'enseigne que tous les crimes portent avec eux leur châtiment, parce qu'ils sont des violations de la justice et du droit, et qu'ils produisent nécessairement des perturbations, des accidents funestes, dont sont victimes ceux qui s'en sont rendus coupables. Voilà pourquoi j'ai la conviction profonde qu'un jour vous expierez vos crimes.

— Votre simplicité me fait pitié, ma belle Cornélia, il n'y à ni crime ni vertu, ni châtiment, ni récompense; il n'y a qu'un droit: la force, et des gens qui jouissent, comme moi, ou qui souffrent, comme toi; je me ris de ce que tu appelles la justice supérieure, inexorable; je la mets au défi de m'atteindre jamais?

— Eh bien moi, répondit Cornélia, je suis persuadée du contraire; j'ai la conviction profonde que le jour de votre châtiment et de celui de la papauté approche; qu'il ne se passera pas trois mois avant que je sois vengée et que le pape ait expié les crimes de son gouvernement.

— Franchement, ma fille, vous me faites pitié avec vos prédictions à la Cassandre, et je vous engage à méditer fructueusement sur votre position présente et sur les propositions que je vous ai faites, ce sera un plus sûr moyen de remédier à vos maux. Adieu, et le cardinal sortit de la celúlle de Cornélia. Cette dernière entendit raisonner le bruit de ses pas pendant quelques secondes, après quoi le silence le plus profond règna tout autour d'elle.

VI.

Châtiment et délivrance.

Depuis l'arrestation de Cornélia, Félice O...., Giuseppe M.... et tous les patriotes italiens les plus devoués avaient fait de nombreuses recherches pour découvrir les traces de la jeune femme et savoir ce qu'elle était devenue; mais hélas! leurs démarches avaient été inutiles. C'est envain qu'ils avaient interrogé plusieurs employés de la police secrète qui, ne s'étaient enrôlés dans ce corps méprisable que pour être au courant des manœuvres souterraines du gouvernement papal et pour en informer les défenseurs de la liberté italienne. Aucun d'eux n'avait pu fournir le moindre renseignement sur l'héroïne populaire, dont la disparition prolongée excitait les craintes les plus vives de ses amis. Mais on avait appris que le ministre Rossi, qui s'était reservé la direction de la police, avait fait arrêter deux réfugiés Napolitains pour les livrer au roi de Naples, et que ce fonctionnaire, redoutant un mouvement populaire, avait fait venir à Rome un grand nombre de carabiniers pontificaux. Ces nouvelles facheuses excitèrent une grande fermentation dans le peuple. Enfin un article très-violent, qui fut publié dans le journal officiel contre les deputés de l'opposition, exaspéra au plus haut degré l'opinion publique.

Ce fut sous ces tristes auspices que s'ouvrirent les chambres, le 15 novembre 1848.

Une foule immense se pressait aux abords du palais de la chancellerie, et murmurait contre le ministre, qui avait fait rétrécir les tribunes réservées au public. Il était une heure, lorsque Rossi arriva accompagné de son collégue Righetti; la foule courroucée redoubla alors de cris et de vociférations; les sifflets, les huées retentirent de toute part; des millers de voix crièrent: A bas Rossi! A bas Rossi!!

A mesure que son carrosse avançait, la foule devenait plus compacte, plus agitée et plus furieuse, et, au moment où le ministre mettait pied à terre, une main inconnue le frappa d'un coup de poignard à la gorge, et il tomba mort.

Tous les partis, auxquels M. Rossi était également odieux, furent accusés de sa mort; mais un mystère impénétrable en a jusqu'à ce jour caché les auteurs véritables, malgré les recherches les plus actives, un long procès, une double condamnation et une exécution capitale.

Pie IX était en conférence avec son conseiller, le cardinal A....., lorsqu'il apprit la nouvelle de la mort de Rossi.

— Ce Monsieur devait finir de cette manière, il s'était fait mal venir de tout le monde, dit Sa-Sainteté, quand on lui annonça cette nouvelle, n'est-ce par votre avis, monsignor A....?

— Votre-Sainteté me permettra de lui répondre que, si je n'ai jamais eu de sympaties personnelles pour Monsieur Rossi, je ne considère pas moins sa mort comme un grand malheur qui en présage beaucoup d'autres. Le peuple romain, en versant le sang de votre ministre, vient de vous donner la mesure exacte de son aversion pour votre gouvernement et de vous prévenir de ce que vous devez attendre de lui. Je crois que la fuite sera bientôt le seul parti qui vous restera à prendre.

Monseigneur A...., en tenant ce langage plein d'inquiètudes et de sinistres prévisions, était malgré lui poursuivi par le souvenir de la prédiction de Cornélia, qui lui avait annoncé qu'il ne se passerait pas trois mois avant que le peuple eut châtié ses oppresseurs. En proie à cette inquiétude, il prit, au plus tôt congé de Sa-Sainteté et se dirigea, plein d'anxiété, vers les prisons du Saint-Office, afin de voir Cornélia, dont la pensée et l'image le poursuivaient partout. Lorsqu'il entra dans la cellule de la jeune femme, celle-ci, toujours enchaînée, était assise sur son lit. Le geôlier, qui avait accompagné le prélat avant de se retirer, suspendit sa lanterne dans un angle du cachot et laissa, ainsi que la chose lui avait été recommandée, le cardinal seul avec la prisonnière. Cette dernière était, comme elle en avait l'habitude, assise sur le bord de son lit, plongée dans une obscurité profonde; la lumière lui causa d'abord un grand éblouissement, et il [lui] fallut quelques minutes pour que sa vue se mit en harmonie avec le milieu lumineux dans lequel elle se trouvait pour le moment, et auquel elle n'était plus habituée; la prisonnière était d'une pâleur extrême; ses traits amaigris avaient conservé toute leur pureté et toute leur régularité; ses grands yeux lançaient des éclairs, et brillaient d'un éclat maladif sur son pâle visage, qu'encadrait sa longue chevelure, tombant sur ses blanches épaules; la robe de grossière étoffe brune qui l'enveloppait ne dessinait qu'imparfaitement les contours gracieux de sa gorge mouvante; la chaîne qui la tenait attachée à la muraille entourait de ses froids, durs et lourds anneaux sa taille souple, fine et délicate; sa jupe de bure tombait négligeamment sur ses jambes fines, et laissait voir deux petits pieds d'enfants, qui se balançaient à quelques pouces du sol humide.

Quand la porte de son cachot s'était ouverte, la jeune captive, avec cet instinct pudique qui n'abandonne jamais les femmes avait immédiatement rajusté sa robe de la façon la plus convenable et cherché à donner à sa physionomie le calme le plus apparent. Mais malheureusement malgré toutes ses précautions sa figure et toute sa personne trahissaient ses cruelles souffrances et les anxiétes de son âme.

Le cardinal, dès qu'il fut entré dans la cellule de Cornélia contempla cette dernière avec l'œil brillant et le regard perçant de l'oiseau de proie couvant ou dévorant sa victime.

— Je suis venu vous voir, ma belle enfant, lui dit le prélat, dans l'espérance que vous me traiterez aujourd'hui avec moins de rigueur.

— A ces mots, d'un cynisme railleur, Cornélia se contenta de lancer un regard de mépris à son interrogateur, haussant légèrement ses blanches épaules.

— Voyons, belle amie, soyez raisonnable, ne me forcez pas à employer les petits moyens coercitifs, que vous-savez, pour triompher de vos rigueurs.

— Misérable ! dit Cornélia, en sautant au bas de son lit et en s'avançant de toute la longueur de sa chaîne du côté du cardinal, viendrez-vous donc toujours m'outrager, me menacer et me torturer ; quand donc serai-je débarrassée de votre présence.

— Ce sera ma cruelle, quand selon votre prophétie je recevrai le juste châtiment de mes crimes, mais j'espère que cela n'arrivera pas encore bientôt.

— Je crois que vous vous trompez, et j'ai la conviction que, si vous ne vous hâtez pas de mettre un terme à mon supplice, en me faisant expirer dans les tortures, je pourrais bien vous échapper dans peu de temps.

— Vous vous faites d'étranges illusions sur votre situation, vous êtes en mon pouvoir et vous le serez aussi longtemps que cela me sera agréable. N'espérez même pas que je vous fasse succomber dans les supplices. Non! je vous aime trop pour cela, vous resterez longtemps ma prisonnière ,et vous continuerez d'être à moi après chaque torture que je vous ferai subir. Je brave ici en paix votre justice supérieure; je mets le monde au défi de me ravir ma belle prisonnière, qui osera jamais venir jusqu'ici vous arracher à mon amour?

Au moment où le cardinal, exalté pas sa passion, prononçait ces derniers mots, un grand bruit de pas précipités retentit dans le corridor, la porte du cachot s'ouvrit, et Félice O...., suivi d'une demi douzaine de patriotes italiens furieux, fit son entrée dans le cachot, il avait le front courroucé, l'air agité, les cheveux au vent, les habillements en désordre, dès qu'il aperçut le cardinal, il le saisit au collet et, le secouant fortement, il lui dit:

— Misérable, qu'avez vous fait de Cornélia?

— Monseigneur A..., à cette brusque apparition, à cette attaque imprévue, à cette question embarrassante, resta immobile et comme pétrifié. Cornélia, au contraire, rayonnante et comme transfigurée, par l'apparition de Félice, s'écria:

— Comment c'est vous, cher ami, c'est vous qui accourez me délivrer. Oh! je vous attendais, j'étais sûre que vous viendriez. Eh bien, Monseigneur, ajouta-t-elle en s'adressant au Cardinal, vous voyez que j'avais raison dans mes prédictions et que l'heure de ma délivrance et peut-être celle de votre châtiment n'a pas tardé à sonner.

Félice reconnut alors la voix qui venait de prononcer ces paroles et, tournant la tête du côté d'où elles partaient, il aperçut alors la jeune femme debout devant son lit et enchaînée à la muraille.

Il lâcha aussitôt le cardinal pour se précipiter dans les bras de celle qu'il aimait, et Monseigneur A.... profita de cet instant favorable pour s'enfuir.

Chère Cornélia, dit Félice, je te retrouve enfin. Voilà donc où nos ennemis t'avaient plongée, dans les cachots de l'inquisition; je m'en doutais, mais jusqu'à ce jour je n'avais pas pu découvrir tes traces. Enfin me voilà près de toi, tu es sauvée. Mais hélas! dans quel état tes misérables persécuteurs t'ont réduite, comme tu es pâle. Que vois-je? quoi, tu es enchaînée à cette muraille, ils avaient donc peur que tu t'échapasses. Ah! les scélérats; ce n'était donc pas assez de t'avoir plongée vivante dans ce tombeau? ils ont encore voulu augmenter ton supplice en te changeant de chaînes. Tes bourreaux me paieront cher leur forfait. Mais, brisons d'abord ce cadenas. En disant ces mots, Félice prit une grosse clef, et frappa à coups redoublés sur le cadenas qui ne tarda pas à voler en éclats. Lorsque la jeune femme fut délivrée de ses chaînes, son libérateur l'invita à le suivre et à quitter au plus tôt ce cachot humide et obscur. Mais hélas! quand la malheureuse prisonnière voulut marcher, elle éprouva de si grandes douleurs dans les articulations disloquées par la torture qu'elle ne put faire que deux ou trois pas.

— Qu'as-tu, chère amie, lui dit Félice, tu es faible appuie-toi sur mon bras.

— Hélas! mon ami, j'ai trop préjugé de mes forces, la torture à laquelle j'ai été soumise a disloqué et brisé mes membres, il m'est impossible de pouvoir marcher.

— Comment, les misérables qui t'ont enfermée ici ont osé te torturer, ils t'ont soumise aux plus affreux supplices, ils ont brisé tes os, tenaillé tes chairs, ils t'ont fait subir le plus horrible martyre. Oh! malheur à eux, ma vengeance sera éclatante. Mais partons d'abord d'ici, quittons ces lieux de misère et de souffrance, de douleur et de torture.

Avec des fusils et un matelas, il confectionna un brancard sur lequel il plaça Cornélia et, aidé de plusieurs de ses camarades, il transporta la jeune femme dans son domicile.

Lorsque les compagnons de Félice O.... eurent déposé sur un lit leur précieux fardeau, ils se retirèrent et le patriote romain, Félice O...., resta bientôt seul avec sa bien-aimée.

— Cher ami, lui dit cette dernière, que je suis donc heureuse d'être auprès de toi, et combien je te suis reconnaissante de m'avoir arrachée aux mains de mes ennemis; mais, dis-moi, je t'en prie, comment as-tu découvert le lieu de ma détention, et surtout comment as-tu pu pénétrer jusque dans mon cachot?

— La chose est bien simple; il y a longtemps que je te cherchais; mais, malgré toutes mes démarches je n'avais pas pu découvrir ta retraite. Ta disparition mystérieuse, le bruit qui courait que plusieurs prisonniers politiques devaient être extradés et rendus au roi de Naples, avaient fortement excité les esprits. L'agitation était à son paroxisme, lorsque le quinze novembre courant, le ministre Rossi fut assassiné, au moment où il descendait de son carrosse pour aller assister à l'ouverture des Chambres.

— Comment Rossi a été tué, dit Cornélia?

— Oui chère amie, un inconnu nous a débarrassé de ce ministre réactionnaire, qui préméditait la trahison. Pourquoi bonne et prompte justice n'est-elle pas ainsi faite de tous les tyrans? Quel immense bienfait ce serait pour l'humanité si tous avaient subi le sort du ministre réactionnaire de Pio nono.

— Certainement répondit Cornélia, je souhaite qu'il en soit toujours ainsi, qu'on n'oublie jamais notre devise: *Sic semper tyrannis.* Quand des hommes se sont placés au-dessus de toutes les lois, quand ils les ont toutes violées, quand ils ont foulé aux pieds de propos délibérés tous les principes de justice, toutes les notions du droit naturel et du droit écrit, et qu'ils se sont mis, avec connaissance de cause, en dehors et au-dessus de l'humanité, qu'ils oppriment et qu'ils outragent, ils sont, par leur propre faute et par leur bonne volonté, hors la loi, la société et l'humanité, ils deviennent des fléaux, des ennemis publics, tout le monde a le droit d'en faire justice.

— Tu as d'autant plus raison, Cornélia, que la tradition, l'histoire, la philosophie et jusqu'à la morale ont consacré cette doctrine humanitaire; l'antiquité élevait des statues et conservait précieusement la mémoire des tyrannicides; elle les proclamait des bienfaiteurs et des sauveurs de l'humanité; le poignard de Brutus brille encore aujourd'hui, à travers les siècles, d'un éclat plus vif que l'épée de César et, malgré le prestige pernicieux qu'exerce encore maintenant la gloire militaire, les peuples commencent à en comprendre tout le néant, tandis qu'ils apprécient les bienfaits incomparables de la paix et de la liberté.

Les tyrannicides sont de grands justiciers populaires menaçant continuellement les oppresseurs et les despotes, autour desquels ils errent d'un pas furtif, ils sont leur cauchemar, leur épouvante, ils troublent leur conscience et leur sommeil; ces destructeurs de monstres tout puissants sont une garantie pour la liberté; sans eux tous les malfaiteurs porte-sceptres fouleraient continuellement aux pieds les droits et la liberté des citoyens, et se feraient un jeu de leur vie et de celle de leur famille; tandis que la crainte du poignard de Brutus ou de l'épée d'Harmodius les retient; ils savent que le poignard est l'arme du châtiment, le glaive vengeur, qui punit les tyrans, les traîtres et les parjures; il est donc une sauvegarde, une garantie sociale, la ressource suprême des opprimés, le dernier rempart de la liberté, la dernière raison, l'argument capital, l'ultima ratio des victimes du despotisme et de la tyrannie.

A ce point de vue la mort de Rossi produira un effet très-salutaire; elle effraiera tous les brigands armés du sceptre et de l'épée qui oppriment les peuples; ils trembleront que l'arme vengeresse ne passe de la gorge de leurs ministres dans la leur.

— Mais explique moi Félice, ce que le châtiment de Rossi a de commun avec ma délivrance? demanda Cornélia.

— Le voici: Le lendemain de la mort de cet homme d'État impopulaire, les troupes fraternisèrent avec le peuple, mirent à leur tête les représentants et se rendirent avec eux auprès de Pie IX, afin d'obtenir de lui: 1° La proclamation du principe de la nationalité italienne; 2° La convocation d'une assemblée constituante; 3° L'exécution des mesures prises au sujet de la guerre de l'indépendance; 4° La nomination d'un ministère libéral et laïque. Pendant que Pio nono acceptait, bon gré, mal gré, les propositions qui lui étaient faites, et que la foule enthousiaste se dispersait joyeuse et satisfaite d'avoir obtenu ce qu'elle desirait. Je me rendais, suivi de quelques braves, parmi lesquels le colonel Zambianchi dans les prisons du Saint-Office et de la sacré consulte où j'espérais te découvrir et te délivrer et, comme tu le vois, le succès à couronné mes espérances et mes efforts.

— Je n'oublierai jamais, mon bon Félice, tout ce que tu as fait pour moi, et surtout cette nouvelle preuve de ton dévouement et de ton affection, et je te consacrerai toute mon existence pour te prouver ma reconnaissance.

— Merci, ma chère Cornélia, la promesse que tu viens de me faire est la plus douce des récompenses et le plus grand bonheur auxquels je puisse aspirer, dit Félice, en pressant tendrement la main de la jeune femme.

— Oui, mon ami, répondit cette dernière, je te serai toute dévouée.

— Le dévouement, quoiqu'il soit déjà beaucoup, n'est cependant pas assez pour satisfaire toute mon affection pour toi ; tu sais, ma chère amie, que j'aspire à un sentiment plus doux.

— Ignores-tu, mon ami, que je t'aime comme un frère ?

— Je le sais, Cornélia, mais cette affection fraternelle ne me suffit pas ; il faut, à mon cœur ardent, à mon âme aimante, un sentiment plus tendre encore. Promets-moi d'être la compagne dévouée de toute ma vie, la fée, le bon génie, qui répandra sur mon existence l'amour, cet idéal des natures aimantes et passionnées ; car, vois-tu, Cornélia, je t'aime de toutes les forces de mon âme ; tu es mon bien, ma vie, mon unique, ma seule espérance ; sans toi, je ne puis plus vivre, l'existence me devient insupportable.

Pendant que Félice lui exprimait ainsi toute

l'ardeur de son amour, Cornélia était, à la fois, la proie du plus grand bonheur et de la terreur la plus effrayante. Elle était heureuse et fière d'inspirer une passion aussi violente, un sentiment aussi profond à un homme du mérite de Félice O...., pour lequel elle avait elle-même les sentiments les plus affectueux et les plus tendres; mais, quand elle songeait à ce qui venait de lui arriver, quand elle se rappelait de quel indigne attentat elle avait été la victime, quand elle se souvenait qu'elle avait été la proie de cet infâme cardinal, qui l'avait souillée de son contact impur et de ses baisers obscènes, elle se sentait saisie d'une grande terreur, elle voyait s'évanouir tout à coup ses rèves d'espérance et de bonheur, elle se croyait indigne désormais de l'amour de Félice, mais elle n'osait cependant pas lui oter toute espérance et détruire ses illusions en lui avouant quelle souillure involontaire elle avait subie, aussi se contenta-t-elle de répondre d'une manière évasive aux déclarations passionnées de Félice O...., en lui disant:

— Tu n'ignores pas, cher Félice, quels tendres sentiments j'ai pour toi, tous les secrets de mon cœur te sont connus, mais aujourd'hui, souffrante, comme je le suis, à la veille d'une révolution violente et peut-être d'une catastrophe épouvantable, le moment est-il bien opportun pour nous abandonner à tout le charme de notre amour? ne serait-il pas plus prudent et plus sage, de ne lui céder que quand nous aurons triomphé des obstacles qui nous restent encore à vaincre? que quand notre chère république sera proclamée? alors seulement nous aurons le droit de nous abandonner à tout l'élan de nos cœurs et à notre amour; jusque là réservons nos forces pour le grand combat qui nous reste à livrer.

Malgré l'ardeur de sa passion et son impatience Félice fut forcé, bien à contre cœur, de convenir que Cornélia avait raison; aussi, promit-il, sur les instances de la jeune femme, d'attendre la proclamation de la république romaine pour se livrer à tout l'entraînement de son amour.

Quant à la malheureuse Cornélia, elle n'envisageait l'avenir qu'avec la plus grande tristesse; depuis le crime affreux dont elle avait été la victime, toutes ses illusions, toutes ses espérances et tous ses projets de bonheur s'étaient évanouis devant la réalité, comme de beaux rêves, qui disparaissent au réveil, ou comme les ombres légères et transparentes, qui s'effaçent le matin aux premiers rayons du soleil. Elle m'entrevoyait plus pour elle de repos et de bonheur que dans la tombe, et si les témoins muets de son désespoir avaient pu raconter tout ce dont ils avaient été les confidents dans sa chambre solitaire, leur narration aurait été toute une odyssée pleine de sombre désespoir.

L'avenir lui apparaissait sous les couleurs les plus noires, et elle ne voyait de fin à son malheur que dans le tombeau.

VII.

Jean Marie M....

L'année où l'échafaud sacrait le premier roi constitutionnel qu'ait eu la France, naquit à Sinigaglia, petite ville de la province de Pésaro, un enfant qui devait, cinquante-six ans plus tard, jouer un rôle important sur la scène du monde et être un des héros de nos récits.

Cet enfant, était Jean Marie M...., il fit d'assez bonnes études jusqu'à l'âge de dix-sept ans et sut se concilier l'estime et l'affection de ses professeurs.

Ayant été atteint d'une cruelle maladie, l'épilepsie, qui exerça la plus fâcheuse influence sur son caractère, ses études furent interrompues, il fut rappelé dans sa famille et des habitudes d'oisiveté, de plaisir et de dissipation remplacèrent ses travaux du collège; il fréquenta les jeunes gens les plus débauchés et les plus libertins de sa ville natale, malgré les nombreuses observations de ses parents, et bientôt les passions du jeu et des femmes se développèrent chez lui avec la plus grande rapidité. Il passa successivement du jeu innocent du ballon à celui des cartes qu'il aimait avec passion, ainsi que tous les jeux de hasard. Mais, ce fut surtout le beau sexe, qui eut l'heureux privilège d'exercer sur lui la plus grande influence. S'il eut écouté les élans de son cœur, cédé à l'influence d'un premier amour, d'une passion sincère, nous trouverions cela tout naturel et, loin de lui en faire un crime, nous le féliciterions au contraire d'un sentiment fort honorable, qu'éprouve tout homme digne de ce nom. Mais malheureusement le jeune cœur de notre héros était tout à fait étranger à une semblable affection; l'égoïsme le plus froid et la vanité la plus outrecuidente constituaient le fond de son caractère. Voici un aveu qui le prouve, il est sorti textuellement de sa bouche, et a été repété souvent par un de ses amis à qui il l'avait fait dans ses moments d'épanchements: „Je ne ressens rien pour personne, je verrai mourir sans verser une larme: père, mère, frères, sœurs et amis; pourquoi donc compromettrai-je ma tranquillité pour eux?" Un de ses biographes* raconte qu'il débuta dans la carrière galante par un inceste avec une de ses sœurs, qu'il profita de son ignorance, de sa jeunesse et de son innocence pour en faire sa maî-

---

* Voir la *Rome des Papes*, par M. Pianciani.

tresse; cette malheureuse a depuis lors traîné une vie de honte et de misère, elle est tombée dans les degrés les plus bas et les plus abjets de la prostitution. Son frère est allé plus tard la retirer, à Naples, d'un bouge dans lequel elle exerçait sa honteuse profession.

Après sa sœur, sa première conquête fut une jeune et belle Romaine, qui devint plus tard Madame W...., femme d'un gouverneur de province. Quand cette aimable dame rencontra son ancien amant, lorsqu'il occupait l'éminente position ecclésiastique à laquelle il était parvenu plus tard, elle ne le reconnut plus dans son beau carrosse armoirié, donnant la bénédiction à la foule fanatique et abrutie qui se prosternait sur son passage. Aussi Madame W...., à ce spectacle, ne put retenir une exclamation et s'écria :

— C'est extraordinaire comme Jean-Marie a changé, je ne l'aurais pas reconnu, et cependant je l'ai beaucoup fréquenté, et je l'aimais bien quand il était jeune ; quel bonheur j'ai goûté dans ses bras ; je ne puis croire à ce que je vois et m'imaginer que mon ancien amant est aujourd'hui un saint personnage ; j'espère cependant que malgré sa transformation extraordinaire et le ministère sacré dont il est revêtu, il ne m'a pas tout à fait oubliée et je serais bien heureuse si je pouvais me rappeler à son souvenir, lui demander s'il pense encore à moi, s'il m'aime toujours.

Nous ignorons si les desirs de la tendre madame W.... ont été satisfaits et, dans le cas d'affirmative, quelle réponse lui a été faite; mais nous croyons qu'il y avait longtemps que son ancien adorateur l'avait oubliée, et qu'il n'avait pas eu besoin pour cela d'arriver au faîte des grandeurs, car plusieurs belles dames romaines lui avaient succédé dans le cœur de son infidèle; une des premières, la Morandi, fut aussi remarquée par le futur oint du seigneur. Mais, cette seconde beauté, plus cruelle que la facile madame de W...., avait laissé longtemps languir dans la consomption son malheureux adorateur, ce ne fut que fatiguée de ses soupirs et de ses poursuites qu'elle se décida enfin à combler ses desirs. Jean-Marie alors fut heureux, mais heureux, de tout l'amour ardent que cause une passion violente et concentrée, lorsqu'elle est enfin satisfaite après une longue attente. Malheureusement, tout a une fin dans ce monde, même l'amour le plus violent; aussi, l'inconstant Jean-Marie se lassa-t-il, au bout de quelque temps, des charmes de sa conquête tant désirée. Cependant, ce qui prouve quelle impression profonde elle avait faite sur son cœur, c'est qu'arrivé au sommet des grandeurs, Jean-Marie fit sur sa cassette une pension à la Morandi, et nomma son neveu fiscal général; aujourd'hui ce dernier est tombé en disgrâce, nous ignorons pour quel motif, mais la pension de sa tante est toujours régulièrement payée.

Après la Morandi, ce fut une séduisante et galante romaine, la Léna, qui conquit le cœur de notre volage; chaque jour, quoique mariée, la belle donnait à son bien-aimé un avant goût du bonheur que les élus goûtent dans le ciel, sans que son mari se doutât du tendre commerce de sa chère moitié avec le jeune Sinigaglien. Il est heureusement à Rome, plus que partout ailleurs, des époux prédestinés.

Mais, bientôt, la vanité, ce défaut capital de notre héros, mit fin à cette aimable liaison; le jeune et galant ambitieux commençait à se dégoûter de ses intrigues avec des petites bourgeoises et des femmes galantes; ces liaisons faciles ne flattaient pas assez son amour-propre; il ambitionnait par orgueil des conquêtes d'un rang plus élevé.

Il y avait alors à Sinigaglia, patrie de notre héros, une charmante demoiselle, d'une haute noblesse, la princesse Héléna A...., Jean-Marie la rencontra et en devint éperdument amoureux. Cette belle personne avait tous ce qu'il fallait pour subjuguer l'imagination, enchaîner le cœur et les sens: naissance illustre, beauté, grâce, jeunesse, esprit et vertu; tout en elle était réuni pour charmer et, par-dessus tout cela, l'aiguillon de la jalousie vint encore augmenter la passion de l'orgueilleux Jean-Marie.

La noble Héléna avait un sien cousin aussi amoureux d'elle; c'était un brillant officier de cavalerie, jeune, beau, entreprenant et hardi; on comprend quel profond sentiment de jalousie un pareil rival devait éveiller dans l'âme du pauvre Jean-Marie, qui en était furieux et se mourait de dépit. Le souvenir de son rival le poursuivait partout et jusque dans ses songes comme un affreux cauchemar; il ne le quittait pas pendant ses longues insomnies et les nuits d'angoisses que lui causait la passion inassouvie qui le dévorait; le jour il éprouvait le même supplice, il voyait partout, entre lui et Héléna, l'image du jeune cavalier aux pieds de sa maîtresse. Jean-Marie était dès lors atteint d'épilepsie et ses attaques redoublaient d'intensité; dans le paroxisme de son mal, il voyait la belle Héléna, objet de son amour, dans les bras de son rival, lui prodigant les sourires, les baisers, les caresses, se riant de sa flamme; méprisant son amour; le malheureux, désespéré à ce spectacle, souffrait toutes les humiliations de la honte, toutes les tortures de la jalousie, tous les tourments de l'enfer; il tombait en convulsion, se roulait sur le parquet de sa chambre, l'écume à la bouche, les yeux hors de leurs orbites, en proie au délire et aux violents accès de sa terrible maladie; il succombait bientôt sous l'excès de son mal et, lorsqu'il revenait à lui, mouillé d'une sueur froide, les traits décomposés et les mains crispées, le souvenir d'Héléna et de son heureux amant le mordait au cœur et la jalousie inextinguible le torturait de nouveau.

Pour échapper à son supplice Jean-Marie se jeta dans les plus grands excès. Aux nuits d'insomnies et de tourments succédèrent les plaisirs faciles, les amours vénales et tous les excès de l'orgie. Un de ses oncles, nommé Paulin, prélat et sous secrétaire des mémoriaux, s'étant aperçu de l'inconduite de son neveu, le fit venir près de lui, à Rome, dans l'espérance que le changement de milieu et d'existence le distrairait de sa malheureuse passion et le guérirait de son inconduite. Il présenta le jeune homme dans la meilleure société, dans les salons de l'aristocratie romaine, dès lors les idées de son neveu prirent un autre cours, la vanité succéda à l'amour et les liaisons galantes à sa sombre passion pour Héléna. Il ne rêva plus que conquêtes faciles parmi les marquises, les comtesses, les duchesses et les princesses du monde élégant et dissolu qu'il fréquentait. Sa jolie tournure et sa bonne mine lui valurent quelques succès. Son plus grand souci était, dès lors, de faire face aux dépenses nombreuses que lui occasionnait le milieu dans lequel il vivait; car son père n'était ni riche, ni généreux et il ne lui donnait que quinze écus romains par mois.

Mais, dès cette époque, la protection divine s'étendit visiblement sur celui qui devait être un jour l'élu de Dieu. Notre jeune héros avait un frère nommé Joseph, inspecteur des jeux de hasard à Ancône, auquel il fit part de sa détresse pécuniaire.

— Cher ami, lui dit son tendre frère, il est un moyen bien simple d'augmenter tes ressources, c'est de gagner de l'argent au jeu.

— Oui, mais comment faire ?

— Parbleu ! la chose n'est pas difficile, il suffit pour cela de manier adroitement les cartes et de corriger la fortune quand elle se montre rebelle.

— C'est précisément là la difficulté, répondit Jean-Marie, car il y a quelques jours, j'ai joué dans un salon et j'ai perdu le peu d'argent que je possédais.

— Cela ne te serait certainement pas arrivé si tu m'avais consulté plus tôt, car en ma qualité d'inspecteur des jeux de hasard, j'ai acquis une expérience consommée de l'art précieux et utile de faire sauter la coupe, de bizauter les cartes, de fixer la fortune et de gagner chaque partie avec certitude.

L'honnête Joseph, donna alors quelques leçons à son jeune frère, dont celui-ci profita si bien qu'au bout de quelques jours il avait acquis une grande dextérité dans l'art de manier les cartes, et il ne jouait plus qu'à coup sûr. Non-seulement il ne perdait plus jamais au jeu, mais encore il voyait chaque jour s'augmenter son petit pécule grâce à son adresse. La vieille princesse Chigi, dans les salons de laquelle il était reçu, était sa victime la plus habituelle. Cette bonne dame avait une grande et malheureuse passion pour les cartes, peu lui importait de perdre ou de gagner, pourvu qu'elle jouât, elle aurait très-volontiers placé toute sa fortune sur un dé et perdu jusqu'à sa chemise; son plus grand bonheur était de faire sa partie. Jean-Marie exploitait très-habilement ce défaut de la noble dame; il était chaque soir son partenaire et, grâce à son habileté consommée, les pièces d'or de la princesse passaient avec rapidité dans sa poche. Par cet honnête moyen le jeune homme voyait s'arrondir et se gonfler son escarcelle, et les quinze écus romains de son papa suivant la loi du Seigneur croissaient et multipliaient. Dès lors l'ex-amant de la Léna et de la Morandi eut les moyens de faire bonne figure dans le monde élégant qu'il frayait, et de se livrer, avec entraînement, à tous les plaisirs faciles qu'offre une ville comme Rome. Il fréquenta les bals, les soirées, les théâtres, les coulisses, et surtout les actrices et les ballérines, dont il fit ses délices.

Aussi, lorsque notre jeune libertin fut arrivé

à la toute puissance, il n'oublia pas les services importants que la princesse Chigi lui avait rendus, sans s'en douter, en se laissant gagner aux cartes, et c'est à lui que le fils de la bonne vieille dame doit son titre de nonce et son poste d'embassadeur à Paris. Peu de personnes connaîssent la cause secrète de la haute position diplomatique de ce personnage politique. Les fréquentations de l'aristocratie romaine furent aussi très-utiles au jeune ambitieux, et lui créèrent d'excellentes relations. Ce fut dans les salons de la princesse Doria, où il allait très-souvent, qu'il rencontra la première fois de cardinal Bernetti qui lui fit obtenir l'évêché d'Imola, et qui contribua ensuite puissamment à le faire élire à la plus haute dignité ecclésiastique. Mais avant d'arriver à ces fonctions suprêmes, qu'il était alors loin de soupçonner, Jean-Marie M.... devait éprouver encore de bien grandes déceptions. Son oncle, monseigneur Paulin, lui obtint un brevet pour entrer dans le corps des gardes-nobles de Grégoire XVI, alors en formation, troupe privilégiée, de parade et de luxe, qui n'avait de militaire que l'habit et le nom. Le jeune Jean-Marie fut enchanté quand il apprit sa nomination; sa vanité surtout en était extraordinairement flattée; il se voyait déjà paré du bel uniforme de ces soldats d'élite et comptait d'avance les nombreuses conquêtes qu'il espérait faire sous ce nouveau costume; mais hélas!

pendant qu'il formait tous ces rêves dorés, son oncle lui communiqua une nouvelle dépêche, qu'il venait de recevoir de la secrétairerie d'État, par laquelle on l'informait que le ministre des armes ayant appris la maladie de son neveu, il ne pouvait accepter ce dernier comme garde-noble. et qu'en conséquence sa nomination était révoquée. Peindre la stupeur du futur héros, à cette affreuse nouvelle, serait chose impossible, elle lui occasionna des crises épileptiques des plus violentes. Il fut atteint d'un accès d'hypocondrie, et vécut seul pendant quelque temps.

Son oncle, aussi peiné que lui du refus qu'il avait éprouvé, l'engagea à ne pas se décourager pour cela; il lui parla alors d'un procès que soutenait sa famille pour faire valoir les droits qu'elle avait à une prélature, lui disant qu'en suivant ce procès on pouvait espérer de le gagner, et qu'alors il deviendrait prélat, s'il le désirait. Cette confidence fut pour Jean-Marie un trait de lumière; il se costuma aussitôt en abbé et entra dans l'étude du procureur Gorirossi, afin de s'initier à la chicane pour pouvoir suivre plus facilement son procès, mais malgré tous ses efforts et tous ses soins, ce dernier devenait chaque jour plus embrouillé et plus difficile à gagner, les chances favorables diminuaient. Le nouveau clerc de procureur se décourageait beaucoup et se dégoutait de la procédure; il voyait avec peine diminuer les ressources qu'il s'était procurées au jeu, et chaque jour ses perplexités devenaient de plus en plus grandes; mais, dans cette circonstance difficile, son excellent oncle vint encore à son aide. Il acheta pour lui un bénéfice vacant de chanoine de Saint Pierre, dont Monseigneur Ancanari, titulaire, s'était défait, car on achète à Rome les offices dans la prélature, comme ailleurs les charges d'avoués, de notaires, d'huissiers, etc.... Le marché conclu il ne manquait plus que le consentement du pape. Mais ô malheur! la même raison, qui avait fait refuser notre héros comme garde-noble, vint encore empêcher qu'il fut nommé chapelain. Pour le coup c'était trop fort, il y avait de quoi se désespérer; que faire, que devenir, après deux pareilles déconvenues?

Comme tous les esprits faibles, Jean-Marie était superstitieux; aussi, dans son désespoir, il se plaça sous la protection de la vierge Marie, pour laquelle il avait toujours professé une grande dévotion; il l'invoqua chaleureusement, sous des attributions et avec un titre qui ne lui avaient pas encore été reconnus jusqu'alors, et qu'inventèrent son esprit malade et son cerveau troublé; il s'imagina que non-seulement la vierge était immaculée, mais encore qu'elle avait été conçue sans péché; c'est-à-dire que la mère de la vierge était elle même immaculée. Il se fit dès lors l'apôtre d'un nouveau dogme, que nous lui verrons décréter plus tard, quand il sera tout puissant; celui de *l'Immaculée conception de la vierge.*

Ces préoccupations religieuses donnèrent une autre direction aux idées de Jean-Marie, il avait l'esprit timoré et il résolut de faire pénitence, afin d'obtenir le pardon de ses gentils péchés mignons et de ses fautes de jeunesse. Il alla trouver son confesseur, l'abbé Storace, auquel il confia ses perplexités; celui-ci. touché de son état d'agitation, de son trouble et de ses chagrins, lui répéta ce que disent toujours les dévots en pareille circonstance; c'est-à-dire que ses maux étaient la juste punition de ses péchés, un avertissement et un châtiment de Dieu. Qu'il devait faire pénitence et changer de conduite, etc.... Il l'engagea en-outre à entrer comme suppléant dans un hospice consacré aux soins et à l'éducation de la jeunesse, dont il était directeur, lui assurant que les devoirs de sa charge adouciraient ses chagrins, et qu'il retrouverait sa tranquillité d'esprit en se consacrant à l'éducation des enfants pauvres confiés à ses soins. Jean-Marie accepta et sembla d'abord se complaire dans ses nouvelles fonctions; mais le démon de l'orgueil vint bientôt le tenter de nouveau, comme disait le pieux abbé Storace. Un jour Jean-Marie fut pris d'un grand enthousiasme pour l'éloquence sacrée en assistant au sermont d'un certain monsignor

Piatti, prédicateur emphatique, à la voix sonore, aux gestes impétueux, qui prêchait sur la place publique, où il obtenait un grand succès. Le nouvel éducateur de la jeunesse songea alors que lui aussi pourrait être un grand orateur, et, jaloux des succès du père Piatti, il rêva dès ce jour de devenir aussi un prédicateur de renom, et de mériter l'enthousiasme et les applaudissements des fidèles. Dès-lors ses modestes fonctions lui semblèrent au-dessous de son mérite et lui devinrent insupportables; il abandonna aussitôt ses jeunes élèves pour essayer ses talents oratoires; il débuta dans l'Église de Saint Charles, au Corso; sa confiance en lui-même et sa facilité d'élocution lui tinrent lieu de talent, d'étude et d'éloquence; il eut quelque succès d'attendrissement, il se prit, dès-lors, pour un grand prédicateur et il ne douta plus de son avenir; sa vanité fut satisfaite. Mais, comme jusqu'à ce jour, il n'avait du prêtre que l'habit, il résolut d'entrer dans les ordres; cette fois encore, il éprouva de grandes difficultés, son infirmité était un obstacle à son ordination; mais de puissants protecteurs, qu'il avait su se créer, lui obtinrent une dispense. Le père Graziosi se chargea de faire son éducation ecclésiastique, qui fut achevée en peu de mois. Il passa ses examens en 1819, et fut ordonné prêtre. Peu de temps après, Monseigneur le cardinal Testa Ferrata, ayant été nommé évêque de Sinigaglia, résolut de célébrer son entrée en fonction par une espèce de mission inaugurale ressemblant beaucoup plus à une représentation théâtrale qu'à une cérémonie religieuse. Un certain Odeschalchi et le jeune Jean-Marie furent chargés de son exécution; le premier en qualité de *père noble*, pour les emplois les plus graves, et le second comme *jeune premier* pour les rôles attendrissants. Il fallait voir ces deux dignes prêtres à l'œuvre. Ils déployèrent tous leurs talents et tout leur zèle pour couvertir les fidèles.

Le prêche eut un grand succès; Jean-Marie se surpassa; afin de produire plus d'effet, il prêcha le soir aux flambeaux, sur une estrade illuminée, élevée au milieu de la place de cette même ville de Sinigaglia, qui, peu d'années avant, avait été témoin de ses débauches; il conjura, d'une voix pathétique, ses anciens compagnons de plaisir de se couvertir à sa parole, d'imiter son exemple et de se laisser toucher par la grâce divine. Un jour, qu'il se livrait à toute l'onction de son éloquence sacrée, plusieurs de ses anciens amis jouaient paisiblement au billard dans un café voisin, le bruit des billes et des carambolages vint jusqu'aux oreilles du prédicateur; ce dernier, oubliant qu'il avait souvent partagé les jeux de ses ex-compagnons de plaisir, et se laissant entraîner par son zèle religieux, leur lança ses malédictions furibondes du haut de ses traiteaux sacrés, en engageant les assistants à faire justice des imprudents libertins qui osaient interrompre son sermon et troubler sa parole inspirée. Ses malencontreux amis n'eurent que le temps d'éteindre les quinquets et de se sauver en toute hâte, pour éviter d'être lapidés par le fanatique auditoire de leur ancien condisciple métamorphosé en foudre du Seigneur. L'éloquent prédicateur eut naturellement un grand succès. Le lendemain on ne parlait à Sinigaglia, sa ville natale que de sa conversion miraculeuse et de son éloquence inspirée, que l'on considérait comme un don particulier du Tout-Puissant. Les femmes surtout se passionnèrent pour leur compatriote, dont la parole les avait séduites; toutes se le disputèrent pour directeur spirituel, plusieurs d'entr'elles, du reste, se souvenaient du jeune et aimable cavalier, dont la galanterie et la gentillesse avaient charmé les premières années de leur jeunesse; et, comme dans les États de l'Église, rien ne ressemble mieux à l'amant que le confesseur, notre saint missionnaire n'eut qu'à choisir pour être heureux. Prédicateur aimé, confesseur adoré, amant fortuné, toutes les joies lui furent prodiguées par ses jolies et sensibles pénitentes. Son bonheur fut complet, tant il est vrai que Dieu prodigue ses biens à qui fait vœu d'être sien.

Il n'y eut pas jusqu'à une jeune idiote nommée

Ferretti qui, ayant entendu prêcher l'éloquent Sinigaglien, sortit de son apathie habituelle et s'éprit d'une belle passion pour lui. Dans son enthousiasme elle lui prédit l'avenir le plus brillant, l'élévation la plus extraordinaire, la plus haute fortune et une grandeur inespérée. La vanité et l'orgueil aidant, notre héros fut ébloui, il voulut voir la jeune fille et, la trouvant jolie, il lui témoigna toute sa reconnaissance de la manière la plus intime, et ce qu'il y a de plus extraordinaire dans cette aventure c'est que, depuis ce jour, Jean-Marie crut à sa grandeur future, qui s'est réalisée plus tard.

A son retour à Rome, l'heureux prédicateur fut, en récompense de son zèle réligieux, nommé chanoine de *Santa-Maria-Inviolata* et, bientôt après, adjoint, en qualité de coadjuteur, à Monseigneur Muzzi, partant pour le Chili, en qualité de vicaire apostolique.

Jean-Marie s'embarqua bientôt, mais à peine était-il arrivé dans la colonie que son intolérance et ses intrigues suscitèrent une émeute. Il fut alors obligé de se rembarquer avec son supérieur. A leur retour à Rome, la conduite conciliante de Muzzi fut blamée, tandisqu'au contraire celle pleine d'intrigues et de provocations de son coadjuteur, qui avait suscité la révolte, fut approuvée; cet encouragement prouve quel rôle honteux Jean-Marie a joué dans cette circonstance. Tout ceux qui connaissent les traditions du gouvernement papal savent que chaque fois qu'il accrédite un envoyé auprès d'une puissance étrangère il a toujours le soin de lui adjoindre un second chargé de l'espionner, de le moucharder, afin que toutes ses actions, la moindre de ses paroles, tous ses gestes et tous ses actes soient rapportés à l'administration. La conduite odieuse et déloyale de l'adjoint de Monseigneur Muzzi fut récompensée, par la nomination de Jean-Marie à la direction de l'hospice Saint Michel, établissement considérable et très important, richement doté et dirigé maintenant par un cardinal. Bientôt la sévérité et l'arrogance du nouveau titulaire le firent détester si fort, qu'on fut forcé de le révoquer; mais, comme le gouvernement pontifical tenait beaucoup à conserver les services d'un prêtre aussi zélè que lui, il lui donna en compensation l'archevêché de Spolette. Cette dignité importante, en ouvrant toute grande la voie des honneurs et de la puissance au titulaire, augmenta encore son ambition.

Le nouveau prélat, comme autrefois le gardeur de pourceaux, Félix Peretti, rêva dès lors la pourpre et la tiare. Il s'affilia aux jésuites afin d'obtenir leur protection, et ce fut, en effet, grâce à leur influence occúlte qu'il fut promu au cardinalat. Mais aussitôt qu'il eut obtenu le chapeau, il changea de tactique, rompit ouvertement avec les révérends pères, fit de l'opposition, critiqua les actes du gouvernement et se montra très-hostile aux Grégoriens, ce qui contribua puissamment à le populariser et à faire réaliser ses espérances ambitieuses.

VIII.

La fuite.

Si, huit jours après la délivrance de Cornélia, le lecteur veut nous suivre dans un splendide salon du Vatican, nous lui montrerons l'ancien amant de la Morandi, de la Léna, de Madame W...., l'adorateur de la belle Héléna et de tant d'autres, le séducteur qui ne respecta pas même sa sœur. Il est assis dans un vaste fauteuil, et semble plongé dans les plus sombres réflexions; sa figure, qui respire ordinairement la bonhomie et la placidité est soucieuse; un sourire plein d'amertume erre sur sa bouche un peu grande; sont front plissé reflète l'anxiété de son âme; son regard est sombre, et un voile de tristesse est répandu sur toute sa physionomie.

Tout à coup la porte du salon s'ouvre, une jeune femme charmante apparaît; elle est enveloppée dans une tunique grecque, de mousseline blanche, légère et transparente, qui laisse admirer les formes pleines de grâce et de charme de cette séduisante beauté; ses épaules d'ivoire, sa gorge arrondie, ses bras gracieux, son torse élégant, sa taille souple et fine, ses hanches voluptueuses, ses jambes rondes se dessinent et se moulent sous la fine étoffe à travers laquelle on les aperçoit; la jolie tête de la nouvelle venue est entourée des épaisses nattes grecques de sa soyeuse chevelure; ses yeux noirs, ombragés de longs cils sont pleins de douceur et humides de volupté; sur ses lèvres roses se dessine un tendre et charmant sourire; ses joues fraîches sont un peu pâlies par l'insomnie; toute cette séduisante personne est d'un charme irrésistible; sa démarche de reine a toute la grâce molle et voluptueuse, que l'auteur de Télémaque prête à ses déesses; ses petits pieds chaussent d'élégantes babouches de satin blanc et foulent mollement le magnifique tapis pourpre qui recouvre le parquet; quand cette voluptueuse jeune femme fut près du vieillard, assis dans le fauteuil, elle s'agenouilla à ses pieds, sur un coussin de soie, à glands d'or; puis, appayant sa jolie tête sur les genoux, du vieillard elle le fixa, avec ses grands yeux noirs brillants d'une douce flamme, en lui disant:

— Bonjour, mon père, votre fille chérie vient vous demander votre bénédiction.

— Je te bénis, ma chère amie, répondit le vieillard, en étendant la main avec onction et en déposant un baiser sur le front de la nouvelle venue, qu'il contemplait avec amour, en jouant avec ses belles tresses d'ébène.

— Que vous êtes bon, mon père, vous m'aimez donc toujours beaucoup?

— Chère amie, peux-tu bien me faire une pareille question, ne sais-tu pas que je t'aime de tout mon cœur, de toute la force de mon âme. Ignores-tu combien je te suis sincèrement, profondément attaché.

— Non, mon père, je n'ignore rien de tout cela, je sais quelle affection inaltérable vous avez pour moi, j'en suis heureuse et fière, voilà pourquoi je me complais à vous l'entendre dire.

— Chère Maria, comment ne t'aimerais-je pas? toi, si bonne, si dévouée pour moi; toi, ma meilleure amie, dans les jours d'épreuves que nous traversons.

— Hélas! mon père, comme vous le dites, les temps sont durs, nous vivons à une bien triste époque, et les plus grands dangers vous menacent; la marée révolutionnaire monte, et va tout entraîner; bientôt elle aura tout submergé, tout englouti: trône, autel, famille, religion, propriété; la société toute entière, en un mot, sera détruite; qui sait si le monstre respectera même votre sacrée personne; c'est pour cela que je suis venue vous parler des dangers qui vous entourent et contre lesquels il est utile de vous prémunir et de prendre des précautions.

— Le mal est grand, il est vrai, mais moins que tu le supposes, ma chère fille, ton amour pour moi exagère, je crois, les dangers que je cours.

— Non, mon père, je ne grandis pas les malheurs, qui sont prêts à vous atteindre; je suis même au-dessous de la vérité. Vous savez, que je fais partie des conciliabules secrets de vos ennemis, qui ont la plus grande confiance en mon prétendu patriotisme italien et en mon libéralisme; eh bien, je suis certaine, que non-seulement votre autorité, mais encore votre personne sont menacées. La fin tragique du ministre Rossi, doit vous faire comprendre quel est le sort qui vous est réservé si vos ennemis triomphent, et, comme leur succès définitif et complet n'est pas douteux, je viens vous conseiller de leur échapper en usant du dernier, du seul moyen qui vous reste: la fuite.

— Comment, Maria, tu me conseilles de fuir, et où irai-je?

— Oui, mon père, je vous engage à fuir, et au plus tôt encore, aujourd'hui même, cette nuit, si c'est possible; la comtesse de X.... a tout préparé pour cela; une voiture vous attendra à dix heures, à la porte du palais; elle vous conduira jusque dans la campagne romaine, où vous prendrez une chaise de poste, qui vous transportera à Gaëte. Sa Majesté

Ferdinand vous accordera l'hôspitalité sous la protection de sa vaillante armée et des canons de ses forts.

— Mais, ma chère enfant, vous ne comprenez donc pas qu'un pareil projet ne peut-être mis à exécution de suite, qu'il faudrait pour cela m'entendre avec le sacré-collége et avec mes conseillers intimes, et qu'il m'est de toute impossibilité de prendre une détermination aussi grave sans les consulter.

— Cela est tout à fait inutile, mon père, cette nuit, pendant que vous reposiez auprès de moi, dans vos appartements, le cardinal A...., à la suite des renseignements que je lui ai fournis sur les projets des conspirateurs, a réuni votre conseil, et le projet que je viens de vous communiquer a été adopté à l'unanimité; il ne manque plus que votre consentement, ajouta Marie de S...., en lui montrant un parchemin contenant le libellé de la délibération qui avait eu lieu la nuit précédente au Vatican.

A la vue de cette pièce officielle le vieillard ne pouvait ni revenir de sa surprise, ni encroire ses yeux.

— Comment, dit-il, on a pris une pareille décision sans me consulter; quel est donc le danger imminent qui la justifie?

— Je vous l'ai déjà dit, mon père, vos conseillers n'ont pas osé troubler votre sommeil, vous reposiez, avec le calme du juste, sous l'œil de Dieu, lorsque votre secrétaire est venu pour vous parler; mais je veillais près de vous, ma tendre sollicitude et mon affection dévouée vous ont préservé des exigences des importuns, qui voulaient vous réveiller; il ne m'a pas été difficile de faire comprendre au cardinal que votre présence n'était pas indispensable et, sur sa prière, je l'ai accompagné au conseil, auquel j'ai assisté. Là, j'ai pu certifier de vive voix ce dont je l'avais déjà informé, et lui dire que les conspirateurs italiens, les ennemis du trône, de l'autel et de tout ordre social, avaient résolu de s'emparer de votre personne sacrée, et de proclamer la République romaine du haut du Capitole.

— Mais quels sont donc les monstres vomis par l'enfer, qui ont osé concevoir un aussi monstrueux attentat, un crime aussi énorme, nomme les moi, ma chère Maria, afin que je leur fasse expier dans les supplices leur forfait épouvantable.

— Hélas! il est malheureusement trop tard pour vous opposer à leurs projets exécrables; ces conspirateurs habiles et audacieux ont aujord'hui avec eux non-seulement tous les Romains, qu'ils ont pervertis, mais encore jusqu'à vos soldats et à vos gardes corrompus par eux; c'est le célèbre patriote Giuseppe M.... qui est l'âme du complot; le condottiere héroïque, Giuseppe G.... est leur général en chef; un nombre considérable de patriotes romains et italiens en font partie, ainsi que beaucoup d'étrangers, parmi lesquels mon cousin, qui se porte candidat à la première magistrature de la République française; il y a aussi avec eux plusieurs femmes, on cite surtout une certaine Cornélia Marcus, héroïne populaire, que Monseigneur A.... avait fait enfermer dans les prisons du Saint-Office, et que l'on à délivrée, il y a quelques jours. Dans la situation actuelle des esprits, il ne vous reste qu'une seule chance de salut, c'est de profiter de l'occasion de fuite qui vous est encore offerte, car peut-être demain sera-t-il trop tard. Vos soldats, vos gardes, vos Suisses et vos gendarmes ne demandent qu'une chose: passer à l'ennemi, ils n'attendent qu'un signal pour vous livrer et fraterniser avec le peuple. Toute velléité de résistance ne servirait qu'à vous compromettre, vous seriez seul, abandonné de tous.

Mais ce que tu dis là est impossible, ma chère Marie, je ne puis croire que mes fidèles Romains, qui n'ont eu jusqu'à ce jour que des bravos et des protestations d'amour et de dévouement pour moi, en soient arrivés à ce degré d'ingratitude.

— Il en est pourtant ainsi, et je vous engage à ne pas en faire l'expérience; car vous pourriez fort mal vous en trouver.

Mais au moins toi, ma chère Maria, tu ne m'abandonneras pas, dit le vieillard, en contemplant tendrement cette belle jeune femme toujours agenouillée à ses pieds, et dont le regard ardent et hardi le fascinait.

— Non, je ne vous quitterai pas, je resterai près de vous, pour vous aimer et vous consoler dans votre exil, répondit la séduisante et coquette Maria, qui mettait hors de lui son vieil admirateur épileptique en étalant à ses yeux des charmes faits pour enflammer le pudique Saint Antoine en personne, malgré la grande vertu que lui attribue la légende sacrée, et dont il a fait preuve, dit-on, vis-à-vis de Satan métamorphosé en jolie femme pour le séduire.

— Oh ! pourvu que tu me restes, ma chère enfant, toi, que j'aime tant, pourvu que tu me suives dans ma proscription, que tu sois toujours près de moi, que je puisse toujours te voir et t'admirer, je serai encore heureux, peu m'importe la perte de mon pouvoir et de ma puissance, si tu ne me quittes pas.

— Vous savez, ô mon père, combien je vous suis dévouée combien est profond et sincère l'attachement, que j'ai pour vous ; je vous suivrai donc partout et, s'il le faut, je prendrai le bâton de pélerin, et j'irai parcourir le monde avec vous ; mais promettez-moi que nous fuirons cette nuit ; car, comme je vous l'ai dit, demain il sera trop tard, et peut-être me serez-vous ravi, peut-être ne vous reverrai-je plus jamais; moi-même je courrai les plus grands dangers, car si les conspirateurs soupçonnaient l'affection que je vous porte et les révélations que je vous ai faites, je n'échapperais pas à leur vengeance et leurs poignards ne tarderaient pas à me percer.

— Comment, toi aussi, ma chère amie, tu courrais des dangers si tu restais ici; oh! alors, fuyons au plus tôt, allons nous réfugier à Gaëte, où nous serons à l'abri des coups de tes ennemis et des miens; mais, promets-moi que tu ne me quitteras jamais.

— Je vous le jure, répondit la jeune femme, dans un élan affectueux, admirablement joué, en entourant de ses bras charmants le cou du vieillard.

— Eh bien, nous partirons cette nuit, dit ce dernier.

A dix heures du soir, un gros homme enveloppé dans une grande redingote brune, la tête couverte d'un chapeau aux larges bords, la figure à demi cachée par une grosse cravate, sortait furtivement du Vatican, accompagné d'une jeune femme, ce couple étrange montait bientôt dans une voiture qui l'attendait. C'étaient Madame Maria de S.... et celui qu'elle avait promis de suivre, qui fuyaient sur la route de Gaëte. Le lendemain matin tout

Rome apprit avec surprise cette fuite extraordinaire; la ville entière fut alors dans une grande joie, „A l'ennemi qui fuit, pont d'or," dit le peuple; le mien est parti: *Vive la République!*

Quelques mois après la République romaine était proclamée du haut du Capitole et le citoyen Giuseppe M.... faisait partie du triumvirat.

DEUXIÈME PARTIE.

LES DEUX GUETS-APSENS.

ROME ET PARIS.

I.

Les clubs des cotillons et des culottes de peau.

Pendant que les faits que nous venons de raconter s'accomplissaient à Rome, des événements beaucoup plus importants avaient lieu à Paris. Le souffle révolutionnaire qui animait alors les Italiens avait franchi les Alpes et balayait en moins de trois jours le trône de Louis-Philippe, et la monarchie de Juillet.

La République était proclamée, le 24 février 1848, aux applaudissements de la France entière et de tous les peuples de l'Europe, qui se préparaient à imiter le grand exemple qui leur était donné.

Le *Gouvernement-provisoire* de la nouvelle République venait à peine d'être installé, qu'il recevait, d'un des personnages que nous avous vus à Rome assister aux séances de la Jeune-Italie, la lettre suivante :

„Paris, le 28 février 1848.

„Messieurs,

„Le peuple de Paris ayant détruit par son héroïsme les derniers vestiges de l'invasion étrangère, j'arrive de l'exil pour me ranger sous le drapeau de la République qu'on vient de proclamer.

„Sans autre ambition que celle de servir mon pays; je viens annoncer mon arrivée aux membres du *Gouvernement-provisoire* et les assurer de mon dévouement à la cause qu'ils représentent, comme de mes sympathies à leurs personnes.

„Recevez etc.

„Louis-Napoléon Bonaparte."

Nous n'avons jamais pu comprendre quels sont les derniers vestiges de l'invasion étrangère que la Révolution du 24 février a détruits. Nous avons toujours cru que c'était en 1830 que la monarchie, dite légitime, restaurée par l'étranger avait été chassée, et que la révolution de 1848 était politique et sociale et non pas nationale; il faut avoir la perspicacité profonde et le coup d'œil d'aigle de l'auteur de la lettre amphibologique que vous venons de citer, pour découvrir, dans le mouvement populaire qui renversa la monarchie de Juillet, une manifestation contre l'invasion étrangère que Louis Philippe avait lui-même combattue; mais, là où le vulgaire n'aperçoit pas même un ciron, le héros de Boulogne et de Strasbourg, avec le génie qui le caractérise, voit des montagnes. Cet excellent prince était venu tout exprès à Paris pour exprimer son dévouement au *Gouvernement-provisoire* et à la cause républicaine; mais il eut peu de succès auprès du nouveau pouvoir, qui le remercia de ses offres de services en le priant de vouloir bien retourner en exil, en attendant que l'assemblée-nationale ait statué sur le sort des proscrits descendants des familles qui avaient régné sur la France, et qui rêvent la restauration de la royauté ou de l'empire, et surtout sur celui des héritiers de l'auteur du dix-huit brumaire, dont le despotisme odieux avait pesé pendant quinze ans sur la France, et dont l'ambition insatiable a valu à cette nation les hontes, les misères et les ruines de deux invasions.

Quatre mois après l'incident que nous venons de raconter, l'évadé de Ham, réfugié à Londres, ayant été nommé représentant du peuple dans plusieurs départements, rentra clandestinement en France, en attendant que l'assemblée nationale ait abrogé la loi d'exil qui le frappait. Il habitait alors une belle villa, qu'il possédait à Auteuil, aux environs de Paris, et il avait amené avec lui le ban et l'arrière ban de ses fidèles des deux sexes, se composant du *Club des culottes de peau* et du *Club des cotillons*. Nous demandons bien pardon à nos lecteurs de ces appellations grotesques, mais elles ne sont pas de notre invention, et elles ont une origine historique.

Le premier de ces clubs se composait alors de quelques unes de nos anciennes connaissances: du commandeur de R...., et de plusieurs autres personnages, formant la maison civile et militaire de Son Altesse Impériale et comprenant son entourage habituel, parmi lesquels nous citerons: M. M. de Montholon, Vieillard, Conneau, Mocquart, Persigny, Laity, Edgar Ney, le général Piat, de Gricourt, de Querelles, Montauban, etc.....

Le club des cotillons était composé de quelques vieilles duègnes du premier empire: Mesdames Regnauld-Saint-Jean-d'Angely, de Salvage, Hamelin, etc. qui avaient fait, il y avait quarante ans, les délices de la Malmaison et des Tuileries, et maintenant plus vénérables qu'adorables. Ces vieux parchemins ambulants et armoiriés avaient mission de conserver dans toute leur pureté les traditions de la cour du grand empereur: ses mœurs pures, sa galanterie de haut goût et son élégance originale. Mais, malgré l'auréole de gloire et de vénération, qui entourait les cheveux blancs de ces vieilles mégères, il eut été bien difficile à ces respectables matrones de fixer le cœur du prince, et de séduire, par leurs appas, plus que rances, les héros dont Son Altesse pouvait avoir besoin pour l'accomplissement de ses vastes projets; aussi l'héritier de la redingote grise et du petit chapeau avait adjoint à la section des trois parques, dont les mains décharnées tissaient la trame du second empire, plusieurs jeunes beautés dont la gentillesse, la complaisance et les mœurs faciles devaient lui recruter des partisans.

Cet impérial escadron-volant se composait de la charmante Marie de S...., de la luxuriante princesse Quadridoff, d'une délicieuse Anglaise, Miss Howard, de la belle Madame Eléonore Gordon et de la séduisante comtesse d'Espel.

Si le lecteur veut nous le permettre, nous lui ferons faire une connaissance plus intime avec ceux des membres des clubs des culottes de peau et des cotillons qu'il ne connait pas encore.

Un des plus célèbre d'entre eux était M. Fialin, dit de Persigny, cumulant alors les fonctions de secrétaire des commandements, de chef de cabinet et, à proprement parler, de premier ministre de son Altesse impériale. Il était l'Ephection de notre Alexandre déjà asservi, sans trop s'en douter, à l'influence de son confident et réduit à la maison tierce pour les secrets qu'on voulait garder. Son Altesse impériale était dès cette époque très-dissimulée, quoiqu'elle se fut faite à l'ascendant de M. Fialin, qui agissait au besoin et pensait pour elle et qui, s'il n'était pas alors le candidat en titre à la présidence de la République, en était bien certainement l'électeur le plus occupé.

M. Jean-Gilbert-Victor Fialin, dit de Persigny, a vu le jour dans le département de la Loire. boursier au collége de Limoges, il quitta celui-ci pour l'école de cavalerie de Saumur, d'où il passa, en 1828, avec le grade de maréchal-des-logis, au 4e de hussards, dans la compagnie même du capitaine Kersausie. Cassé aux grades, en 1831, pour des motifs que la prudence nous oblige à passer sous silence, il abandonna la carrière militaire, ce qui ne l'a pas empêché de s'octroyer lors des fameuses expéditions de Strasbourg et de Boulogne les épaulettes de chef-d'escadron. Il est vrai que son Altesse impériale prêchait d'exemple, s'étant elle-même improvisée général en chef en attendant le titre d'Empereur.

Tous les guerriers du club des culottes de peau se sont escompté les titres glorieux que l'avenir leur tenait en réserve. Ce n'était pas la première fois d'ailleurs que Fialin anticipait sur ses grandeurs futures. Il avait déjà ressenti le besoin de s'octroyer un blason, de faire précéder son nom d'une particule et de se vêtir d'une livrée, il choisit celle de vicomte, non pas parceque son père était comte, comme on serait tenté de le croire, mais bien parceque l'aïeul, du bisaïeul, du trisaïeul, du quatrisaïeul, du quintisaïeul du grand père, de l'arrière grand père, du père, du grand père de son père était comte, à ce qu'il prétend dumoins, car nous ne certifions pas la vérité de ce conte. En-outre le nom de Fialin avait le malheur de déplaire à l'ambitieux sous-officier; il ne le trouvait pas assez euphonique; pour remédier à ce léger inconvénient, il choisit celui plus agréable à prononcer de Persigny, et comme rien ne sonne aussi bien à l'oreille et ne pose mieux un homme comme il faut qu'une paticule devant son nom et un titre nobiliaire, il s'intitula modestement Monsieur le vicomte Jean-Gilbert Fialin de Persigny, quoique son fameux vicomté ait jusqu'à ce jour défié toutes les recherches. Il s'agissait cependant d'un domaine patrimonial, situé dans la commune de Crémeaux, qui ne s'en doutait pas le moins du monde, et dont Fialin ne s'est avisé lui-même qu'en se sacrifiant à la famille de l'Empereur. Le vicomté de Persigny a disparu dans les brouillards du Forez où la commune de Crémeaux est située. Mais, quoique son titre de vicomte ne fut qu'une immense blague et ses domaines de fabuleux chateaux en Espagne, le nom et le titre qu'il convoitait lui sont restés, c'est tout ce qu'il désirait.

Monsieur Fialin, dit le vicomte de Persigny, aujourd'hui duc par la grâce du Deux Décembre, était bonapartiste d'occasion, après avoir été légitimiste par vanité, orléaniste par intérêt, et même, afin de mieux trahir la Révolution de 1848, il s'était fait depuis républicain, ou du moins il se disait tel. Cependant, après toutes ces croyances et ces transformations politiques, ce fut l'Empire qui eut seul le privilége de fixer notre héros volage.

Il s'était d'abord fait recommander à l'ex-roi Joseph Bonaparte, par M. Sary, ancien lieutenant de vaisseau, le même qui ramena l'Empereur de l'île d'Elbe. Mais la vieille majesté en disponibilité, par suite de retrait d'emploi, goûta peu les idées du jeune néophyte, qui revint presque aussitôt à Paris. Le noble vicomte ne se découragea point, il s'en fut frapper à la porte du Chateau d'Arenemberg, en Thurgovie, où une lettre, que M. Belmontet lui avait remise, lui valut un accueil affable. Le visiteur dit au prince qu'il avait lu *l'Idée-napoléonienne*, pour laquelle il s'était pris d'un grand enthousiasme, que cette conception sublime était devenue son idéal, son crédo, son Évangile, son Coran, son Ramayana, ses Védas, l'objet de son culte, de son adoration et que, touché par la grâce, comme Saint Paul, sur le chemin de Damas, il avait résolu de consacrer toute son existence au culte napoléonien. L'illustre proscrit était fort étonné de rencontrer un disciple aussi dévoué, aussi convaincu et aussi ardent. C'était la première fois qu'une pareille bonne fortune lui arrivait; le neveu de l'homme de la Colonne était bon prince, il ouvrit ses bras, son cœur et surtout sa bourse à son nouvel apôtre. Depuis ce jour néfaste, la destinée de M. Fialin fut fixée, il ne quitta plus son Altesse impériale, il devint son *alter égo.* Il s'attacha à la fortune du nouvel Enée, dont il fut le fidèle Achate; et, imitant les anciens preux, il prit pour devise ces mots: „*Je Sers*"; mettant sa gloire dans le servilisme et la servitude, comme d'autres la placent dans l'indépendance et la liberté. Il y a une espèce de gens vils et serviles qui sont nés pour être valets, et l'illustre vicomte est de cette catégorie dégradée.

Monsieur Mocquart, ci-devant jeune homme, avocat jadis de renom, était encore, en 1816, passez nous le mot, la coqueluche des salons de la reine Hortense. Il fut un des mirliflors de cette époque célèbre; nul ne portait mieux la botte à revers, le pantalon collant la montre à breloques, Madame Genlis lui aurait trouvé aussi belle jambe qu'à M. de Puysieux. Il eut le bonheur d'être remarqué par la reine Hortense, dont il devint le conseil intime et le confident. Pour M. Mocquart cette chaste princesse dépouillait la majesté du rang et de l'étiquette, pour M. Mocquart l'humanité reprenait ses droits. M. Mócquart approcha la reine de si près qu'il dut lui rester bien des souvenirs de cette amitié familière et tendre. L'affection qu'inspira la mère se reporta naturellement sur le fils, qui en profita. M. Mocquart, devint le précepteur de ce dernier, et plus tard son secrétaire intime. C'est lui qui a corrigé et poli les phrases des œuvres du célèbre auteur des *Idées-Napoléoniennes*, de l'*Extinction-du-Paupérisme* et de plusieurs autres chefs-d'œuvres restés vingt ans obscurs, et encore incompris de nos jours. C'est aussi lui qui a inculqué à son illustre élève les principes de véracité proverbiale et de haute moralité, qui font encore aujourd'hui sa gloire et sa renommée. Un autre personnage M. Veillard, qui depuis a aussi occupé une haute position sous l'Empire, a rempli autrefois auprès du prince les mêmes fonctions, a concouru au même but et a obtenu les mêmes magnifiques résultats, que son collégue Mocquart.

Monsieur Armand Laity, aussi un fanatique spéculateur de *l'Idée-Napoléonienne*, était un ancien sous-lieutenant aux pontonniers; il avait embrassé avec ardeur, en 1836, la cause de l'héritier des bottes à l'écuyère, de la redingote grise et du petit chapeau légendaire. Ce jeune héros, après la déconfiture de Strasbourg, avait poussé le dévouement et le désintéressement jusqu'à signer une brochure napoléonienne *Les Lettres de Londres*, moyennant 25 mille francs de rente. Il fut condamné pour ce fait par la cour des Pairs, à plusieurs années de prison, qu'il fit dans une maison de santé.

Monsieur de Montholon était l'ancien compagnon d'exil de Napoléon 1er à Sainte-Hélène. Cette vieille culotte de peau, justifiait parfaitement l'adage : vieux soldat vieux nigaud, en permettant à sa trop sensible épouse de prodiguer les plus tendres consolations, dans les plus secrets tête-à-tête, au vaincu de Waterloo ; ce vieux général avait fait la plus triste figure dans l'échauffourée de Boulogne, où il avait débarqué une bourse d'une main et une bouteille de l'autre en disant à tous les soldats qu'il rencontrait. Je suis le plus fidèle compagnon de l'Empereur, je l'ai suivi à Sainte-Hélène. Tenez, mes amis, vous êtes des braves, voici de l'or et de l'eau-de-vie, prenez et buvez, et surtout criez vive l'Empereur !

Le docteur Conneau, médecin de la reine Hortence, était né à Rome de parents français, il avait suivi et servi dans ses périgrinations la famille impériale proscrite, et faisait partie de son mobilier ; le docteur, au reste, était un phrénologiste profond, qui doit avoir bien des secrets par devers lui s'il a tâté les bosses de son Altesse. Cet illustre disciple de Gall avait commencé par remplir auprès de la chaste Hortense de Beauharnais le rôle de M. de Pourceaugnac, puis s'élevant de plus en plus dans l'estime et la confiance de l'illustre princesse, par la délicatesse et la légéreté de la main, et la discrétion qu'il mettait dans l'accomplissement de sa mission confidentielle, la proscrite d'Arenemberg lui en confia bientôt une autre beaucoup plus agréable, et plus intime encore, dont il s'acquitta, dit-on, avec le plus grand succès. C'est en reconnaissance des tendres services qu'il rendit à la maman, que le fils l'a conservé auprès de lui.

Personne mieux que le galant docteur ne peut lui narrer toutes les perfections, tous les charmes, toutes les beautés et les bontés de l'ex-reine de Hollande. Du reste, le savant docteur a conservé son ancien clysopompe de famille, celui qui opérait si merveilleusement sur la chaste Hortense et, lorsque le prince Louis éprouve le besoin de son ministère, le complaisant et habile Conneau ajuste son instrument, fait jouer le piston avec la même prestesse que ci-devant, et reçoit les remerciments et les compliments du prince sur son adresse.

Le général Piat était un illustre héros inconnu, comme on en rencontrait tant dans les antichambres et les offices d'Auteuil, célèbre pique-assiettes, très-versé dans l'art d'ouvrir les huitres et de faire sauter les bouchons du Champagne, il était le grand électeur et un des partisans les plus dévoués du prince.

Le cher Edgard N...., chose assez rare dans le monde impérial, était, dit-on, le fils de son père, le traître de Waterloo; ce jeune officier était un ami de plaisir et un confident d'intrigues galantes; le prince lui portait une grande affection et lui réservait une haute destinée qu'il a compromise plus tard.

Quand à M[r.] de Querelles, c'était aussi un bon vivant et un joyeux compagnon, ses opinions politiques étaient à la hauteur de son beau caractère. „Il me faut la croix, des titres, des grades, des décorations, des cordons, disait-il naïvement; nous vivrons bien; vingt mille livres de rente nous suffiront. Nous aurons des honneurs, des sinécures, un chapeau à plumes... Nous serons chef-d'escadron, maréchal-de-camp si le prince devient Empereur."

Il prétendait conquérir tout cela „à la pointe de son épée et à l'aide de trois cents gaillards aux poumons vigoureux, chargés de crier: *Vive l'Empereur!* qui lui semblaient un moyen infaillible de succès."* Ce héros en perspective avait l'intiution des grandes choses qui devaient s'accomplir huit ans plus tard, il avait prévu et deviné les cinq ou six mille coquins de la société des décembraillards, flétris par M[r.] Ferdinand de Lasteyrie.

M. de Gricourt était un ami de l'amant des vingt mille livres de rentes, de l'adorateur des chapeaux à plumes et des décorations, c'est même lui qui a présenté de Querelles au prince; voici le portrait qui en a été fait par l'accusateur public, devant la cour-d'assises du Bas-Rhin, en 1836, après l'équipée de Strasbourg: „Né avec des grands goûts de dépense, Querelles était perdu de mœurs, toujours

* Voir les procès de Strasbourg et de Boulogne.

géné, quoique appartenant à une famille riche et qui se montra généreuse à son égard, on le vit embrasser avec joie les projets qui lui offrirent en perspective, d'un côté les moyens de satisfaire ses passions, de l'autre ceux de renverser le gouvernement qu'il détestait.

„Il appartenait au parti légitimiste. Très-jeune encore, il a été arrêté momentanément à Quimper, sur le soupçon d'avoir excité les soldats d'un régiment en garnison dans cette ville à se soulever contre l'autorité royale. Allié à la famille Beauharnais, des rapports fort intimes existaient entre lui et le prince Louis-Napoléon Bonaparte; il se trouvait à Arenemberg au moment de l'attentat de Fieschi. Depuis cette époque on le voit initié à tous les complots qui se tramèrent successivement. Il fit, de concert avec Persigny, des propositions au vicomte de Gueslin, plus tard il fit à Querelles la première ouverture."

On voit quels étaient les confidents du prince qui briguait l'honneur de devenir président de la République.

Quant aux dames, qui étaient honorées de l'intimité du héros de Strasbourg et qui formaient le *Club des Cotillons,* elles étaient dignes en tous points de figurer dans cette société choisie.

Miss Howard était fille d'un malheureux batelier de la Tamise, elle avait fait ses débuts et ses premières armes au Wapping, le quartier le plus mal famé de Londres; repaire, de tous les repris de justice, filous, voleurs, assassins, étrangleurs et garotteurs de la capitale de la Grande-Bretagne, et rendez-vous des filles publiques des plus bas étages: voleuses et empoisonneuses. C'est dans ce milieu choisi, moral et distingué que la jeune miss a fait son éducation et qu'elle a perfectionné ses mœurs. Elle était écaillère, à Hungersfort Market, quand le prince a remarqué ses beaux yeux et fait sa connaissance. La belle est passée alors des trottoirs de Londres, des publics houses et des bouges du Wapping dans les salons de Carlton-Garden. Sensible à l'amour de son impérial adorateur, elle lui a donné plusieurs héritiers, destinés à faire un jour la gloire du trône et de l'illustre dynastie napoléonienne à laquelle ils appartiennent de la main gauche.

A côté de la fille d'Albion on admirait Madame Eléonore Gordon, une des conspiratrices les mieux prisées du Club des cotillons; voici en quels termes en parle un biographe anonyme: „Cette dame était jeune encore, elle était belle, elle chantait bien, et elle avait gagné ses éperons dans la conspiration de Strasbourg avec une intrépidité qui l'en faisait presque considérer comme le seul homme.... Madame Gordon était française, on l'appelait Eléonore Archer dans son enfance. Elle avait pris son vol, pauvre fillette, du bal de la Chaumière jusque dans les salons un peu gourmés de la vieille Angleterre, où un brave baronnet lui donna son nom."

Cette belle lady avait les traits réguliers, les yeux noirs et vifs, deux bandeaux de cheveux noirs, soigneusement lissés, se dessinaient sur son front élevé et bien fait; l'ensemble de ses traits était agréable, quoique sa physionomie eut quelque chose de trop accentué pour une femme; elle portait lors de la conspiration de Strasbourg un élégant chapeau de satin blanc, une robe de soie noire et un collet de dentelles à larges broderies. Mais, ce qui chez elle charmait surtout son Altesse impériale, c'était sa voix séduisante. Cette belle sirène avait exercé ses puissantes séductions sur plusieurs autres illustres membres du Club des culottes de peau; c'est elle qui enchaîna au char de César et de sa fortune par les tendres liens fleuris de l'amour, le héros principal de Strasbourg, le colonel Vaudrey; c'est elle qui s'en fut trouver ce guerrier célèbre sous sa tente établie au milieu des vignobles délicieux de la Bourgogne, sur les riants coteaux aux grappes vermeilles aimées de Bacchus; elle s'attacha aux pas du colonel, habita quelque temps avec lui sa maison de campagne, devint sa Bacchante chérie, et mêla les plaisirs de l'amour à ceux de son frère le Dieu du vin.

Monsieur le procureur près la Cour d'assises de Strasbourg avait peu de goût pour les priapées, aussi fulmina-t-il, dans les termes les plus sévères et les plus mal sonnants, contre la belle pécheresse, en disant: „Cette femme, secouant toute pudeur, a partagé le logement de Vaudrey et, s'attachant à sa personne, elle ne s'est séparée de lui qu'au moment où il était irrésistiblement entraîné vers l'abîme, et où il ne s'agissait plus pour elle que de s'applaudir d'avoir conduit à bonne fin l'œuvre qu'on lui avait confiée." Mais cette aimable personne se multipliait, elle se sacrifiait sur l'autel de la conjuration de Strasbourg; victime parée pour le sacrifice, elle s'étendait volontiers sur le lit de roses préparé par les hiérophantes, qui brûlaient pour elle leur encens le plus pur. A Bade, en même temps qu'elle avait avec Persigny „*les rapports les plus intimes*", elle se prodiguait aussi au prince, elle le recevait dans sa chambre, à l'hôtel, elle faisait des courses avec lui.

Comme on le voit, la plus aimable et la plus agréable communauté existait entre le club des culottes de peau et celui des cotillons.

A côté de la belle Eléonore, dont la voix mélodieuse exerçait un si grand empire sur le prince, brillait un autre astre, c'était encore une aimable dame, qui ne chantait peut-être pas si bien que Madame Gordon, mais dont les yeux brillaient aussi beaux avec encore plus de jeunesse, et fascinaient Renaud sous leur charme.

Le club des cotillons avait frémi à l'arrivée de l'Armide en question, qui se qualifiait comtesse d'Espel, nous l'avons crue sur parole, sans consulter le livre d'or, du commandeur de Magny; et, si nous avons admis l'écusson des vicomtes de Persigny sur parole, nous ne voyons nul raison de chicaner sur les armoiries des comtes d'Espel. Madame d'Espel pouvait être, après tout, une comtesse de la façon du prince lui-même, c'était dans son droit, et ce dernier aurait pu en faire une impératrice si elle eut voulu. On n'avait pas encore fait la loi contre les porteurs de faux titres de noblesse. Les nobles de vieille souche ne jalousaient pas les parvenus de l'Empire.

Clorinde faisait concurrence à Armide, et la belle comtesse avait aussi sa maison montée, à côté de celles de Miss Howard, de Madame Gordon et de la maison militaire de l'Empereur.

Les trois belles dames, dont nous venons d'enumérer les qualités et les beautés, étaient les trois grâces du club des cotillons. Nous ignorons à laquelle des trois Paris donnait le plus souvent la pomme, et nous croyons que chacune d'elles la recevait tour à tour.

Mais, à côté de ces divinités séduisantes et faciles, un autre trio, quoique appartenant au beau sexe, était loin d'avoir les mêmes qualités et les mêmes grâces; les déités qui le composaient ressemblaient beaucoup plus aux habitantes du sombre Empire qu'à celles de l'Elysée, quoique toutes devaient bientôt habiter le palais de ce nom.

„C'étaient, comme l'a dit le spirituel auteur des Guêpes, des vieilles femmes édentées, décharnées, qui se rappelaient avoir été courtisées et aimées sous l'Empire, et qui attribuaient à la déchéance de Napoléon 1er la solitude dans laquelle elles étaient réduites; elles pensaient qu'en ramenant l'Empire elles ramèneraient en même temps ces beaux officiers si élégants, si pressés, si pressants et si discrets, grâce au canon.

„Ces vieilles femmes se sont mises à conspirer, seul genre d'intrigues, hélas! qui leur fut permis."

La première sorcière était Madame Regnauld-Saint-Jean-d'Angély. Elle portait le regard très-haut, avec une dignité qui rappelait les grandes réceptions du premier Empire, elle présidait l'aréopage féminin avec toute la gravité et la dignité qu'exigeaient les grands souvenirs de la gloire impériale.

La seconde furie shakespearienne avait nom Madame de Salvage; veuve d'un colonel de dra gonsde la Grande-Armée, cette respectable matrone avait près de sept lustres, la voix d'un instructeur de l'école de bataillon et la démarche d'un tambour-major. Rébarbative et toujours grognant, querellant à droite et à gauche, le sourcil hautain et la main levée, toujours prête à souffleter le premier qui eut mal reçu ses commandements, elle pouvait passer, à cela près, pour la meilleure femme du monde, et elle demeurait par antithèse rue de la paix.

Enfin, la troisième gorgone, Madame Hamelin, qui le croirait, avait été dans sa jeunesse une des plus belles étoiles de la cour impériale; elle avait joué un grand rôle dans la conspiration des Cent-jours. Cette dame étonnait le conciliabule féminin par son expérience, son activité et sa verdeur.

Tels étaient les fidèles auxiliaires à l'aide desquels le neveu de son oncle espérait remettre à flot sa barque, qui avait si ridiculement sombrée à Strasbourg et à Boulogne, et conquérir le premier trône du monde. Le moment était bien choisi pour accomplir ce prodige, on devait bientôt élire le président de la République française. Or, il parut tout simple et tout naturel au club des culottes de peau et à celui des cotillons que la France choisit pour président de la République le prince qui, depuis quinze ans, demandait à être „*l'Empereur de la République.*“ *

Monsieur le vicomte Fialin, dit de Persigny, assurait que Louis-Napoléon Bonaparte avait droit à la Présidence de la République pour avoir conspiré à Strasbourg afin de „rétablir l'Empire, de

* Voir les Rêveries politiques, par L. N. Bonaparte.

chasser les tyrans et les traîtres, de remettre le peuple dans ses droits, les aigles sur nos drapeaux et de restaurer la liberté.“ *

Mr. Laity prétendait que le proscrit d'Arenemberg était un fameux républicain puisqui il avait été nommé citoyen suisse par les cantons de: Thurgovie, Genève, Vaud, Saint-Gall, Soleure, Berne, Argovie et Appenzel, et qu'il avait revendiqué, en 1838, sa qualité de citoyen Thurgovien en soutenant qu'il n'était plus Français depuis sa naturalisation à l'étranger.

Monsieur Montholon était persuadé que la France ne trouverait jamais un prince plus héroïque pour en faire un président de la République, que le héros de Strasbourg, et il citait la belle conduite de ce dernier à la caserne de la Finkmatt, où il a été arrêté et désarmé, de la façon historique que chacun sait, par le colonel Taillandier. Il rappelait auss ile courage du prince à Boulogne, où il a tiré bravement sur un soldat inoffensif, auquel il a fracassé la machoire.

Mr. Mocquart citait avec enthousiasme les hauts faits de son Altesse à Londres, lorsqu'elle s'enrôla dans le respectable et honorable corps des cons-

---

* Voir les proclamations de L. N. Bonaparte, à Strasbourg et à Boulogne.

tables pour marcher contre les Chartistes;* et le secrétaire particulier du prince assura que les aptitudes dont ce dernier a fait preuve étaient une garantie de ses qualités administratives.

— Notre cher Louis, disait aussi Madame de Salvage, nous a donné une preuve éclatante de son talent mimique au cirque d'Eglington, il posera admirablement en Empereur, il imitera parfaitement le héros des pyramides, auquel, vu par derrière, il ressemble comme deux gouttes d'eau.

— Notre protégé est un grand homme, surtout lorsqu'il est à cheval, s'écriait Madame Hamelin.

— Dites-donc un bel homme, reprenait Madame de Salvage en faisant la bouche en cœur.

— Madame Hamelin a raison, ajoutait d'un ton impérieux Madame Regnauld, notre bien-aimé Louis sera un grand homme, il montera encore plus haut que son oncle si on lui rend justice.

Et il sera un protecteur passionné des beaux arts et des belles artistes, disait à son tour la

---

* Voici le texte du serment que L. N. Bonaparte a prêté à Londres: „Paroisse de Saint-Jacques, le 31. octobre 1848. — Le 6 avril, le prince Louis Napoléon, demeurant King-Street, n° 3, Saint-Jacques, a prêté serment comme *constable spécial*, pour deux mois, à la cour de police de Marlborough Street, entre les mains de T. Bygham, écuyer, et il était en fonction de constable, pour la paroisse de Saint-Jacques, le 10 avril, pendant le meeting chartiste, sous le commandement du comte de Grey.

charmante Madame Gordon, j'ai déjà pu apprécier ses bonnes dispositions à ce sujet par l'admiration qu'il professe pour ma voix et pour mon talent.

Madame la comtesse d'Espel ajoutait encore de sa voix la plus douce et en minaudant:

— Si notre cher prince est nommé, comme je l'espère, le règne de la canaille et de la vile multitude sera fini, car je connais „toute son horreur pour cette fange révolutionnaire"* sur laquelle certains meneurs compromettants auraient bien voulu qu'il s'appuyât, mais son altesse, qui a puisé dans la fréquentation du grand monde et de l'aristocratie anglaise des habitudes de hautes convenances et une aversion profonde pour la plèbe, a protesté contre toute accointance avec cette dernière, en disant: „qu'elle ne voulait pas qu'on deshonorât sa cause en la mêlant à celle des faubourgs." **

Et elle a eu bien raison disaient les principaux membres des clubs des culottes de peau et des cotillons.

— Vous m'avez bien jugé, mes chers amis, répondait le prince, mon nom et mon drapeau seront toujours des symboles d'ordre et de gloire, je ne

---

* Lettres à Mr. Crony-Chanel, actuellement condamné à plusieurs années de prison pour escroquerie, complicité de faux et abus de confiance.

** idem.

pactiserai jamais avec la fange révolutionnaire des faubourgs.

A ces mots, que son Altesse prononça avec son flegme habituel, toutes les culottes de peau et tous les cotillons, jeunes et vieux, se livrèrent aux acclamations les plus enthousiastes.

Ces manifestations sympathiques mirent le prince en belle humeur et, contre son habitude, son front soucieux se dérida.

— C'est pour moi un grand bonheur, Messieurs, dit-il, d'être au milieu de vous dans ces circonstances favorables.

— Nous en sommes bien heureux, prince, dit le vieux Montholon, le triomphe de votre candidature dans cinq départements est un grand succès, qui nous en présage d'autres plus éclatants encore.

— Nous en acceptons l'augure, répondit le général.

— Oui, ajouta Fialin, mais il faut convenir que nous avons rudement travaillé pour obtenir ce beau résultat.

— Vous avez raison, objecta Laity, quelles bonnes blagues nous avons faites conter à ces badauds d'électeurs ?

— C'est vrai reprit Edgar, il faut convenir que le souvenir de l'Empereur est profondément incrusté dans les masses et que le nom de Napoléon est bien populaire.

— Et nous le populariserons encore davantage, ajouta Fialin, voici des petites affiches que nous avons préparées et qui demain couvriront tous les murs de la capitale. Elles annoncent aux crédules Parisiens, que le prince a souscrit pour 100,000 frs. au banquet de 25 centimes qui doit avoir lieu bientôt, et qu'il va donner en-outre un million pour dégager du Mont-de-piété tous les effets des ouvriers.

— Ah ça! mon cher vicomte, répondit le prince en riant, car, comme nous l'avons dit, il était ce jour là d'humeur joviale, vous allez bientôt me ruiner complétement par vos générosités; vous me faites dépenser des millions absolument comme si je possédais la fortune de Rothchild.

— Rassurez-vous prince, reprit Mocquart, nous ne vous faisons dépenser tout cet argent qu'en imagination, nos promesses ne vous engagent à rien et ne vous ruineront pas, mais elles produiront le meilleur effet et elles vous seront de la plus grande utilité auprès des habitants des campagnes ignorants et croyants.

— Nous avons aussi persuadé aux masses crédules, qui professent une grande sympathie pour votre nom, que vous étiez le plus riche citoyen de France, ajouta Fialin; nous leur avons fait croire que votre oncle Napoléon Ier vous avait laissé d'immenses trésors, *quatre ou cinq milliards*, que vous verserez dans les caisses de l'État et qui permettront de supprimer l'impôt pendant plusieurs années.

— Et le peuple a cru cela, répondit Edgar Ney.

— Parbleu, nous lui avons fait croire des choses bien plus difficiles, ajouta Pietri; dans le département de l'Yonne, qui a élu le prince représentant, nous avons persuadé aux électeurs que notre candidat n'était autre que le duc de Reichstadt, le fils de l'Empereur, qui n'était pas mort, ainsi qu'on en avait fait courir le bruit mensongèrement; et les paysans, fanatiques de Napoléon Ier, ont ajouté foi à notre invention, et ils ont été persuadés qu'en élisant notre hôte illustre, le prince Louis-Napoléon Bonaparte, ils ont voté pour le roi de Rome, fils de l'Empereur. A Auxerre cette facétié a eu un succès pyramidal. Aussi son Altesse tient-elle cette ville en une haute estime.

— Oh oui! répondit le prince, Auxerre est ma ville de prédilection et, pour la récompenser de son admiration pour moi, je lui ferai un jour un beau discours sur les infâmes traités de 1815.

— Moi, j'ai fait mieux encore que Pietri, ajouta le général Piat, j'ai mis dans la tête, des anciens soldats, des vieux ratapoils, des culottes de peau, comme on les appelle, que l'Empereur Napoléon Ier n'était pas mort à Sainte-Hélène, qu'il s'était évadé et que c'était lui qui se portait candidat à la présidence, et ces braves débris de nos glorieuses armées ont ajouté foi à mes dires comme à des paroles d'évangiles.

Un vieux militaire de la Boissière, âgé de 84 ans, ancien soldat d'Égypte, s'est fait conduire à Arinthod, chef-lieu de son Canton, pour voter, comme il le disait, „pour son général, avec lequel il avait fait la campagne d'Égypte.“

— Rien au monde n'égale l'ignorance et la croyance stupide des masses, dit à son tour le Corse Pietri, lors des élections, qui viennent d'avoir lieu je disais aux électeurs des campagnes: „Voter pour Ledru-Rollin c'est voter pour un gueux qui n'a pas eu honte de faire entrer avec lui dans le Gouvernement-provisoire deux de ses maîtresses: *la Marie* et *la Martine* (pour Marie et Lamartine,) avec lesquelles il mangeait l'argent de la France, c'est le neveu de l'Empereur qu'il faut nommer. „Eh bien, le croiriez-vous, cette calomnie grossière a parfaitement réussi, et a enlevé un grand nombre de voix au chef de la Montagne.

— Quelle bonne plaisanterie, dit la belle madame de S...., vous êtes mon cher Pietri un homme précieux et un esprit inventif, j'admire votre adresse, quel habile courtier électoral vous feriez.

— Si jamais nous rétablissons l'Empire, comme je le prévois et comme je l'espère, je me chargerai de la haute direction des élections et vous verrez quels beaux résultats j'obtiendrai.

— Je le crois, répondit la princesse Quadridoff, vous ferez un excellent grand-électeur.

— Je vous remercie, mes bons amis, pour toutes les preuves de dévouement que vous me donnez, ajouta Louis-Napoléon Bonaparte, mais il faudra redoubler de zèle lors des élections à la présidence, car, vous le savez, j'ai résolu de briguer cette haute position sociale et j'espère avoir un grand succès si vous m'aidez de votre concours dévoué; mais, comme beaucoup suspectent la pureté de mes intentions et mon attachement à la République, je saisirai la première occasion qui me sera fournie pour faire une profession de foi républicaine; voici le petit speech que j'ai l'intention de prononcer; je crois qu'il détruira tous les doutes qu'on a conçus sur mon dévouement à la République; permettez-moi de vous en citer quelques passages. L. N. Bonaparte prit alors un papier dans sa poche, il le déploya méthodiquement et lut d'une voix lente, et avec un accent étranger des plus prononcé, les paroles suivantes:

— „Après 33 années de proscription et d'exil, je retrouve enfin ma patrie et tous mes droits de citoyen.

„C'est la *République* qui m'a fait ce *bonheur*; qu'elle reçoive ici le *serment de ma reconnaissance et de mon dévouement*, et que les généreux compatriotes qui m'ont accordé leurs suffrages soient certains que je m'efforcerai de justifier leur confience...

„Ma conduite sera toujours inspirée par le devoir, toujours animée par *le respect de la loi*, elle prouvera que nul plus que moi n'est résolu à se dévouer à la défense de l'ordre et à *l'affermissement de la République.*"

Tous les confidents de L. N. Bonaparte furent très-satisfaits de ce discours.

— Très-bien, prince, dit Pietri, cette harange vous fera beaucoup de bien, elle inspirera à tous la confiance et nous permettra de travailler efficacement au triomphe de votre élection.

— Et, du reste, toutes ces promesses solennelles ne vous engagent à rien, dit très-sérieusement Laity, comme j'ai eu l'honneur de le déclarer devant la cour des Pairs: „les serments sont des singeries, et parconséquent on n'est pas un grand scélérat pour les violer."*

— Vous avez bien raison, répliqua le commandeur R...., nous en avons prêté de bien plus terribles à Rome, dans la *Jeune-Italie*, et nous en prêterons bien d'autres, s'il le faut, mais les serments n'ont aucune valeur pour nous, ils sont bons pour capter la confiance des badauds, voilà tout.

---

* Voir le procès de Mr. Laity, pour la brochure *Les lettres de Londres.*

— Certainement, dit aussi la belle Quadridoff, en faisant un gracieux sourire à L. N. Bonaparte, ce n'est pas par la fidélité aux serments qu'on arrive à l'Empire, mais par l'audace.

— Notre cher prince n'en manque pas, ajouta la charmante madame de S..., ses deux glorieuses tentatives de Strasbourg et de Boulogne en témoignent d'une manière irrécusable.

— J'espère vous prouver bientôt, mesdames, que je suis digne de la bonne opinion que vous avez de moi. „J'ignore si je suis l'homme de la Fatalité ou de la Providence, mais je vivrai ou je mourrai pour ma mission," répondit le prince.

— Nous connaissons le courage et la persévérance de votre Altesse, ajouta M. Fialin, et nous sommes persuadés qu'elle accomplira jusqu'au bout son oeuvre de régénération impériale, mais nous croyons que le moment d'agir n'est pas encore venu, et qu'il est prudent que vous continuiez momentanément de vous tenir à l'écart afin de ne soulever ni les susceptibilités, ni les craintes de l'Assemblée avant que cette dernière ait abrogé la loi d'exil qui vous frappe, et ne vous ait ainsi autorisé à rentrer en France. Je crois même que quand vous pourrez venir siéger à la Constituante, vous ferez bien de continuer à vous tenir sur la plus grande réserve, et de ne pas risquer votre popularité sur les bancs d'une assemblée qui vous est très-hostile;

car vos actes, votre conduite, vos démarches, vos paroles, vos votes seront observés, scrutés, discutés, appréciés et interprétés, par la malvaillance et deviendront l'objet de mille commentaires défavorables.

— Rapportez-vous en à ma prudence, dit le prince, je resterai imperturbable et impénétrable, et je saurai jusqu'au bout jouer le rôle que je me suis imposé. De ma nomination à la présidence de la République dépend la réussite de notre entreprisé, ne l'oubliez pas, si je suis élu notre succès sera assuré, l'avenir nous appartiendra, notre fortune sera faite ; si, au contraire, j'échoue, il nous faudra de nouveau végéter encore pendant quelques années et continuer de marcher dans la voie obsucre des conspirations. Mais je triompherai, j'en suis certain : mon nom, la mémoire de mon oncle, le prestige qui s'attache à la merveilleuse légende napoléonienne, la popularité immense du héros-martyr de Sainte-Hélène sont des causes certaines de succès.

— Nous en sommes tous persuadés répondirent les amis de Louis-Napoléon Bonaparte.

— Ainsi, à bientôt, Mesdame et Messieurs, ajouta le prince, allons tous travailler au grand œuvre qui doit assurer notre triomphe et nous donner dans l'avenir gloire, bonheur richesse et puissance.

Tous les habitués des salons d'Auteuil se levèrent alors et se séparèrent aux cris de vive l'Empereur !

II.
Le serment.

Le dix décembre 1848, les Français, sans doute pour justifier leur renommée d'être le peuple le plus spirituel de la terre, firent la plus désopilante facétie que l'on puisse imaginer en nommant à l'immense majorité de six millions de suffrages le prétendant impérial président de la République; ce vote original et imprudent dilata la rate à toute l'Europe, qui s'extasia sur le tact exquis, la logique et le bon sens de la grande nation, qui mit ainsi le loup dans la bergerie.

Le vingt du même mois, le nouvel élu était appelé à prêter serment. Ce jour là l'assemblée constituante était au grand complet, les représentants attendaient à leurs places, calmes et recueillis, et les tribunes étaient combles, on pouvait y remarquer tous les membres des clubs des culottes de peau et des cotillons; il était facile de les reconnaître à leur air de jubilation et à leurs regards triomphants.

Les dames surtout étaient rayonnantes, les trois parques impériales : Mesdames Regnault-Saint-Jean-d'Angély, Hamelin et de Favrolle se prélassaient, avec une grâce prétentieuse, dans les tribunes réservées ; elles avaient mis leurs plus beaux atours, robes de velours de soie et de moires, cachemires des Indes, chapeaux coquets à la dernière mode garnis de fleurs, joyaux, colliers, bracelets, perles et diamants ; ces respectables matrones, depuis l'élection à la présidence de leur cher Louis, ne se sentaient plus de joie ; elles avaient rajeuneis de quarante ans ; elles se croyaient aux beaux jours d'Austerlitz, d'Iéna et de Marengo ; elles faisaient des yeux en coulisse, la bouche en cœur, elles lançaient des œillades et des sourires comme si elles eussent eu vingt ans ; c'était un spectacle divertissant et comique de voir ces vieilles édentées, ces faces ridées, osseuses et dévastées par les ans, encadrées dans la dentelle et les fleurs, grimaçant d'affreux sourires. A côté d'elles, et comme pour faire encore ressortir leur laideur, on admirait, charmant contraste, la princesse Quadridoff, Mesdames de S...., Gordon, Miss Howard et d'Espel, étalant leurs grâces, leur jeunesse, leur beauté, leur satisfaction et leur bonheur ; la joie qu'elles éprouvaient les embellissait encore ; tous les vieux ratapoils avaient mis leurs plus beaux uniformes, datant du premier Empire, leurs cordons, leurs croix et leurs décorations; ils étaient dorés sur toutes les coutures et chamarrés; le général Montholon avait endossé la défroque de ses plus beaux jours de gloire; il brillait comme un écuyer de Franconi; les jeunes Mamelucks en habits noirs étaient tirés à quatre épingles, cirés, peignés, frisés, cosmétiqués comme des garçons coiffeurs; tous ces héros des farces ridicules de Strasbourg et de Boulogne, qui n'avaient vu le feu que dans les cours des casernes ou l'orsqu'ils nageaient comme des tritons dans le port de Vimereux, frisaient d'un air conquérant leurs moustaches poignardant le ciel.

Au moment où Mr. Waldeck-Rousseau venait de conclure à l'adoption de l'élection de Louis-Napoléon Bonaparte, ce dernier s'avança à pas comptés d'un air grave et flegmatique à travers l'hémicycle; il était en habit noir, en gilet et en gants blancs, en bottes vernies, costumé absolument comme pour aller en soirée ou à une noce, ayant à sa boutonnière la rosette de représentant du peuple et sur sa poitrine la grand'croix de la légion d'honneur qu'il avait, disait-il, trouvée en naîssant dans son berceau.

Il apparut bientôt au haut de la tribune, l'assemblée toute entière était dans l'attente et le recueillement; il plaça sa main gauche sur la place du cœur, leva la main droite, ainsi qu'on le fait habituellement en semblable circonstance, et dit d'une voix haute et solennelle.

„En présence de Dieu et devant le peuple francais, représenté par l'Assemblée nationale, *je jure* de rester fidèle à la *République démocratique une et indivisible*, et de remplir tous les devoirs que *m'impose la Constitution.*"

Lorsque Louis-Napoléon Bonaparte eut prononcé cette formule de serment d'un air convaincu et décidé, toutes les figures exprimèrent la satisfaction.

Mr. Boulay de la Meurthe représentant du peuple, et qui fut nommé vice-président de la République, ancien ami intime du prince président, s'écria:

Louis Bonaparte est un honnête homme, il tiendra son serment.

Mr. Laity dit alors tout bas à ses voisins: le prince tiendra son serment envers la République, comme il a tenu celui qu'il avait prêté à Louis-Philippe de ne plus conspirer contre lui après sa tentative de restauration impériale, à Strasbourg. Il faut que les républicains soient bien naïfs de croire encore aux serments des princes; mais patience, nous leur prouverons ce qu'ils valent et la foi qu'ils doivent y ajouter, et cela le plus tôt possible. Les Culottes de peau et les Cotillons sourirent d'un air suffisant à cette impudente et cynique déclaration.

Le président de l'Assemblée nationale, aussi debout, dit à son tour:

Nous prenons Dieu et les hommes à témoin du serment qui vient d'être prêté. L'Assemblée nationale en donne acte, ordonne qu'il sera transcrit au procès-verbal, inséré au moniteur, publié et affiché dans la forme des actes législatifs.

Le prince n'était, paraît-il, pas satisfait du serment qu'il venait de prêter, il ne le trouvait sans doute pas suffisant, et il craignait probablement que l'Assemblée et le peuple tout entiers ne fussent pas encore convaincus de sa loyauté; aussi, au lieu de descendre de la tribune, ainsi que chacun s'y attendait, il déploya un papier qu'il tenait à la main, fit signe qu'il voulait parler et lut le discours suivant:

„Citoyens représentants,

„Les suffrages de la nation et le serment que je viens de prêter commandent ma conduite future, mon devoir est tracé,- je le remplirai en homme d'honneur.

„Je verrai des ennemis de la patrie dans tous ceux qui tenteraient de changer par des voies illégales, ce que la France entière a établi.

„Entre vous et moi, citoyens représentants, il ne saurait y avoir de véritables dissentiments. Nos volontés, nos desirs sont les mêmes. Je veux comme vous rasseoir la société sur ses bases, affermir les institutions démocratiques et rechercher tous les moyens propres à soulager les maux de ce peuple généreux et intelligent qui vient de me donner un témoignage si éclatant de sa confiance.

„La majorité que j'ai obtenue, non-seulement me pénétre de reconnaissance, mais elle donnera au gouvernement nouveau la force morale sans laquelle il n'y a pas d'autorité.

„Avec la paix et l'ordre, notre pays peut se relever, guérir ses plaies, ramener les hommes égarés et calmer les passions.

„Animé de cet esprit de conciliation, j'ai appelé près de moi des hommes honnêtes, capables et dévoués au pays; assuré que malgré les diversités d'origines politiques, ils sont d'accord pour concourir avec vous à l'application de la Constitution, au perfectionnement des lois et à la gloire de la République.

. . . .

„Nous avons, citoyens représentants, une grande mission à remplir. C'est de fonder une République dans l'intérêt de tous et un gouvernement juste, ferme, qui soit animé d'un sincère amour du progrès, sans être réactionnaire ni utopiste.

„Soyons les hommes du pays et, Dieu aidant, nous ferons du moins le bien, si nous ne pouvons faire de grandes choses."

Un immense cri de vive la République accueillit cette harangue.

— Assez bien débité pour un homme qui parle mal le Français, dit M. Conneau.

— Dieu sait la peine que j'ai eue à apprendre au prince à lire d'une manière un peu correcte ces quelques lignes; ai-je eu surtout des difficultés pour lui faire prononcer le mot *République*, il disait toujours *Ripiplique*, cette prononciation allemande était bien faite pour nuire au succès oratoire du prince; mais enfin, après les plus grandes peines, j'ai réussi. Son Altesse Impériale professe pour ce mot maudit l'aversion la plus grande, aussi grande que celle que lui inspire la chose que ces dix lettres représentent et que l'aversion qu'il a toujours eu instinctivement, pour les républicains. Notre élu aurait bien désiré que ce mot disparut de sa harangue et j'ai eu beaucoup de peine à lui faire comprendre qu'il était indispensable, que son absence eut été remarquée et eut produit le plus mauvais effet.

— Il est certain, répondit Madame Hamelin, en plissant dédaigneusement sa lèvre, avec un air de mépris profond, que c'est une grande humiliation pour l'héritier d'un nom aussi illustre que celui du grand Napoléon, de venir prêter serment de fidélité à cette affreuse république, dans cette Assemblée de démagogues, s'il eut suivi mes conseils il aurait déjà jeté cette dernière par les fenêtres.

— Elle ne perdra rien pour attendre, car c'est là le sort que nous lui réservons, répondit M. Fialin.

Pendant que ces colloques particuliers s'engageaient, Louis-Napoléon Bonaparte redescendait gravement les marches de la tribune en se dirigeant tout droit vers le général Cavaignac auquel il tendit la main, mais ce dernier hésita d'abord avant d'accepter celle qu'on lui présentait, ce ne fut qu'au bout de quelques secondes qu'il se décida à offrir la sienne. Le général devinait dès lors, dans le nouvel élu du peuple, l'auteur du deux décembre 1851, et ses pressentiments ne l'ont malheureusement pas trompé.

III.

Les Complices.

Le soir de l'installation du prince président, pour célébrer l'inauguration de son pouvoir, il y eut un grand dîner auquel furent invités non-seulement tous les illustres membres des clubs des culottes de peau et des cotillons; mais encore les parents et les amis les plus dévoués de la famille impériale, parmi lesquels nous citerons: un jeune officier de fortune nommé Florissant; le frère de la main gauche du prince président, Mr. de Morny, l'homme non moral, comme les journaux anglais l'ont qualifié; un certain juif portugais nommé Vieyra-Molina, homme taré, s'il en fut, vivant d'industries inqualifiables dans le langage honnête, et un préfet, nommé Maupas, déjà célèbre par son zèle et son talent propres à compromettre des innocents.

Monsieur Florissant est fils d'un riche boutiquier de la capitale, qui avait rêvé d'associer son héritier à son commerce, et de le voir un jour continuer la génération des Florissants et fils, marchands de calicot, de gilets de flanelle, de caleçons et de bonnets de coton. Mais hélas! la destinée, cette déité capricieuse, en décida autrement; dès que le jeune négociant fut à la tête du commerce de son cher père, il planta là l'aunage et les tissus pour se livrer à la culture des jolies femmes qui avaient jeté leurs bonnets par-dessus les moulins et dont les cachuchas, les pas chicards, les danses orageuses et les toilettes tapageuses faisaient l'admiration et le malheur des jeunes imprudents, qui allaient brûler leurs billets de banque et faire fondre leurs capitaux à la flamme des beaux yeux de ces démons du plaisir. Il a suffi de quelques mois de l'existence échevelée du jeune Florissant, pour faire disparaître son patrimoine comme une boule de neige au soleil; lorsque Clichy lui apparut en perspective, avec ses horizons peu riants, et que les gardes du commerce le menacèrent de leurs itératifs commandements, notre amateur du beau sexe peu voilé résolut d'abandonner Vénus pour Mars, les myrtes pour les lauriers, l'amour pour la gloire, et d'aller se réfugier dans les camps, à l'ombre du drapeau, contre les exigences de ses créanciers rapaces, et de chercher dans les aventures guerrières cette ingrate fortune, qui venait de lui faire une si laide grimace et une si grossière infidélité, au bout de quelques mois de plaisir. Comme, pendant l'existence agitée qu'il venait de passer, il avait mené de front ses chevaux et ses maîtresses, et qu'il était devenu aussi bon écuyer qu'aimable et galant, il s'engagea dans un régiment de cavalerie en garnison en Afrique, ce qui mit entre lui et ses créanciers la large plaine liquide méditerranéenne. En Algérie, le jeune héros en herbe pris son parti en brave et, se souvenant que tout bon soldat a en perspective le bâton de maréchal de France, il se mit à étudier l'école d'escadron et à étriller vigoureusement son bidet, jusqu'à ce qu'il eut conquis les premiers grades; quand il eut les épaulettes, il revint à Paris; ayant entendu parler de la passion que le prince président avait toujours eue pour les chevaux et le beau sexe, et séduit par cette similitude de goût qu'il reconnut exister entre lui et le chef de l'État, il sollicita la faveur de lui être présenté. La première fois que ces deux hommes se virent ils se comprirent, et un lien d'affinité les unit. Le prince flaira dans le jeune soldat d'aventure, un homme hardi, décidé et entreprenant, aux appétits dévorants et inextinguibles, capable de tout pour arriver à la satisfaction de ses passions ardentes et déréglées, et qui pouvait, au besoin, faire un auxiliaire précieux pour une tentative audacieuse, un coup de main ou un guet-apens, pourvu que l'on fasse miroiter à ses yeux beaucoup d'or, des grades, de la fortune, de la puissance, et la séduisante espérance de puiser un jour à pleines mains dans les caisses de l'État et dans la cassette particulière de son protecteur. Quand à Florissant, il avait compris, aussi du premier coup d'œil, que le nouvel élu de la République était gros d'un dix-huit brumaire, et qu'il aurait besoin bientôt d'officiers de sa trempe pour faire main basse sur le pouvoir. Le club des culottes de peau nota le jeune officier comme un homme déterminé et de beaucoup d'espérance; celui des cotillons comme un charmant cavalier, bon vivant, joyeux compagnon, aussi ardent à l'amour qu'au coup de main, et dont les qualités doublement précieuses pouvaient lui être de la plus grande utilité et lui procurer les plus grands profits.

L'autre personnage remarquable dont nous venons de parler, Monsieur de Morny, était un fils de la trop sensible Hortense de Beauharnais, plus jeune de quelques années que le prince président. Lorsque la trop féconde princesse mit au monde ce précieux produit de ses amours extra-conjugales, avec Mr. de Flahault, le bon roi Louis de Hollande, refusa de le reconnaître comme sien; il y avait plusieurs années qu'il ne s'éait approché de sa fidèle épouse; aussi la menaça-t-il d'une demande en divorce et d'un procès scandaleux dans le cas où elle persisterait à faire enrégistrer à son nom le dernier produit de ses amours adultères.

Pour éviter les dangers de cette menace, la belle et prudente Hortense dissimula sa grossesse et ses couches ; on attribua le nouveau fruit de sa fécondité à une de ses femmes et on trouva un vieil émigré royaliste, Mr. le comte de Morny, qui voulut bien reconnaître le *moutard* et épouser sa prétendue mère. Ce moyen habile concilia tout, et la réputation de la reine Hortense fut cette fois sauvée d'un nouveau scandale.

Le jeune comte de Morny, lorsqu'il eut 18 ans, se fit soldat ainsi qu'il convient à tout gentilhomme, bâtard de haute lignée ; il servit quelque temps, en Afrique, en qualité de sous-lieutenant ; mais, au bout d'une campagne, le jeune héros, d'un caractère positif, eut assez de la gloire, aux fumées de laquelle il préférait l'argent ; il se fit industriel, désirant à tout prix arriver à la fortune ; il établit une fabrique de sucre de betteraves, et spécula si bien sur ses malheureux ouvriers qu'au bout de peu de temps, il se vit à la tête d'un assez joli capital. Les électeurs censitaires de Clermont-Ferrand récompensèrent le jeune manufacturier de ses succès en l'envoyant siéger à la chambre des députés. Nous ne raconterons pas les succès parlementaires du nouvel élu, qu'il nous suffise de dire qu'il devint bientôt un des satisfaits les plus endurcis, une des bornes parlementaires, les plus solides de cette époque de corruption. Il vota l'indemnité Pritchard et fut l'auteur du célèbre ordre du jour des satisfaits.

A côté de ses intrigues parlementaires, le jeune de Morny menait l'existence la plus dissolue et la plus corrompue, avec tous les beaux fils du turf, du lansquenet et du baccarat; on le rencontrait plus fréquemment dans les tripots, dans les coulisses de l'Opéra que dans les couloirs du Palais-Bourbon, et dans les cabinets particuliers du café de Paris qu'aux dîners ministériels de Mr. Duchâtel.

Mais c'était surtout aux courses du Champ-de-Mars, de Vincennes, aux chasses princières de Chantilly et de Compiègnes, dans les allées du bois de Boulogne, que l'on était toujours certain de voir apparaître la grande figure osseuse et impassible du bâtard de la reine Hortense, rappelant à s'y méprendre celle du Chevalier de la triste figure; lorsque Mr. de Morny était accompagné de sa maîtresse, Madame Lebon, et de son acolyte, le docteur Véron, l'illusion était complète, on croyait voir Dom Quichotte de la Manche, la Dulcinée du Toboso et Sancho-Pança.

Notre héros devint ensuite un des principaux actionnaires du *Constitutionnel*, dans lequel il soutenait la politique ministérielle, tandis qu'il la combattait dans la *Revue des deux Mondes*. Par cette tactique adroite, il touchait d'une main les grasses subventions ministérielles et de l'autre il recevait des nombreuses faveurs, des places, des sinécures, des priviléges, que le gouvernement n'osait pas refuser à un homme aussi habile et qui pouvait lui causer le plus grand préjudice en l'attaquant. Après la Révolution de février 1848, l'ancien ventru sataisfait, coureur de coulisses, de brelans et de mauvais lieux, devint naturellement un candidat honnête, moral et modéré, défenseur de l'ordre, de la famille et de la propriété. Il fut élu par le même département du Puy-de-Dôme, qui l'avait déjà envoyé à la chambre des députés en 1842 et en 1846.

Cette vénalité et ce chantage étaient bien dignes du non-honnête de Morny. Voici un autre trait de ses mœurs, qui donnera une idée exacte de son immoralité.

A l'époque dont nous parlons, le duc d'Orléans, héritier présomptif du trône de France, avait pour maîtresse en titre Madame Lebon, qu'il entretenait d'une façon princière et à laquelle il avait loué un magnifique hôtel; Mr. de Morny à la suite de nombreuses pertes au jeu et des folles dépenses qu'il faisait journellement avec des filles de théâtre, était retombé dans une grande gêne, et comme il ne lui était plus possible de continuer ses prodigalités avec ses maîtresses de circonstance, la plupart de celles-ci lui firent très-mauvais accueil et le congédièrent. Ne pouvant plus entretenir des rats d'Opéra, il résolut de spéculer sur sa renommée de haute galanterie, de tirer profit de ses avantages personnels et de son expérience auprès des femmes.

Il avait rencontré souvent, en soirée, au théâtre au bois et aux courses, la maîtresse du duc d'Orléans, cette dame lui avait témoigné des sympathies toutes particulières. Notre Lovelace, avec l'expérience consommée qui le caractérisait, ne s'était pas mépris sur la nature des attentions dont madame Lebon l'honorait, et, comme cette dame était dans une position de fortune qui pouvait lui être de la plus grande utilité, il résolut de lui faire sa cour. D'un autre côté la famille royale, et surtout la reine Amélie, souffraient de la liaison du duc avec la Lebon. Des courtisans, certains de plaire à la reine en ruinant cette intrigue, firent entrevoir à Mr. de Morny les nombreux avantages qu'il trouverait dans ses assiduités auprès de la maîtresse du Duc, ils lui fournirent l'argent nécessaire pour lui permettre d'entreprendre de suite cette nouvelle conquète, et notre jeune aventurier se mit immédiatement en campagne. Ses galanteries et ses avances furent très-bien accueillies, et, au bout de peu de temps, la belle entretenue n'avait plus rien à lui refuser; il avait ses libres entrées dans l'alcove de sa nouvelle conquête. Afin de faciliter des relations auxquelles, paraît-il, Madame Lebon prenait le plus grand charme, cette dernière céda à son amant de cœur un charmant petit pavillon situé dans son jardin, que les amis de Mr. de Morny avaient surnommé la *Niche à Fidèle* par allusion à son nouveau locataire.

L'heureux amant trouvait encore un autre avantage dans ses relations avec son opulente maîtresse. Celle-ci, par l'intermédiaire du duc d'Orléans et de ses courtisans, était tenue au courant des nouvelles diplomatiques qui pouvaient influer sur les cours de la Bourse; Mr. de Morny, à qui sa nouvelle maîtresse communiquait ses renseignements, pouvait ainsi jouer sur les fonds publics à coup sûr; il gagna de cette manière plus de 300,000 frs. dans fort peu de temps. Quand il eut réalisé ces beaux bénéfices, notre Lovelace se crut riche à tout jamais; l'ingrat s'éloigna de sa maîtresse, et rejoignit ses galantes comédiennes, dont le souvenir ne s'était par effacé de sa mémoire, et il reprit son existence dissolue et dissipée.

Madame Lebon fut profondément peinée de l'abandon de son ami de cœur et elle résolut de se venger.

„Monsieur, lui écrivit-elle, quand on ne s'aime plus, l'amitié ne peut-elle donc remplacer l'amour? Revenez auprès de moi comme un ami. La somme que vous avez gagnée ne fait pas la fortune d'un homme comme il faut; je veux que vous la tripliez.

Je ne signe plus cette lettre: *votre amante*, mais: *votre amie.*"

A cette nouvelle perspective de bénéfices le galant revint trouver sa belle et recommencer de nouvelles opérations de Bourse; mais, cette fois, la fortune lui fut contraire, il perdit ses 300,000 frs. Madame Lebon lui avait donné de fausses indications.

Alors, maître Morny, honteux et tout confus,
Jura, mais un peu tard, qu'on ne l'y prendrait plus.

Quand il revint à l'hôtel des Champs Elysées, sa maîtresse lui dit, avec un sourire malin: Eh bien, Monsieur l'infidèle, lequel de nous deux est le plus fort? Vous avez besoin d'un tuteur, je vous en servirai. Ce charmant pavillon, qui touche à mon hôtel, sera votre demeure; et nous ne l'appellerons plus désormais que la *Niche à Fidèle.* Depuis ce jour la spirituelle Madame Lebon a su retenir le volage.

Après la Révolution du 24 Février, le locataire de la *Niche à Fidèle* avait beaucoup intrigué en faveur de son frère utérin et adulterin, et contribué de tout son pouvoir au succès de sa candidature. Il était devenu tout naturellement un de ses confidents les plus intimes et les plus dévoués. M. de Morny a supplanté dans la confiance de Louis-Napoléon Bonaparte tous les membres des clubs des culottes de peau et des cotillons, et tous les complices les plus dévoués du prince, jusqu'au célèbre vicomte de Persigny, dont l'intelligence et le courage sont très-problématiques. Le président trouvait que son frère de mère avait une audace réfléchie et un sang-froid diabolique, que ses autres affidés de Strasbourg et de Boulogne étaient loin de posséder. D'ailleurs les relations du fils d'Hortense et de Flahault, dans le monde intrigant des salons et de la finance, étaient bien autrement étendues que celles de la plupart des pauvres diables composant le personnel du club des culottes de peau.

Le troisième complice, le sieur Vieyra-Molina, fait chef d'État-major de la garde nationale par les conspirateurs de Décembre, était un juif portugais, naturalisé français. Cet honnête Israélite eut un procès avec un de ses coreligionnaires, nommé Jaffa, celui-ci, dans l'intérêt de sa défense, fit publier plusieurs mémoires lithographiés, qu'il produisit devant le tribunal de première instance de la Seine, desquels il résulte que le célèbre Vieyra-Molina, maintenant ami intime du prince, tenait une maison de prostitution, dont il vivait.

Voici un extrait d'un de ces mémoires qui ne laisse aucun doute à ce sujet:

„.... Quand à la maison garnie, où l'on donnait à loger à des *filles publiques*, c'est une spéculation dont tout l'honneur et le produit appartiennent à Vieyra-Molina. La note relative à cette honorable entreprise, qui est entièrement écrite par lui, dans laquelle il se nomme, et que j'ai produite dans les mains de Mr. Gossin et de MM. les conseillers de la chambre d'accusation, prouve la vérité de ce que je dis."

Voici maintenant la note à laquelle il est fait allusion, écrite toute entière de la main du sieur Vieyra:

„2,200 francs dûs à Mr. Henry...; 3000 francs de meubles, pour six femmes, rapportant au minimum 1500 francs tous les trois mois.

„Si Mr. Henry paie les 3,000 francs de Gérard, ou *prenne* (sic!) avec ce tapissier les arrangements qu'il trouvera convenables, on lui garantit *la recette des six femmes*, 1500 francs par trois mois et on fera le transport des meubles de ces six chambres à Mr. Henry.

„Supposons qu'il y ait 1,500 francs d'arriérés, que sur le produit des femmes, l'on ne touche même pas; il se trouvera toujours 7,500 francs qui seront rentrés dans une année.

„Si Mr. Henry, pour les fonds qu'il avancerait jusqu'à la venue des meubles, etc... ci-dessus, désirait une garantie plus solide; moi, Henry Vieyra, lui ferais le transfert de l'hypothèque de 10,000 frs.

— „Enrégistré le 9 juin 1827; timbré le 9 juin 1827. Déposé en minute chez un notaire, le 11 juin."

Cet honnête trafiquant, qui vendait à l'avance les produits de la prostitution de six malheureuses *femmes publiques*, avait été nommé chef de bataillon par les amis de l'ordre, en 1849. Le respectable Léon Faucher, ministre de l'intérieur du prince président, lui avait confié le pillage et la destruction des imprimeries Prou et Boulé. Il s'acquitta de cette mission honorable et honnête avec le zèle et le dévouement, qui signala alors le parti des défenseurs de la propriété. Un peu plus tard, cet excellent ami de l'Élysée, qui avait été promu par son patron aux fonctions importantes de chef d'État-major de la garde-nationale, fut poursuivi comme *stellionataire*, pour avoir vendu deux fois la même créance et il fut condamné pour ce méfait en première instance, mais la cour d'appel a réformé la sentence des premiers juges, sans cependant détruire la flétrissure morale qui frappait l'ancien propriétaire du lupanar de la rue Rameau. Voici un extrait de l'arrêt que la cour d'appel de Paris a prononcé à *son profit*:

„La cour, *adoptant les motifs* des premiers juges, mais considérant toutefois que quelque *mensongère et frauduleuse* que soit la déclaration des époux Vieyra, dans le transport dont il s'agit, elle échappe à l'application de l'article 2059, du code civil; qu'ainsi c'est à tort que les premiers juges les ont déclarés stellionataires, dit qu'il n'y a lieu de les déclarer stellionataires, et les décharge de la contrainte par corps prononcée contre eux.“

Eh bien, cet homme, qui vivait de la prostitution de 6 malheureuses, qui lui rapportaient neuf mille francs par an, ce pillard des imprimeries Prou et Boulé, ce *stellionataire mensonger et frauduleux*, dont la première profession n'a pas de nom dans la langue polie, qui ne peut-être qualifié que dans le langage le plus crapuleux, était un des confidents les plus intimes et les plus estimés de l'auteur du coup d'État du deux décembre, ainsi que nous le ferons voir plus tard; n'est-ce pas le cas de dire, par celui-là jugez des autres.

Enfin, citons encore un gros et grand personnage, bien étoffé, ayant un air de jubilation et de prospérité; espèce de Falstaf, c'était le préfet de Toulouse, Maupas, aussi un complice. Voici en quels termes Pascal-Duprat, dans son livre. *Les Tables de Proscription*, esquisse la biographie de ce personnage.

„Mr. Maupas s'était recommandé par la violence qu'il avait déployée contre les républicains, dans les deux préfectures de l'Allier et de la Haute Garonne, qu'il avait administrées précédemment. Il n'avait pas craint un jour de suborner des témoins et d'inventer des preuves, pour envelopper dans un complot des citoyens dévoués à la République.“

„Il était devenu, grâce à sa souplesse rare, préfet de Toulouse, raconte le citoyen Schœlcher, dans son livre *Les Crimes du Deux Décembre*, et, voulant acquérir un nouveau lustre, il fit arrêter trois conseillers de préfecture des mieux famés, sous prétexte de conspiration. L'avocat-général, après avoir examiné l'affaire, reconnut qu'il n'y avait pas l'ombre d'une charge et en fit part au préfet; mais celui-ci répondit naïvement: „Oh! soyez tran-„quille, j'attends de Paris un agent très-habile, qui a „coopéré aux bulletins du comité de résistance; il „nous fera trouver chez les accusés des armes et des „grenades. „Le Magistrat n'était pas bon, il refusa *d'être tranquille* et s'en alla rendre compte au premier président Pion de ce qu'on venait de lui proposer. Le premier président porta la chose à la connaissance du ministre de la justice. Mr. Maupas écrivit de son côté pour se plaindre de l'incapacité de l'avocat-général. Les deux fonctionnaires, appelés à Paris, s'expliquèrent et le déloyal préfet reçut l'annonce de sa destitution. La morale publique outragée exigeait ce sacrifice. Mr. Maupas courut à l'Élysée et ouvrit son cœur.

„A quelques jours de là, l'avocat-général allait prendre congé du président, qui lui avait fait compliment de sa belle conduite, quel ne fut pas son étonnement en entrant, c'était un lundi de réception, de trouver Mr. Bonaparte et Mr. Maupas se donnant la main. Peu de temps après Mr. Maupas était préfet de police."

IV.

Une soirée à l'Élysée.

Les fidèles et dévoués partisans de Louis-Napoléon Bonaparte étaient réunis dans une élégante salle à manger du palais de l'Élysée, splendidement illuminée, des centaines de bougies parfumées mêlaient leur limpide clarté à la brillante lumière du gaz; tous ces feux éblouissants se répercutaient et se multipliaient dans de superbes glaces; les parvis dorés, les candélabres ciselés ou polis, les cristaux, les porcelaines de Sèvres ou de Chîne miroitaient et éblouissaient; l'éclat et le parfum des fleurs se mêlaient aux richesses et aux prodiges de l'art, et des chefs-d'œuvres de peinture et de sculpture le disputaient en beauté aux merveilles de la nature; le parquet était recouvert de moëlleux tapis; au milieu de la salle se dressait une superbe table garnie des fruits les plus délicats, des vins les plus exquis, autour de laquelle étaient rangés les nombreux et joyeux convives, dont nous avons parlé. Les belles et élégantes jeunes femmes, dont nous avons déjà tracé les portraits, étaientpleines de charme et d'entrain, et faisaient, avec le plus grand appétit, honneur au repas succulent qui leur était servi; les yeux brillants de ces charmantes beautés lançaient des flammes amoureuses, leurs lèvres frémissantes distillaient le sourire et engendraient le baiser; leurs robes, fortement échancrées sur les épaules et par devant, laissaient plus que deviner les formes adorables de leurs gorges mouvantes et de leurs seins agités. Sur leurs blanches épaules satinées, dont le galbe d'albâtre se dessinait amoureusement; sur leurs cous de cygnes, fins et gracieux, tombaient voluptueusement les flots ondoyants de leurs chevelures entremêlées de perles, de fleurs et humides de parfums; leurs tailles élégantes et souples étaient d'une grâce irrésistible; leurs petites mains, blanches et potelées, touchaient aux mets les plus exquis et les plus délicats, que leurs lêvres roses et leurs bouches mignonnes savouraient avec délices; les vins les plus généreux pétillaient et moussaient dans le cristal, et mêlaient leurs feux ardents à ceux de l'amour, dans les veines des convives privilégiés, qui assisteaient à ce festin. Miss Howard était vêtue d'une superbe robe de velours noir, qui faisait ressortir la blancheur de sa peau et la beauté de son teint, cette belle insulaire avait la tête ceinte d'un diadème de diamants, et semblait présider cette joyeuse fête; on l'aurait prise pour la reine de cette orgie nocturne; toute la meute, des courtisans, des vils flatteurs, des plats valets, lui prodiguait ses louanges et ses adulations; elle savourait avec délices, cet encens de cour, et tous les plaisirs que procurent la fortune et le pouvoir; ses moindres caprices étaient satisfaits; ses désirs les plus futiles devenaient des ordres impérieux; tous ses nombreux adorateurs et ses courtisans éhontés se disputaient la moindre de ses faveurs et sollicitaient, comme une grâce, la plus légère distinction de sa part. Si elle n'était pas encore impératrice, elle savourait du moins les avants goûts du pouvoir souverain, et la plus brillante perspective lui souriait dans l'avenir. En face d'elle, était placée la jolie comtesse d'Espel, au teint brillant et frais, comme la corole d'une rose qui vient d'éclore, aux beaux yeux intelligents, séduisants et doux, au sourire dédaigneux et fier. Cette belle dame exercait un grand empire sur le prince, et recevait aussi les hommages empressés et galants de ses amis; elle accueillait avec une négligence, pleine de vanité, tous ces témoignages d'admiration; on voyait qu'elle avait conscience de sa beauté, et qu'elle était assurée de la solidité de son empire. La brune et piquante Madame Gordon, brillait aussi de tout l'éclat de sa beauté, son front élevé et poli, ordinairement pur et sans nuages, comme un beau jour d'été semblait assombri, on aurait dit que de cruelles préoccupations l'attristaient, ou que les serpents de la jalousie lui rongeaient le cœur. La piquante et lascive Marie de S.... faisait face à Madame Gordon, sa figure éveillée, son air hardi et ses regards provocateurs, semblaient défier tous les convives; elle lancait de temps en temps des oeillades de jalousie à Miss Howard, et elle faisait des yeux en coulisse à son amphytrion; à cette époque, cette jeune femme était aussi en grande faveur auprès du prince. Madame Lebon, placée près de son amant de Morny, employait toutes les ressources de la plus savante coquetterie pour enchaîner plus étroitement encore le cœur de son volage adorateur. La robuste princesse Quadridoff donnait en spectacle ses belles épaules dodues, éblouissantes de blancheur et de grâce, ses formes rebondies, ses appas appétissants; elle était une des beautés les plus engageantes de cette soirée d'intimes.

Comme contraste les trois vieilles sorcières Shakespeariennes, Mesdames Saint-Jean-d'Angely, Hamelin et de Salvage produisaient l'effet le plus original au milieu de ces jeunes et jolies femmes; on aurait dit qu'on les avait placées tout exprès pour rehausser, donner plus d'éclat, plus de mérite et plus de valeur aux charmes des belles jeunes femmes dont nous avons esquissé le portrait.

Les vins pétillants et circulaient, les libations

augmentaient, les esprits s'allumaient, les conversations s'animaient, les joyeux propos se croisaient en tous sens; les dames rivalisaient de coquetteries, les messieurs faisaient assaut de galanteries, Bacchus et l'amour inspiraient tous les convives.

— Nous sommes bien heureux, prince, dit alors le général Montholon, de la haute position sociale à laquelle vous êtes parvenu.

— Ce n'est là, pour Son Altesse, que le premier pas dans la voie des honneurs et de la puissance, ajouta le signor R....

— Nous l'espérons bien, répondit Mr. Fialin, ce qu'il faut au prince, c'est l'héritage et le pouvoir de son oncle, l'Élysée n'est pour lui que le vestibule des Tuileries.

— Quelles brillantes perspectives s'ouvrent devant nous, dit la gracieuse Miss Howard, jamais je n'ai été aussi heureuse qu'aujourd'hui, et si je rêve une couronne ce n'est pas pour moi, c'est pour mon bien-aimé, pour celui à qui j'ai voué mon culte et mon amour; pour celui que j'ai connu proscrit, que je vois président de la République et que j'espère bientôt acclamer Empereur; aussi je serai bien fière si son amour pour moi et son desir de me plaire davantage excitent son impatience et hatent l'accomplissement de nos projets et de nos espérances.

— Maintenant que le prince est à la tête de la République, dit, à son tour, la princesse Quadridoff, et qu'il dispose d'un pouvoir considérable, il lui suffira d'un peu d'audace pour être le maître de la situation; qu'il se souvienne, qu'il s'inspire du grand exemple de son oncle, quil se rappelle le dix-huit brumaire, et ses grandes destinées s'accompliront.

— Qu'il n'oublie pas non plus la belle conduite de mon aïeul dans cette journée célèbre; son courage, son audace et son sang froid au *Conseil des Cinq Cents* et l'avenir lui appartiendra, dit Marie de S....

— De l'audace, de l'audace et encore de l'audace! ajouta la ravissante comtesse d'Espel, telle était la devise d'un affreux révolutionnaire, de Danton, ce génie de la terreur et de l'extermination, qui d'un geste puissant décapita la royauté. Eh bien, cette devise doit aussi être la notre, elle doit nous aider à détruire la Révolution, à conquérir la couronne et à remettre le sceptre impérial aux mains de l'héritier du grand Napoléon.

A cette invocation audacieuse, faite d'un air inspiré par la belle comtesse, tous les convives applaudirent.

— Ce ne sera pas l'audace qui nous fera défaut, dit Mr. Florissant, car nous sommes pressés de jouir; il nous faut de l'or, des plaisirs, du vin, des femmes et des chevaux.

— Certainent, ajouta Morny, nous sommes très pressés, d'autant plus pressés, que tous nous sommes criblés de dettes, menacés de prise de corps, que Clichy nous attend si nous ne montons pas au Capitole.

— Oui, ajouta Mr. Gricourt, nous payerons nos dettes, nous aurons des honneurs, des plumets, de grosses épaulettes, des décorations, de beaux habits, etc.; nous voulons bien boire, bien manger, bien nous amuser; il nous faut de beaux chevaux de jolies maîtresses, de beaux équipages, de superbes hôtels; j'avais d'abord pensé que 25 mille livres de rentes me suffiraient*, mais je m'aperçois que je me suis trompé, que j'ai été trop modeste; c'est au moins cent mille livres de revenu que je veux.

— Et encore ce sera très-peu, ajouta le sieur Fialin, vicomte de Persigny, par la grâce de sa fantasie, vous avez oublié, monsieur, qu'il nous faut aussi des titres de noblesse; je veux être duc, mais un vrai duc; avoir des terres, des châteaux, un blason, épouser une femme d'un grand nom, fonder une grande famille, celle des ducs de Persigny.

— Et moi, répondit Florissant, je veux être général, maréchal de France, rouler sur les millions, dépenser l'or à pleines mains.

---

* Déclaration de Gricourt à la Cour d'assises du Bas-Rhin, en 1836, après l'échauffourée de Strasbourg.

— Cela est tout naturel fit observer Mr. de Morny, qui veut-être sauvé doit payer, nous serons des sauveurs, mais à une condition: c'est que nous soyons grassement rétribués; nous défendrons la famille, la propriété, la religion et surtout la morale; mais il nous faut en récompense des titres, des honneurs, de la fortune, de la puissance; une centaine de millions, pour ma part, ne m'effrayera pas; nous serons des hommes providence; des messies divins, envoyés par Dieu pour délivrer la France de l'hydre révolutionnaire; mais il ne faut pas que tous ces badauds d'épiciers et de pékins se figurent que nous allons les sauver pour rien, il leur en contera très cher, et s'ils pensent s'en tirer avec les misérables six cent-mille francs de traitement qu'ils donnent au prince président, ils se trompent. Six cent mille francs au premier magistrat de la République, à l'héritier de Napoléon Ier au futur Empereur; les ladres, les cuistres! qu'est-ce qu'ils veulent que nous fassions avec cette misérable somme, que j'ai souvent gagnée ou perdue dans un seul jour à la Bourse.

— Il n'y a pas, avec cela, de quoi payer mes cigares et mon champagne, dit Florissant.

— Ni mon tailleur et mon bottier, ajouta Fialin, qui, il y a quelques mois, ne portait que des pantalons déchirés et des souliers éculés.

— C'est une indignité que d'oser offrir une

pareille misère au neveu du vainqueur d'Austerlitz, dit Madame Regnault-Saint-Jean-d'Angely, Napoléon Ier payait mieux que cela ses chambellans et ses valets de chambre.

La France est bien dégénérée, dit la terrible Madame Hamelin, il faut qu'elle soit descendue bien bas pour oser ainsi marchander sa gloire; car Napoléon, c'est la gloire de la France; je ne sais vraiment pas ce qui me retient d'aller souffleter ces avares, ces pleutres de représentants; ah! si on avait osé commettre une pareille vilenie du temps de feu le colonel Hamelin, mon illustre époux, j'aurais fait sonner le boute-selle, je serais montée à cheval, et, à la tête du régiment de dragons de mon héroïque mari, je serais venue châtier les misérables législateurs coupables d'une pareille indignité.

— Je ne reconnais plus notre bonne France impériale, dit ingénûment Madame de Favrolles, elle, si dévouée, si fanatique de son Empereur, elle qui se serait jetée au feu ou à l'eau pour lui plaire, qui se serait toute entière agenouillée devant lui, comme devant un Dieu, et qui aurait entrepris la conquête de la lune si le grand homme lui avait dit de le faire. Qui aurait jamais cru que la grande nation tomberait un jour assez bas pour oser faire du fils de la vertueuse reine Hortense un président de République, au traitement de 600 mille francs?

O honte! ô déshonneur! ô France! ô ma patrie!
N'ai-je donc tant vêcu, que pour cette infamie!

Et en disant ces vers, la vieille marquise s'arrachait de désespoir ce qui lui restait de cheveux.

Pendant ces dialogues le héros, sombre et taciturne de cette soirée, tout entier à ses pensées et aux sinistres projets qu'il méditait, semblait ne pas s'apercevoir de ce qui se disait au tour de lui.

— Patience, Mesdames, dit-il, lorsque l'heure marquée par le destin sera sonnée, je serai tout entier à la France, quoiqu'elle exige de moi: *abnégation ou persévérance.*

V.

L'attaque fratricide.

Le même jour où Louis-Napoléon Bonaparte prêtait serment de fidélité à la République française et jurait solennellement de respecter et de défendre la Constitution, le peuple romain nommait une assemblée constituante, chargée d'élaborer le pacte social et de décider de la forme du gouvernement, le parti démocratique républicain eut la majorité dans les élections; les députés se réunirent la première fois le 5 février 1849 et proclamèrent le 9, du haut du Capitole et à une immense majorité la *République romaine* et la déchéance du pouvoir temporel des papes, en garantissant au chef de l'Église l'indépendance nécessaire à l'exercice de son pouvoir spirituel.

Et quelque temps plus tard l'Assemblée constituante romaine nomma un triumvirat composé des citoyens Mazzini, Armellini et Saffi.

La nouvelle forme de gouvernement fut accueillie à Rome et dans tous les États du pape par le plus grand enthousiasme; mais hélas! il n'en fut malheureusement pas de même partout et surtout en France.

Depuis sa délivrance des prisons du Saint-Office, Cornélia Marcus s'était, peu à peu rétablie, elle avait recouvré l'usage de ses membres disloqués par la torture et la plus grande partie de ses forces. Il ne lui restait d'autres traces extérieures de ses souffrances qu'une grande pâleur et un air de profonde tristesse. Cette jeune femme avait vieilli moralement de dix ans dans quelques semaines; son cœur était à jamais ulcéré et son existence désanchantée, ce n'étaient pas les supplices, qu'elle avait endurés qui avaient laissé chez elle la plus profonde impression et les traces les plus funestes. On se souvient qu'après la torture, lorsqu'elle était encore évanouie, paralysée par la douleur, la malheureuse jeune fille sans connaissance et sans défense avait été livrée chaque fois, dans un état complet de nudité, à la lubricité sensuelle et à la luxure dégoutante de l'infâme Cardinal A.... Ces attentats odieux, ces souvenirs révoltants de violence, de honte et de déshonneur avaient laissé dans son âme une profonde tristesse et un désir inextinguible de vengeance. C'était envain qu'elle avait vu réaliser sa plus chère espérance dans le triomphe et la proclamation de la République, son cœur ulcéré n'avait plus pu goûter toute la joie et tout le bonheur qu'elle avait rêvés pour le jour où elle verrait triompher la cause à laquelle elle avait voué son existence et pour qui elle avait tout sacrifié.

Quand elle songeait à quels traitements infâmes elle avait été soumise, de quelles violences abominables elle avait été la victime, elle sentait tout son sang refluer vers son cœur, toute pensée consolante l'abandonner, elle ne rêvait plus que haine et vengeance. Pour elle, la torture n'était rien à côté des outrages qu'elle avait subis. C'est qu'en effet ces derniers étaient de ceux qui ne peuvent se pardonner; la souillure que lui avait infligée le cardinal était inéffaçable, indélébile, elle se sentait flétrie par le contact de ce monstre, elle n'osait plus penser à son amour, ni à celui qu'elle aimait, sans rougir de honte et de désespoir et, quoique loin d'être une coupable, elle ne fut qu'une victime innocente, elle se croyait deshonorée et indigne de devenir la femme de Félice O..., et elle n'entrevoyait plus dans l'avenir qu'isolement, délaissement, malheur et misère, tout ses horizons enchanteurs, tous ses rêves de bonheur et toutes ses espérances s'étaient évanouis. Et ce qui doublait encore son supplice, ce qui augmentait considérablement ses tortures morales, c'était qu'elle n'osait avouer à personne le crime odieux dont elle avait été la victime, et qu'elle était surtout obligée de le cacher à celui qu'elle aimait, car elle aurait préféré mourir que de lui avouer quelles honteuses caresses elle avait subies pendant ses évanouissements causés par les tortures qu'elle avait endurées. Elle était ainsi obligée à une dissimulation continuelle ; chaque fois que Félice lui parlait d'amour, elle accueillait ses tendres aveux avec un sourire forcé et des paroles d'espérance qui lui brûlaient les lèvres ; elle s'efforçait de lui témoigner de tendres sentiments, tandis qu'elle avait la mort dans le cœur, et qu'elle savait que jamais le bonheur qu'elle promettait ne s'accomplirait. Aussi, chaque mot d'amour de Félice, chaque protestation de dévouement et d'affection éternelle, chaque promesse de longs jours de bonheur était pour elle un coup de poignard qui lui entrait dans le cœur et qui le déchirait ; car elle savait qu'ils, ne se réaliseraient pas et qu'elle ne pourrait jamais, après la souillure dont elle avait été la victime, devenir la femme de celui qu'elle aimait et respectait.

Elle souffrait aussi beaucoup en songeant quelle désillusion profonde et quelle terrible chagrin elle causerait à son ami, quand elle serait obligée de lui avouer qu'elle ne pouvait être à lui ; car, malgré toute la répugnance qu'elle éprouvait à faire cet aveu, elle serait forcée néanmoins d'en venir là, tôt ou tard.

Quand à Félice, à Giuseppe M..., à Giuseppe G... et à tous les patriotes italiens, ils continuaient à travailler avec courage et persévérance à l'accomplissement de leur œuvre de régénération et, comme nous l'avons vu, la République romaine avait été proclamée et le pouvoir exécutif confié, par l'Assemblée constituante, à des républicains dévoués.

Le pape était toujours réfugié à Gaëte, où l'avaient suivi les cardinaux, membres du sacré collége, et les diplomates étrangers accrédités auprès de son gouvernement, à l'exception de l'Embassadeur des États-Unis, dont le gouvernement s'était empressé de reconnaître la République romaine. Toute la camarilla catholique et royaliste ourdit alors les plus noirs complots contre la République romaine; elle conseilla ouvertement à Pie IX de jeter le masque de faux libéralisme dont il s'était couvert jusqu'alors, et d'entrer franchement dans la voie de la réaction, en sollicitant l'intervention des puissances étrangères pour obtenir d'elles la restauration de son pouvoir et pour se faire ramener dans sa capitale.

Pie IX n'avait pas besoin d'être sollicité beaucoup pour entrer dans cette voie fatale, il n'attendit même pas qu'on ait eu l'air de l'y pousser; il s'empressa de publier une encyclique dans laquelle il demanda pardon à Dieu et aux hommes des concessions, dites libérales, qu'il avait faites au peuple des États-romains, et il adressa en outre une note secrète à toutes les puissances catholiques pour solliciter leur intervention en sa faveur. Trois d'entr'elles répondirent tout d'abord favorablement à cette demande, ce furent l'Autriche, l'Espagne et le royaume des deux Ciciles. Le gouvernement républicain de France s'émut aussi profondément de ces communications, et résoulut de demander un crédit à l'assemblée constituante, afin, disait le rapport, de sauvegarder notre légitime influence en Italie et surtout dans les États du pape. Ce fut l'ancien chef de l'opposition parlementaire pendant de règne de Louis-Philippe qui fut chargé, en sa qualité de président du conseil des ministres, de demander un crédit de 1,200,000 fr., afin d'envoyer un corps d'occupation, à Civita Vecchia, pour sauvegarder l'honneur, les intérêts et l'influence française en Italie. „Nous n'allons pas en Italie, disait Mr. Odilon Barrot pour imposer un gouvernement aux Italiens. La pensée du gouvernement n'est pas de faire concourir la France au renversement de la République romaine,... fille d'une révolution populaire, la République française ne peut sans s'amoindrir coopérer à l'asservissement d'une nationalité indépendante. Il faut agir pour défendre, si non la République romaine, du moins la liberté de l'Italie, que nous seuls pouvons sauver, etc., etc.“

Ces menaces d'intervention étrangère, quel que soit le caractère de bienveillance dont-elles se couvraient, émurent profondément les populations romaines. Le triumvirat envoya alors, outre un embassadeur officiel auprès du gouvernement de la République française, plusieurs agents confidentiels, pris parmi ses amis de la jeune Italie, au nombre desquels se trouvait Félice O..., qui avait été élu membre de la constituante romaine. Lorsque ce dernier arriva à Paris, Mr. Odilon Barrot avait déjà demandé le crédit nécessaire pour envoyer un corps d'observation dans les États-Romains; dès son arrivée il se mit en rapport avec les membres de la Montagne et tous les amis dévoués de la République romaine, et comme tous étaient persuadés que le gouvernement français n'avait nullement l'intention d'attenter à la liberté et à l'indépendance du peuple romain, Félice O.... partagea d'abord l'opinion générale; mais bientôt il reçut une dépêche de son gouvernement lui annonçant que les troupes françaises s'étaient présentées en amies sur le territoire romain, que le général Oudinot, leur commandant en chef, avait fait publier une proclamation, dans laquelle il disait que son gouvernement était animé d'un esprit très-libéral; *qu'il voulait respecter le voeux des populations romaines*, et que ses soldats venaient sur leur territoire amicalement, etc.; qu'à la suite de ces promesses ses troupes avaient été reçues en amies à Civita-Vecchia, mais que dès qu'elles furent débarquées, le général Oudinot jeta aussitôt le masque, mit la ville en état de siége, fit jeter le gouverneur en prison, investir Rome par quatre points à la fois et livrer trois violentes attaques consécutives contre la ville éternelle, qui échouèrent heureusement. Les Français repoussés avec des pertes considérables avaient laissé cinq cents d'entre eux aux mains des défenseurs de Rome, commandés par l'héroïque Garibaldi.

Cette dépêche causa la plus vive émotion et la plus grande indignation, dès qu'elle fut connue par le public. D'énergiques interpellations furent adressées au gouvernement français, les citoyens Ledru-Rollin et jules Favre en furent les interprêtes les plus éloquents. Le dernier demanda pardon à Dieu et à son pays d'avoir défendu et voté le crédit pour l'expédition. Après une discussion des plus orageuse l'Assemblée constituante française déclara, dans un ordre du jour motivé: „qu'elle invitait le gouvernement à prendre, sans délai, les mesures nécessaires pour que l'expédition d'Italie ne soit pas détournée plus longtemps du but qui lui était assigné,“ et M[r.] Odilon Barrot vint de nouveau déclarer à la tribune „que tant qu'il aura dans ses mains une partie du pouvoir, les armes de la France ne serviront pas à restaurer des *abus impossibles*.“ Un nouvel envoyé, M[r.] de Lesseps, fut expédié à Rome pour faire exécuter les volontés de l'Assemblée.

Pendant que ces faits s'accomplissaient à Paris, voici ce qui se passait à Rome. Dès que les patriotes romains apprirent qu'elle était l'attitude hostile de l'armée française débarquée à Civita-Vecchia, ils coururent aux armes. Garibaldi, comme nous l'avons dit repoussa leurs diverses attaques et les refoula jusqu'à Civita-Vecchia, la victoire des défenseurs de la République fut complête et la conduite déloyale d'Oudinot fut châtiée comme elle le méritait.

Après cet échec, le traître Oudinot demanda des renforts à son maître qui lui répondit: „Nos soldats ont été reçus en ennemis, notre honneur militaire est engagé, je ne souffrirai pas qu'il reçoive aucune atteinte, les renforts ne vous manqueront pas.“

Quand les Romains connurent la détermination du général et les encouragements qu'il recevait de son gouvernement, ils résolurent de se défendre à outrance.

Voici la proclamation que les triumvirs firent afficher sur les murs de la capitale:

RÉPUBLIQUE ROMAINE

„Romains!

„Au crime d'attaquer, avec des troupes marchant sous le drapeau républicain, une république amie, le général Oudinot joint l'infamie de la trahison. Il voile la promesse écrite, dont le texte est entre nos mains, de ne pas nous attaquer avant lundi.

„Debout, Romains! aux murailles, aux portes, aux barricades! Prouvez à l'ennemi qu'on ne triomphe pas de Rome, même à l'aide de la trahison.

„Que la ville éternelle se lève toute entière dans l'énergie d'une seule pensée! que chaque homme soit un combattant, ait foi dans la victoire! que chaque homme se souvienne de nos pères et soit grand.

„Victoire au droit et honte éternelle à l'allié de l'Autrichien!

„Vive la République!

„Signé Mazzini, Armellini et Saffi."

Il serait difficile de décrire l'enthousiasme et l'héroïsme qui régnèrent dans Rome à la lecture de cette proclamation et au souvenir de la victoire de la veille.

Hommes, femmes et enfants coururent aux armes et aux barricades, tous les murs d'enceinte de la ville se hérissèrent de nombreux combattants, parmi lesquels se distinguaient les héroïques soldats de Garibaldi qui s'étaient déjà couverts de gloire en battant l'armée des traîtres, qui avait envahi leur pays et qui voulait détruire leur liberté.

Tous les patriotes italiens que nous avons vus au commencement de nos récits travailler dans la *Jeune-Italie* à l'indépendance de leur patrie étaient à leur poste de combat.

Giuseppe Mazzini, ses deux collégues et un grand nombre de représentants du peuple parcouraient les remparts, l'enceinte des fortifications, les bastions et les avant-postes, et encourageaient les défenseurs de la République.

L'intrépide Garibaldi commandait en chef l'armée romaine ; les généraux Médici, Manara, Bixio et Mellara ; les Colonels Pisacane, Pianciani, etc.... étaient chargés de la défense des points les plus importants. Dans les premières attaques le courageux Daveiro et le poète Mancelli furent tués, Manzina et sept autres officiers furent blessés. Torré et Calandrelli, officiers d'artillerie commandaient deux battries. Angelo Brunetti, surnommé Ciceruacchio par le peuple romain et ses deux fils s'illustrèrent aux barricades.

Laviron, le célèbre proscrit français, était à la tête des volontaires républicains ses compatriotes, qui avaient volé au secours de leurs frères de Rome, et arboré, au haut des remparts de la ville éternelle, le drapeau de la République française. Dans cette guerre fratricide il y avait des Français dans les deux camps, les traîtres avaient eu le machiavélique talent de faire combattre des républicains contre des républicains, des frères contre des frères.

Pianori et Pieri, se faisaient aussi remarquer parmi les défenseurs les plus dévoués de la République.

Orsini, qui venait d'arriver de Paris pour défendre sa patrie, commandait sur les remparts et, non loin de lui, l'intrépide Cornélia Marcus excitait les combattants par son enthousiasme, son courage et son héroïsme. La jeune femme avait un charmant costume approprié à la circonstance; une jolie tunique, dont les basques lui descendaient jusqu'au-dessous du genou, dessinait sa taille élégante et bien prise; des larges pantalons à la hussard entouraient de leurs plis gracieux ses cuisses et ses jambes souples et nerveuses; des bottes à revers emprisonnaient ses mollets bien faits; un joli chapeau ciré, surmonté d'une plume d'aigle en forme d'aigrette, était coquettement placé sur sa tête et cachait les épais bandeaux de sa brune chevelure; ses longs sourcils arqués et ses cils épais ombrageaient ses beaux yeux brillants et voloûtés; son front pâle était sombre et rêveur; son nez irréprochable frémissait et ses narines se gouflaient en aspirant les émanations de la poudre, dont l'atmosphère était imprégnée; sa bouche était contractée légèrement, le sourire, banni de ses lèvres, était remplacé par un pli d'une ironie amère; on aurait dit qu'une déception profonde ou qu'une douleur concentrée et aigrie était venue se stéréotyper sur ses lèvres décolorées; tout son visage était d'une grande pâleur et respirait la plus profonde tristesse. En voyant cette jeune femme, on devinait qu'elle avait en elle une blessure incurable, que les douces illusions et la consolante espérance étaient sorties de son âme; on se sentait attiré vers elle comme vers un abîme inconnu par tout l'attrait de l'insondable et du mystérieux. Cornélia était ainsi d'un grand charme et d'une grande beauté, elle portait avec élégance un long sabre recourbé attaché à sa ceinture et maniait avec grâce une belle carabine surmontée d'un sabre poignard en guise de baïonnette. Les défenseurs de Rome pensaient ne pas être attaqués de nouveau par les Français avant le lundi quatre juin au matin ainsi que le général Oudinot en avait pris l'engagement écrit; mais comme on l'a déjà vu, dans l'espoir de surprendre ses adversaires, ce soldat déloyal viola sa promesse écrite tout comme il avait violé sa parole jurée de ne pas attaquer la République romaine; le dimanche, 3 juin, à deux heures et demie du matin, il fit avancer ses colonnes contre la ville.

Il attaqua d'abord avec 6,000 hommes la villa Panfili qui n'était défendue que par 2,000 soldats de la République.

Oudinot, comme il l'a déjà fait lors de sa précédente agression, procéda par trahison. Il s'approcha en ami des avant-postes, et parvint ainsi à surprendre 200 soldats isolés à qui il avait persuadé qu'il venait en frère pour le aider à combattre les Napolitains et les Autrichiens; puis, quand il eut entouré les trop confiants républicains il les fit prisonniers, les désarma et les envoya à Bastia, en Corse. Cependant le même stratagème ne lui réussit pas longtemps et, quoiqu'il s'avança en faisant porter devant sa colonne un drapeau blanc en signe d'amitié et en cachant soigneusement ses canons au milieu des ses soldats, les défenseurs de la villa Panfili ne furent pas dupes de ce stratagème, ils devinèrent une nouvelle trahison dans ces simulacres d'amitié et accueillirent les soldats du traître Oudinot à coups de canons; le combat s'engagea alors acharné et terrible. Les Romains se défendirent avec un héroïsme extraordinaire; la villa Panfili fut prise et reprise quatre fois, et elle ne resta au pouvoir d'Oudinot qu'après qu'il eut éprouvé des pertes considérables et encore il ne dut son succès définitif qu'à sa supériorité numérique.

Dès qu'il eut assuré ses positions et établi sa base d'opération, à la villa Panfili, le commandant français fit attaquer Rome de tous les côtés à la fois. A la porte Saint Pancrace les canons de Garibaldi foudroyèrent les Français; ceux du fort Saint-Ange leur firent aussi un mal considérable en défendant vigoureusement cette porte et celle de Cavallégiéri; Laviron fit des prodiges de valeur; les villas Saint Pancrace, Corsini, Valentini, etc...., retranchées d'une manière formidable,. opposèrent une résistance invincible aux attaques vigoureuses dont elles furent l'objet et aux nombreux assauts qui leur furent donnés. Partout les assaillants rencontrèrent la résistance la plus héroïque, après 18 heures d'un combat acharné et des plus meurtrier, les Français eurent 5,000 hommes hors de combat et ne gagnèrent pas un pouce de terrain; les défenseurs de la République éprouvèrent aussi des pertes considérables Massara perdit 200 de ses braves sur 700, parmi lesquels 12 officiers, tous sont tombés en criant: Vive la République! Le courageux Manzina, commandant de la cavalerie garibaldienne fut tué. Durant ce combat opiniâtre Garibaldi fit quatre heureuses sorties pendant lesquelles il captura de nombreux prisonniers.

Le seul avantage que remportèrent les assaillants pendant cette journée de lutte acharnée, fut l'occupations de Ponte-Molle que le général Barteluici était chargé de défendre, et qu'il abandonna à la suite d'un faux ordre qu'il avait reçu.

VI.
La trahison.

La comtesse Maria de S.... n'était restée que très peu de temps à Gaëte, son parent et ancien collégue de la *Jeune-Italie*, le prince Louis, l'avait rappelée auprès de lui pour la charger d'une mission confidentielle pour le général Oudinot et du rôle d'agent secret auprès des patriotes romains. Cette dame se rendit de nouveau dans la ville éternelle pour remplir cette double mission honteuse, en ayant soin de tenir secret ses voyages à Gaëte et à Paris, et surtout les deux emplois deshonorants qu'elle remplissait. Elle se justifia de son absence de Rome, auprès de ses amis politiques, en leur disant qu'elle était allée dans les principales villes de l'Italie pour étudier l'esprit des populations et préparer une insurrection générale en faveur de l'indépendance et de la liberté de la péninsule.

Il y avait alors, parmi les aides-de-camp de Garibaldi, un jeune officier nommé Ludovico qui était épris depuis longtemps déjà d'une folle passion pour Maria de S.... Ce jeune Romain avait rencontré la belle intrigante dans la société des membres les plus influents de la *Jeune-Italie* et il avait cru naturellement à son patriotisme et à son dévouement à la cause de l'indépendance et de la liberté. Il avait exprimé déjà plusieurs fois ses tendres sentiments à l'objet de sa flamme; la belle coquette les avait accueillis avec une adresse séduisante qui laissait tout espérer sans rien accorder.

— Je suis très-sensible à l'affection profonde que vous me témoignez, lui disait-elle, mais permettez-moi d'en faire d'abord l'expérience et de la mettre à l'épreuve, et plus tard je verrai ce que je puis croire de vos beaux serments, et ce que je dois accorder à votre amour.

Le jeune galant avait protesté de son dévouement à toute épreuve et de sa constance, et il avait promis à son adorée de lui en donner tels témoignages qu'elle désirerait si elle voulait bien tenter l'expérience. Cette proposition avait été acceptée déjà depuis longtemps, lorsqu'un beau matin, le deux juin 1849, Ludovico à sa grande surprise reçut un petit billet parfumé sur lequel il lut: — si vous m'aimez toujours soyez ce soir à 9 heures sur le Corso; j'ai une bonne nouvelle à vous apprendre. Signé Maria de S....

La lecture de ce billet mystérieux causa tout d'abord une grande surprise à Foletti, il y avait longtemps qu'il n'avait reçu des nouvelles de Madame de S..., qu'il savait absente de Rome, et il était fort étonné de son brusque retour et surtout du rendez-vous inespéré qu'elle lui donnait, et ce fut avec la plus grande impatience qu'il attendit l'instant fortuné qui devait le mettre en présence de celle qu'il aimait.

A huit heures et demie, il se promenait déjà au lieu indiqué, bientôt une voiture sans armoiries et soigneusement fermée s'arrêta en face de lui, le cocher descendit, et l'invita à monter dans l'intérieur du véhicule en lui disant qu'une jeune dame désirait lui parler. On comprend que le galant militaire ne se fit pas répéter cette agréable invitation. Dès que le cocher lui eut ouvert la portière, il entra dans la voiture, au fond de laquelle il aperçut une femme soigneusement enveloppée dans une mante de dentelle, dont le capuchon lui voilait en partie les traits; lorsqu'il eut salué la mystérieuse personne auprès de laquelle il se trouvait, cette dernière lui fit signe de s'asseoir vis-à-vis d'elle et lui dit:

— C'est bien aimable à vous, Monsieur Ludovico, d'avoir été exact au rendez-vous que je vous ai donné, et je suis bien heureuse de voir que vous ne m'avez pas oubliée.

— Comment vous oublierai-je, Madame, ne savez-vous pas combien je vous aime, répondit le jeune amoureux, et il faudrait être bien peu galant pour ne pas venir avec empressement auprès d'une aussi charmante personne que vous, et, prenant une des mains de la belle Madame de S..., car c'était-elle qui était dans la voiture, il déposa dessus un brûlant baiser.

— Voyons, mon trop aimable Monsieur Ludovico, ne vous enflammez pas aussi facilement, car j'ai à vous parler sérieusement et de sujets des plus intéressants.

— Que voulez-vous qui m'intéresse plus que mon amour pour vous, quoi de plus sérieux, que les sentiments que vous inspirez?

— Je veux bien croire à la sincérité de l'affection que vous dites avoir pour moi, monsieur, mais oubliez-vous que, dans les circonstances graves où nous nous trouvons, il est un intérêt beaucoup plus important que nos sentiments tout personnels, je veux parler de l'avenir de notre chère patrie, et du salut de la République.

— Vous avez raison, Madame, pardonnez-moi l'excès de mon amour, qui dans ce moment-ci, près de vous, me fait oublier la cause juste pour laquelle je combats; mais heureusement que, plus dévouée, plus zèlée que moi et vous voulez bien me rappeler les exigences de la situation grave dans laquelle nous nous trouvons.

— Eh bien, monsieur, c'est précisément pour améliorer cette situation, si c'est possible, que je vous ai fait venir ici, et j'espère que vous m'accorderez le service que j'attends de vous.

— Vous pouvez en être persuadée à l'avance, Madame, vous savez que je n'ai rien à vous refuser, surtout s'il s'agit de l'intérêt de notre cause.

— Je l'espère Ludovico, mais comme, dans la circonstance dont il s'agit, je ne puis vous confier toute ma pensée, comme je suis obligée de faire appel à votre confiance en moi, afin de vous demander, dans l'intérêt de la République, bien entendu, de me remettre une pièce importante dont j'ai besoin, je ne suis pas certaine si vous aurez assez de foi en mon honneur pour m'accorder ce que je veux vous demander sans connaître l'emploi spécial que je veux en faire; en disant ces mots la jeune femme lança à Ludovico, un long regard de doute et d'incertitude en voilant modestement ses beaux yeux sous ses longs cils.

Une teinte de tristesse et de mélancolie s'était répandue sur son joli visage et donnait un grand charme à sa beauté.

Ludovico la contemplait avec une muette extase.

— Oh! parlez, Madame, lui dit-il, quoique vous

me demandiez, je suis prêt à vous l'accorder, ne savez-vous pas que je vous aime?

— Eh bien, mon ami, j'ai confiance dans votre promesse, je vais donc m'ouvrir à vous; vous savez que, demain ou après demain, le général Oudinot doit attaquer Rome; or, je connais un moyen certain de déjouer ses projets et de faire échouer son attaque; mais, pour cela, il me faudrait un blanc-seing de Garibaldi, à l'aide duquel je ferais un ordre stratégique faux que j'aurais le soin de faire parvenir au général Oudinot, au moyen d'un de ses espions que je connais et qui m'est tout dévoué, de cette façon j'entrainerais notre ennemi dans un piège et à des fausses manœuvres et je vous fournirai le moyen de le battre.

— C'est avec beaucoup de rerget, Madame, que je me vois forcé de vous refuser ce que vous me demandez, mais il m'est de toute impossibilité de vous procurer le blanc seing que vous désirez, car je n'en ai pas et si j'en réclamais un à mon général il est certain qu'il me le refuserait.

— Mais vous avez au moins un ordre quelconque, un autographe signé de Garibaldi si vous vouliez me le confier, vous rendriez un grand service à notre cause, et vous me donneriez une preuve éclatante de votre affection et de votre dévouement pour moi.

Ludovico prit alors son portefeuille et en tira

un pli non cacheté, qu'il montra à la jeune femme.

— Voici, lui dit-il, la seule pièce que je possède, signée de mon général, c'est un ordre qu'il m'avait chargé, il y a quelques jours, de porter au général Barteluici campé sur le Ponte-Molle, afin de le faire rentrer dans la ville, pour lui donner un autre poste; mais, comme depuis Garibaldi a changé d'avis, cet ordre n'a pas été remis à son destinataire et il m'est resté entre les mains. Néanmoins je n'oserai pas m'en dessaisir, car on peut me le réclamer d'un instant à l'autre.

Je crois que vous pouvez être parfaitement rassuré à cet égard car, à supposer que l'on vous réclamât ce papier, vous pourriez parfaitement répondre que vous l'avez perdu, égaré ou déchiré; mais, du reste, Garibaldi ne songera jamais à vous demander un ordre désormais inutile.

— Cela peut-être vrai, mais ne comprenez-vous pas, madame, qu'en vous remettant cet ordre j'abuse de la confiance que mon général a eue en moi, et que je commets un acte d'indélicatesse?

— Vous exagérez, mon cher Ludovico, dit Maria de S..., avec un gracieux sourire et en posant sa petite main gantée sur les genoux du jeune officier qui tressaillit, quel mal y a-t-il à me confier un ordre qui n'est plus d'aucune utilité, un chiffon de papier qui n'est plus bon à rien, et surtout quand c'est, comme je vous l'ai dit, dans l'intérêt de notre cause et pour servir notre chère République, que je vous le demande? Mon cher ami, vous n'avez donc aucune confiance en moi, vous ne m'aimez donc pas? et, fixant ses beaux yeux sur ceux de Ludovico, la sirène avança sa main jusqu'au papier que le jeune militaire tenait toujours dans la sienne; cédez moi ce chiffon, mon ami, et je croirai que vous m'aimez. Le faible Ludovico, éperdu d'amour pour cette belle jeune femme, qui était là, suppliante et séduisante devant lui, n'eut pas la force de refuser; il ouvrit ses doigts céda l'ordre tant convoité en disant: et vous Maria ne m'accorderez vous rien?

Oh si! dit la jeune femme, je ne serais pas ingrate envers vous, car, moi aussi je vous aime, Ludovico, et ce que je viens de faire était une épreuve; je voulais savoir jusqu'où allait votre amour et votre dévouement pour moi, car que voulez-vous que je fasse de ce chiffon de papier, et, en disant ces mots, elle froissa négligemment ce dernier.

Ludovico, en entendant parler ainsi celle qu'il aimait; devint fou d'amour et de bonheur, il ne songea plus à la pièce qu'il venait de céder, et il pressa tendrement sa charmante compagne dans ses bras en la couvrant de baisers.

— Comment, Maria, vous m'aimiez aussi et vous

ne me le disiez pas, et vous me laissiez languir et souffrir loin de vous. Oh! que c'était mal!

— C'est cela, plaignez-vous, ingrat, dit-elle, en se défendant faiblement contre les étreintes passionnées de son cavalier. Ce dernier, devenant de plus en plus entreprenant, fut bientôt le plus heureux des mortels. Lorsque la voiture arriva devant l'hôtel du Casino, Ludovico donna un tendre baiser d'adieu à la belle en lui disant:

— Quand te reverrai-je, mon ange?

— Bientôt, mon bien-aimé, répondit l'astucieuse Maria, en pressant de ses lèvres roses celles de son amant, je te donnerai le plus tôt possible un rendez-vous.

En disant ces mots, la coquette et adroite Maria se dégagea prestement des bras de Ludovico; elle descendit lestement de la voiture et rentra dans son hôtel, ayant eu le soin d'emporter avec elle le précieux ordre signé de Garibaldi.

Lorsqu'elle fut seule dans sa chambre, Maria de S... ouvrit un coffret en ébène contenant plusieurs flaçons, déboucha l'un d'eux, trempa dedans un pinceau, puis elle passa plusieurs fois ce dernier. humide d'une blanche liqueur* dégageant une forte odeur de chlore, sur l'ordre de Garibaldi, en ayant

* Cette liqueur était du sel d'oseille dissout dans de l'eau, (acide oxalique).

bien soin de ménager la signature de ce dernier qu'elle n'humecta pas. Chaque fois que sa main experte frottait le pinceau sur l'écriture, celle-ci disparaissait à vue d'œil, et le papier, après avoir été ainsi mouillé trois ou quatre fois, ne conserva plus qu'un léger trait jaune indiquant la trace des lettres. Maria de S.... trempa alors son pinceau dans un second flacon plein d'une liqueur blanche et épaisse, semblable à de la crême*, et elle en appliqua aussi une couche sur les lettres presque entièrement effacées au bout de quelques secondes, la trace jaune, qui restait encore, disparut à son tour. Elle lava alors très-proprement le papier qu'elle venait de soumettre à cette opération chimique, et sur lequel toute trace d'écriture avait disparue, à l'exception de la signature et du sceau de Garibaldi, qui s'étalaient au bas de la page blanche. Quand cette dernière fut un peu moins humide, Marie de S.... passa dessus une légère couche de colle de poisson et, quelques heures après, lorsque la page fut entièrement séchée, elle écrivit au-dessus de la signature de Garibaldi :

Au général Barteluici,

„Général, abandonnez votre position de *Ponte-Molle* sans rompre le pont, et repliez-vous dans

---

* C'était du chlorure de chaux.

l'intérieur de la ville, je vous transmettrai des ordres ultérieurs.

„Rome, le 3 juin 1849.“

Le lendemain matin de bonne heure, une estaffette porta cet ordre au général Barteluici, et ce dernier l'exécuta immédiatement en abandonnant la position qu'il était chargé de défendre.

Les Français trouvant le *Ponte-Molle* inoccupé le traversèrent et vinrent s'établir sur le Pincio, d'où il leur fut facile de canonner la ville et d'ouvrir une brêche.

La perte de cette position était pour les Romains un grand malheur, et son occupation par les Français un succès important, le seul qu'ils eussent optenu, et à l'aide de la trahison, après 18 heures du combat le plus opiniâtre et le plus meurtier.

Le soir, quand la nuit fut venue mettre un terme aux massacres et une trêve à la fureur des combattants, Garibaldi, entouré de quelques uns de ses officiers d'état major et de ses aides-de-camp, se promenait, sombre et soucieux, en écoutant les rapports des combats de la journée. Quand le général Barteluici vint à son tour pour lui rendre compte de la mission qui lui avait été confiée, la belle figure franche et ouverte de Garibaldi, prit une expression de profonde sévérité.

— Général, dit-il au nouveau venu, je vous retire votre commandement, et vous allez-vous rendre aux arrêts forcés jusqu'à la fin de la lutte. Vous passerez alors devant un conseil de guerre pour rendre compte de votre conduite, car vous avez lâchement abandonné le poste que je vous avais confié.

— Comment, général, vous m'accusez d'avoir abandonné mon poste, quand c'est sur votre ordre formel que je me suis retiré de Ponte-Molle.

— Général, pas de fausses défaites, je vous avais confié la garde de Ponte-Molle, en vous recommandant expressément de détruire le pont si vous étiez forcé de l'abandonner et, au lieu d'exécuter mes ordres, vous avez quitté votre poste devant l'ennemi, sans raison, sans prétexte, sans la moindre résistance et sans détruire le pont, répondit Garibaldi.

— Il est vrai, général, que vous m'aviez d'abord donné l'ordre dont vous parlez ; mais depuis vous m'en avez envoyé un second, dans lequel vous me dites de quitter ma position et de ne pas détruire le pont ; cet ordre écrit, je l'ai, le voici, ajouta Barteluici, en remettant un papier à Garibaldi. Ce dernier lut alors l'ordre écrit que Maria de S.... avait falsifié et qu'elle avait envoyé au commandant de Ponte-Molle.

A la vue de cette pièce, au bas de laquelle était sa signature et son sceau, Garibaldi pâlit et s'écria :

— Quel est le misérable qui a abusé de ma confiance et qui a fabriqué cette pièce fausse, car cet ordre est faux? la signature est bien de moi, mais l'écriture qui la précède n'est pas la mienne, on s'est sans doute servi d'un de mes ordres, on en a effacé le contenu pour le remplacer par l'ordre perfide d'évaquer Ponte-Molle; ce ne peut-être qu'un de mes aides-de-camp qui a commis cette infamie et, si ce misérable ne se nomme pas lui-même, je saurai bien le découvrir; quelqu'il soit, malheur à lui! Cette scène se passait, comme nous venons de le dire, devant les officiers d'état-major et les aides-de-camp de Garibaldi, qui tous se regardaient interdits en présence de l'accusation qui pesait collectivement sur eux; plusieurs faisaient entendre des murmures et des protestations, lorsque Ludovico s'avança tout à coup, plus pâle qu'un mort, auprès de Garibaldi, en disant:

— Général, n'accusez personne que moi du mal qui vient d'être fait, car c'est moi qui ai eu l'imprudence de confier un de vos ordres, non pas à un de nos ennemis et pour en faire l'usage perfide que vous connaissez, mais à une femme, qui se dit des nôtres, à une de nos amies à tous, à Maria de S..., qui m'avait prié de lui remettre cette pièce dans l'intérêt de notre cause, à ce qu'elle m'affirmait, et pour en faire un usage qui devait nous être des plus profitable. Comme cet ordre avait été contremandé, et qu'il n'avait plus aucune valeur, j'ai eu la faiblesse de condescendre au désir de cette dame, que je croyais nous être toute dévouée, maintenant je comprends de quelle infâme machination j'ai été la victime, je n'entends pas excuser ma faute, dont j'apprécie toute la gravité et toute la culpabilité; j'ai seulement voulu dénoncer la perfide, l'infâme, qui a abusé de ma confiance et de ma faiblesse, afin qu'elle ne puisse plus faire ni de nouvelles dupes, ni de nouvelles victimes et accomplir d'autres trahisons; maintenant, je vais me punir de mon crime auquel je ne veux pas survivre. En disant ces derniers mots, et avant qu'on ait eu le temps de lui en empêcher, le malheureux jeune homme se fit sauter la cervelle d'un coup de pistolet; les éclats du crane et le sang de l'infortuné Ludovico maculèrent plusieurs des assistants, qui reculèrent effrayés devant cet acte de désespoir. Garibaldi contempla, de son air triste et doux, ce jeune officier, qui venait de se faire justice aussi sévèrement et de se punir de mort pour une imprudence et un acte de faiblesse.

— Qu'on enlève le cadavre de ce malheureux, dit-il, et que sa triste fin serve d'exemple à tous ceux qui, comme lui, pourraient commettre une faute par légèreté, excès de confiance ou par inexpérience; qu'on envoie desuite à la police l'ordre d'arrêter Maria de S...., qui joue ici le rôle d'espionne, et qui fomente la trahison. J'aurai dû m'en douter, car elle appartient à cette famille corse, qui a déjà coûté tant de larmes et de sang à l'Italie et qui cause aujourd'hui tous nos malheurs.

— Patience, dit à son tour Félice O..., l'attaque indigne, qui s'accomplit contre nous aujourd'hui, ne restera pas sans châtiment, et si nous succombons sous le nombre et sous la force, nous saurons du moins nous venger.

— Nous le jurons, répondirent tous les militaires présents.

— En attendant, ajouta Garibaldi, combattons pour la défense de la République, suivez-moi mes amis, allons faire une nouvelle sortie à la faveur de la nuit et déloger l'ennemi qui s'est établi sur le Pincio.

Tous les Garibaldiens suivirent leur chef et, bientôt après, on entendit, dans le silence et l'obscurité, une vive fusillade dans la direction de Ponte-Molle, c'étaient les républicains romains qui attaquaient les envahisseurs de leur pays; quand les premiers rentrèrent dans Rome ils amenèrent avec eux plusieurs centaines de prisonniers français.

Ces combats, cette résistance héroïque et ces attaques acharnées durèrent plus d'un mois; Oudinot demanda et attendit de nouveaux renforts et des pièces de siège pour ouvrir la brêche et donner l'assaut, et ce ne fut que quand il les eut reçus qu'il se décida à tenter ce dernier.

VII.

Serment de vengeance.

Le drapeau de la République romaine, si glorieusement défendu par le peuple tout entier, est tombé dans le sang des martyrs; celui des traîtres et des parjures, vainqueurs grâce à la force, au nombre et à la trahison, l'a remplacé sur les remparts de la ville éternelle et flotte au Capitole.

Tous les héroïques défenseurs de la République, les compagnons de Garibaldi, les combattants des barricades, les volontaires de toute l'Italie; les républicains français, qui étaient allés à Rome combattre pour la liberté et défendre leurs frères de la ville éternelle; les représentants du peuple, qui étaient restés inébranlables à leur poste ou derrière les barricades; les magistrats républicains, les triumvirs, et jusqu'aux femmes héroïques et aux enfants courageux, qui s'étaient battus pour la République, avaient quitté la ville et fuyaient dans la campagne, cherchant un refuge et un asile contre les oppresseurs de leur patrie, les destructeurs de leurs libertés, les violateurs de toutes les lois et de tous les droits, qui s'étaient emparés de leur cité héroïque, sur les cadavres et dans le sang de leurs concitoyens.

La ville entière, était plongée dans la colère, la terreur et le désespoir; toutes les maisons étaient fermées et toutes les portes étaient closes; les visages étaient sombres et les poings crispés, c'était la rage dans le cœur et la haine dans les yeux, en chargeant leurs armes et en aigitant leurs poignards dans l'ombre, que les Romains regardaient les envahisseurs de la République.

Il est minuit, au milieu de la campagne romaine, campe une troupe nombreuse de soldats et de citoyens, ce sont les défenseurs de la ville éternelle, qui ont battu en retraite, devant les soldats du despotisme, vainqueurs du droit et de la justice; après avoir défendu leur chère République de rempart en rempart, de bastion en bastion, de barricade en barricade, de rue en rue, de maison en maison et après avoir, brûlé leur dernière cartouche, tous les membres de la Jeune-Italie, à l'exception du prince Louis et du commandeur R...., dont nous avons parlé dans le premier chapitre de cette histoire, et beaucoup d'autres encore, étaient parmi les républicains fugitifs: Giuseppe M.... Félice O...., Pieri, Pianori, Galetti, Ciceruacchio,

Torré, Calandrelli, Pisacane, Zambianchi, etc., etc., formaient le cortège de l'héroïque Garibaldi et de sa courageuse et intrépide femme, Anita la brésilienne, qui n'avait pas voulu le quitter, et à côté de laquelle on voyait la belle Cornélia, toujours pâle et triste.

Tous ces proscrits étaient réunis dans la salle basse d'une ferme isolée, c'était Giuseppe M...., l'illustre triumvir, qui les présidait; ce célébre tribun et le héros populaire Garibaldi étaient encore plus grands après leur défaite qu'avant, et c'était avec un stoïcisme antique qu'ils supportaient la mauvaise fortune.

Mes frères, disait Giuseppe M...., les traîtres et les parjures sont parvenus à nous battre, grâce au nombre considérable de leurs soldats et à leurs moyens formidables de destruction, mais le droit est demeuré debout avec nous, le glorieux drapeau de la République, à l'ombre duquel nous avons combattu avec courage, est resté pur et sans tache; partout où il flottera le peuple de l'Italie le saluera toujours avec respect et admiration; tous les hommes de cœur, tous ceux dignes de ce nom l'acclameront comme un emblême de liberté et de rénovation sociale; l'idée qu'il représente est immortelle; quand on la persécute elle grandit et s'incruste plus profondément dans les âmes, quand on frappe ses défenseurs on en fait des martyrs.

La République a incarné en elle la grande notion de justice innée dans le cœur de l'homme, les principes immortels de *liberté, d'égalité et de fraternité*, qui triompheront certainement et qui deviendront la base de notre ordre social; aussi, quoiqu'il puisse nous arriver, quel que soit le sort qui nous est réservé, ayons foi en la grandeur et en la justice de notre cause, ne nous décourageons jamais, supportons avec la même fermeté, la même sérénité, la bonne comme la mauvaise fortune; car, quand on combat pour une cause juste, on ne doit jamais douter un instant de son succès dans l'avenir.

Nous devons donc continuer notre œuvre avec la même persévérance sans cesser un seul instant de travailler pour elle, chacun de nous doit donc poursuivre sa tâche dans la mesure de ses forces; que ceux qui sont soldats continuent de combattre avec les armes, qu'ils aillent rejoindre nos frères de Venise, pour défendre encore la République, triompher ou succomber avec elle; que ceux qui sont tribuns, écrivains, journalistes, historiens combattent avec la plume ou la parole pour la République, et que tous concourent à son triomphe. Quand Giuseppe M.... eut fini de parler, le chef des défenseurs de Rome se leva et dit:

— Mes chers amis, j'approuve tout ce que vient de dire notre respectable triumvir, comme lui je suis d'avis que nous devons lutter jusqu'à la dernière heure, verser jusqu'à la dernière goutte de notre sang pour la République. Or, comme son drapeau flotte encore à Venise, je suis résolu de traverser l'armée autrichienne, qui occupe les Marches et l'Ombrie, et l'armée française, afin d'aller rejoindre les défenseurs de Venise avec tous ceux de mes compagnons qui voudront bien me suivre et se frayer avec moi un chemin à traver les rangs ennemis. A ces mots un grand nombre de ses courageux compagnons s'écrièrent :

— Nous irons tous avec vous, général, nous vous accompagnerons partout.

— Oui, citoyen, nous irons avec vous combattre aux côtés des héroïques défenseurs de Venise, dit Félice O...., mais ne serait-il pas aussi nécessaire de punir et de faire justice des traîtres qui, au mépris de leurs serments, ont trahi et combattu la cause sacrée de la République à laquelle ils avaient juré fidélité avec nous ; avez-vous oublié quel est le châtiment que nos réglements infligent aux parjures ? Mes frères, que méritent les traîtres, répondez ?

— La mort, dirent tous les assistants d'une voix sourde.

— Eh bien, vous n'avez pas plus que moi oublié ceux qui autrefois étaient avec nous, ceux qui ont juré dans les mains de notre président fidélité et dévouement à nos principes, et qui non-seulement nous ont abandonnés, mais qui encore comabttent ouvertement notre cause et qui ont poussé l'infamie jusqu'à employer contre nous la puissance que nous leur avons aidé à acquérir. Ces traîtres, ces parjures, ces parricides, qui percent sans pitié le sein de leur mère, vous les connaissez aussi bien que moi, puisque tous vous avez été témoins de leurs serments ; je demande donc qu'ils soient condamnés et flétris comme traîtres et infâmes et que trois d'entre nous soient désignés par le sort pour exécuter la sentence capitale qui sera prononcée contre eux.

A cette proposition, le président se leva et dit :

— Mes frères : Vous venez d'entendre la motion qui a été faite par le citoyen Félice O...., je vais la mettre aux voix sans désigner par leurs noms propres ceux qui sont accusés et que vous connaissez tous aussi bien que moi ; que ceux qui sont d'avis que les membres de la *Jeune-Italie* qui ont forfait à leurs serments, en attaquant et en détruisant la République romaine, sont des traîtres, des parjures et des parricides, et méritent la mort, lèvent la main.

Tous les assistants firent le signe indiqué.

En conséquence de la réponse affirmative et unanime que vous venez de faire, je déclare les accusés coupables des crimes de trahison, de parjure et de parricide ; je les condamne à mort, je les mets hors la loi, hors l'humanité, et je d'éclare que chacun de vous et tous les citoyens ont le droit et le devoir de les poursuivre, de leur courir sus et de les mettre à mort par tous les moyens; en agissant ainsi ils feront bonne justice et un acte méritoire, qui leur vaudra l'estime et le respect de leurs concitoyens et la reconnaissance de la postérité. Et, afin que la sentence de mort qui vient d'être prononcée soit sûrement exécutée, nous allons tirer au sort pour savoir quels sont les trois d'entre nous qui seront chargés de tuer les traîtres parjures et parricides.

Le président mit alors dans une urne tous les noms des membres de la *Jeune-Italie* présents, et, après avoir bien mêlé les bulletins sur lesquels ils étaient écrits, il en fit tirer trois au sort par trois membres différents. Les bulletins qui sortirent furent conservés cachetés et placés dans une eveloppe fermée, avec cinq cachets de cire dont une empreinte fut remise à chaque membre de la société; après quoi le cachet qui avait servi à les faire fut brisé devant tous les assistants. Le président conserva par devers lui l'enveloppe cachetée dans laquelle étaient enfermés les trois bulletins sur lesquels étaient écrits les noms de ceux qui étaient chargés de tuer les tyrans et les traîtres, il ne devait l'ouvrir que lorsque la société aurait décidé que le moment d'agir était venu.

Maintenant, mes frères, ajouta Giuseppe M..., jurons tous si le sort nous a désignés d'exécuter fidèlement la sentence qui nous sera communiquée. Tous les républicains étendirent la main et dirent:

— Nous le jurons!

— Jurons tous dans le cas où ceux d'entre nous qui seront chargés de tuer les traîtres et les tyrans n'accompliraient par leur tâche de les punir de mort.

— Nous le jurons!

— Engageons-nous aussi à subir tous la même peine et à être exécutés par nos frères des autres ventes dans le cas où, en manquant à nos serments, nous serions lâches et parjures.

— Nous le jurons!

— Jurons encore de venger nos frères dans le cas où ils succomberaient dans l'accomplissement de leur tâche, et de conserver le plus profond secret sur tout ce qui a été dit, vu et fait dans cette séance.

— Nous le jurons!

— Jurons haine éternelle et mort à tous les tyrans.

— Nous le jurons; mort aux tyrans! mort aux tyrans!! mort aux tyrans!!!

— Maintenant mes frères n'oubliez pas vos serments et souvenez-vous que la tyrannie est impossible si nous les tenons, car il suffit du plus faible d'entre nous pour tuer un tyran. Nous allons nous remettre en route pour Venise, afin de combattre par l'épée, tant qu'il nous restera une épée et, si on brise cette dernière, nous ferons des poignards avec les tronçons et alors: mort aux tyrans!

— Oui, mort aux tyrans! dirent tous les membres.

— Tous cachés dans l'ombre nous irons attendre les oppresseurs et nous leur plongerons nos poignards dans le cœur en leur disant notre devise immortelle:

„Ainsi toujours pour les tyrans!"

Car, nous le jurons tous, nous préférons mourir que de vivre esclaves.

— Nous le jurons!

— Notre chère République, qu'on a détruite par la trahison et par la force, nous jurons de la rétablir sur les cadavres de nos ennemis ou de descendre dans la tombe.

— Nous le jurons!

— C'est bien, mes frères, restez tous animés de ces sentiments virils et vous serez bientôt libres, et que dans l'avenir notre cri de ralliement soit: „La liberté, Rome ou la mort!"

— Je jure, si je ne succombe pas dans la lutte que je vais engager, dit Garibaldi, quand l'heure sera venue, d'appeler toute l'Italie aux armes et de marcher sur Rome, à la tête des volontaires républicains aux cris de : Rome ou la mort !

— Nous le jurons tous, dirent les proscrits.

— Et maintenant que la liberté nous protège, dit Giuseppe M....

— Et en route, ajouta Garibaldi.

Et tous les républicains proscrits, ainsi que la femme de Garibaldi, l'héroïque Anita la brésilienne, et Cornélia Marcus prirent leurs armes et se dirigèrent vers Venise, à travers les armées française, autrichienne et napolitaine.

VIII.

Le conciliabule.

Le premier décembre 1851, à dix heures du soir, il y avait bal à l'Élysée, les salons étaient brillamment illuminés, des milliers de bougies et de becs de gaz brillaient du plus vif éclat et se reflétaient en gerbes de feux dans les glaces et les dorures, c'était un ruissellement de lumières, un scintillement éblouissant; de riches tentures de velours soie brochées d'or garnissaient les appartements, des guirlandes de fleurs artificielles étaient suspendues au plafond et ornaient toutes les salles, des vases précieux pleins de fleurs de serres chaudes s'étalaient sur les consoles, l'orchestre faisait entendre ses mélodies séduisantes, les danses gracieuses et les valses vertigineuses entrainaient les invités dans les cadenses variées de leurs tourbillons voluptueux; des essaims de jeunes femmes adorables apparaissaient et disparaissaient, comme de féeriques visions, dans les ondulations les plus molles et les tourbillonnements les plus entraînants toutes ces belles personnes, aux tailles fines et souples, enlacées par les bras de leurs cavaliers, avaient les seins palpitants, les gorges rebondies, les épaules de satin et d'albâtre, les joues roses, les lèvres pourpres, les dents blanches, les sourires enivrants, les yeux brillants, les cheveux soyeux; elles étaient couronnées de fleurs, de perles et de diamants; leur beauté, leurs grâces et leurs séductions allumaient les flammes de l'amour dans les cœurs les plus froids; elles passaient et repassaient rapides, comme des apparitions fantastiques et féeriques, et ondulant, comme une mer de merveilles, devant les yeux éblouis qui ne pouvaient suivre, dans leurs aspects variés et infinis, toutes leurs grâces, toutes leurs beautés et toutes leurs séductions ravissantes.

Parmi ces enivrantes danseuses, il y en avait plusieurs de notre connaissance; la séduisante princesse Quadridoff brillait au milieu d'elles de tout l'éclat de sa jeunesse et de sa beauté; elle avait une robe à double jupe en moire antique bleu de ciel, garnie de bordures en chenille, dont la seconde jupe était coquettement retroussée par une chatelaine de fleurs; sa coiffure vénitienne était surtout d'une grande beauté, elle se composait d'une guirlande de feuillage en velours vert mélangé de petites grappes de sobrier d'or et de glands à calices de même métal, des grappes de corail, semblables à des fruits rouges d'aubépine, se dessinaient sur la neige de son cou, plus gracieux que celui d'un cygne, et trois magnifiques colliers de diamants, mélangés de turcoises et de topazes, scintillaient comme une voie lactée sur sa gorge, à l'échancrure de laquelle une magnifique broche de roses et de rubis rayonnait comme un soleil; cette charmante personne éblouissait sous les feux des lustres et des bougies.

La coquette Marie de S.... n'était ni moins élégante ni moins merveilleuse que la princesse Quadridoff; elle portait, avec une grâce charmante, une robe de satin vert lumière, très décolletée, à peine assujetie à ses deux épaules polies comme deux billes d'ivoire et laissant voir deux charmants émisphères d'albâtre, surmontés d'un bouton de rose qu'entourait une berthe de dentelles blanches, avec rubans et pattes de rubans de satin rose descendant par derrière jusqu'à la taille, et fixée à la ceinture, par un camélia rose, au-dessous d'inimitables épaules à fossette bien dessinée; la jupe de sa robe était garnie de deux volants tuyautés en satin vert, sur le second étaient placés, de distance en distance, de magnifiques camélias roses semblables à celui de la berthe, avec feuillage brillanté de gouttes d'eau en diamants, surmontés d'un volant de dentelles blanches posées en ondulations et garnies d'un ruban de satin rose traversé par des pattes au milieu de chacunes desquelles brillait un nœud de saphirs et de rubis alternés ; une écharpe de dentelles roses entourait vaporeusement la taille délicate de la jeune femme, et ses bras nus s'échappaient gracieusement des bouffes de dentelles et des rubans de ses manches très-courtes en épaulettes, surmontées aussi d'un camélia illustré de pierreries ; de superbes bracelets de saphirs et de rubis ornaient ses poignets délicats, et plusieurs rangs de colliers du même genre entouraient son cou charmant et s'étalaient sur son sein comme dans un écrin de satin, sa chevelure relevée était ornée de fleurs semblables à celles de sa robe et entremêlées de saphirs et de rubis, dont un double chapelet attachait ses cheveux qui retombaient par derrière en deux grappes mouvantes sur son cou.

Miss Howard ne le cédait en rien aux grandes dames dont nous venons de parler par la richesse et l'élégance de sa toilette. Elle était ravissante dans sa robe de taffetas blanc, bordée au bas de la jupe d'une ruche de rubans jaune d'or l'entourant de ses molles ondulations, au-dessus desquelles s'élevaient, placés perpendiculairement des bouillonnés en crêpe jaune, coupés de distance en distance de ruches en rubans, semblables à celles de la bordure, ornées elles-même d'un grand nombre de nœuds au centre de chacuns desquels scintillait un brillant ; une seconde jupe de dentelles noires, garnie de deux magnifiques volants, surmontait la première, cette jupe était relevée de chaque côté, à la hauteur des bouillonnés, par deux larges nœuds de dentelles au centre desquels était placée une agraffe d'émeraudes; le corsage décolleté de la belle Anglaise laissait admirer un sein de neige dont une berthe de dentelles noires faisait ressortir l'éclat; un nœud de rubans jaunes, au centre duquel éblouissait une broche en pierreries, d'une beauté, d'une élégance et d'une richesse sans pareille qui jetait mille reflets brillants sur le satin velouté de la peau; une profusion de colliers précieux, mêlaient leurs anneaux dans un scintillement de diamants, de saphirs, de rubis, de topazes, d'améthystes. On aurait cru en voyant la gracieuse miss aux mille reflets des candélabres et des lustres, que quelque fée comme dans les contes des mille et une nuits et dans les récits fabuleux d'Orient, l'avait elle-même parée.

Mesdames Lebon, de Contades, Ney, Vieyra-Molina, Saint-Arnaud, Magnan, Maupas, etc. etc..., toutes en splendides toilettes, faisaient aussi les délices de cette soirée, leurs maris et leurs amants goûtaient avec elles les plaisirs de la danse. Toutes ces charmantes personnes lorsqu'elles passaient près du prince Louis lui souriaient gracieusement et, comme si elles eussent été convenues d'un mot d'ordre, lui disaient chacune à son tour:

— Eh bien prince, nous attendons toujours le grand jour qui doit vous assurer le pouvoir de tous les autres jours; osez donc faire votre coup d'État, vous n'oserez donc jamais?

— Belles dames, répondit le maître du lieu, calmez votre impatience, ce jour tant désiré viendra peut-être plus tôt que vous ne le supposez.

Beaucoup de ces belles impatientes dissimulaient mal leur incrédulité et haussaient légèrement leurs blanches épaules en signe de doute, l'une d'elles, la femme adultère Lebon, murmurait à l'oreille de son amant de Morny, qui lui faisait des confidences pendant une valse:

— Et surtout, quand le moment d'agir sera veuu pas de demi mesures.“

— Sois sans inquiétudes, chère amie, quand une fois le drame sera commencé, nous étonnerons le monde et nous terroriserons la France par nos rigueurs. Comme Macbeth, nous voulons être rois, et comme nous jouons nos têtes nous voulons gagner la partie à tout prix.

Messieurs Fialin, de Morny, Florissant, Vieyra, et tous les membres des clubs des Culottes de peau et des Çotillons, ainsi qu'un grand nombre d'autres habitués de l'Élysées assistaient à ce bal. On remarquait parmi eux:

L'illustre général Leroy, dit de Saint Arnaud, ministre de la guerre, brillamment costumé et revètu de tous ses ordres et décorations, ce personnage, devenu un des confidents du prince, avait debuté, sous la Restauration, en 1816, dans les gardes-du-corps, mais il en fut bientôt expulsé pour inconduite et immoralité; un biographe raconte qu'étant de garde derrière le trône, un jour de réception, Leroy coupa les glands d'or et les mit dans ses poches. La vie de ce soldat de fortune formerait à elle seule un roman intéressant, nous n'en citerons que les traits principaux, car il serait trop long de suivre cet officier dans toutes les péripéties de sa vie de Bohême. Au sortir de l'armée le jeune Leroy, qui s'était octroyé le nom plus rouflant de Saint-Arnaud, se fit le factotum d'un improvisateur et se mit à débiter des bouts-rimés et des madrigaux au prix modeste de un franc l'exemplaire; mais le commerce des produits des muses n'était pas en hausse et le pauvre Leroy ne faisait pas fortune. Il s'engagea alors en qualité d'acteur dans un théâtre des boulevards et joua la comédie sous le nom de Florival; mais là encore il n'eut pas de succès il fut sifflé et quitta la scène; tombé dans la misère grâce à ses habitudes de dissipation, après avoir déposé au mont-de-piété la plus grande partie de ses effets d'habillement, il en fut réduit à mettre en gage ceux de ses maîtresses, parmi lesquels: „un châle de laine quarré, à palmes; deux chemises de femmes en toile et calicot;“ ainsi que l'atteste une reconnaissance du mont-de-piété, du 7 Janvier 1824, publiée par la *Gazette des Tribunaux*, du 16 octobre 1840, et au bas de laquelle on lisait:

„Bon à dégager. Signé Saint-Arnaud.

La mise en gage des vieilles défroques des dulcinées de notre héros ne le mena pas loin et, comme il était poursuivi par des nombreux et avides créanciers, il prit le parti d'abandonner son ingrate patrie, et s'en fut à Londres avec une de ses belles Hélènes, madame la baronne de Pilay, femme d'un âge déjà respectable, d'une grande expérience et de ressources quand il s'agissait de vivre d'expédients et d'échapper aux griffes de dame justice. Voici en quels termes la *Gazette des Tribunaux* apprécie les qualités précieuses dont la compagne de notre héros était douée: „Personne ne savait comme elle exploiter un grand nom, faire illusion à des fournisseurs par des dehors et l'apparence d'une grande fortune, négocier des effets de commerce sans aucune valeur, et parcourir adroitement le sentier étroit qui cotoie l'improbité, les crimes et les délits prévus par la loi;“ elle frisait alors avec une grande adresse et un rare bonheur la police correctionnelle et la cour d'assises, sans cependant s'asseoir sur leurs bancs. Les deux aventuriers vinrent s'installer à Leicester Square, et se mirent à exploiter les tripots et les maisons mal famées de Régent street et d'Hay-market où ils firent d'abord de bonnes affaires. Mais il arriva un jour que la trop grande dextérité des doigts de la baronne amena des désagréments à notre couple *non moral*, comme disent les Anglais, il dut quitter Londres clandestinement pour échapper au *trade mill* ou à Botany-Bay. Comme souvenir les deux touristes emportèrent les draps de lits de leur chambre garnie.

De retour à Paris, Mr de Saint-Arnaud et Madame la baronne n'eurent pas de chance, cette dernière fut condamnée à plusieurs années de prison pour ses méfaits, et mourut dans la maison centrale de Clermont après une longue captivité ; son associé Leroy fut moins mal heureux qu'elle, il en fut quitte pour deux ans de prison à Sainte-Pélagie, où ses créanciers le firent incarcérer. Ce fut la Révolution de 1830 qui, en ouvrant les portes aux détenus pour dettes, lui rendit la liberté. Le 22 février 1831, le sous-lieutenant Saint-Arnaud rentra avec son grade au 64me régiment d'infanterie, il passa lieutenant par rang d'ancienneté, le neuf décembre suivant, et fut envoyé en Vendée avec son régiment pour combattre l'insurrection légitimiste, fomentée par la duchesse de Berry ; lorsque cette princesse fut arrêtée le lieutenant Saint-Arnaud l'escorta jusqu'à la citadelle de Blaye et devint un de ses geôliers sous les ordres du général Bugeaud.

Il poussa l'abjection et la bassesse jusqu'à espionner la prisonnière et à l'épier par un trou, qu'il avait fait pratiquer en secret au plancher de sa chambre; il assista à la section du cordon ombilical lorsque cette malheureuse accoucha et signa *d'office* l'acte de naissance de l'enfant de la duchesse. Quand cette dernière fut rendue à la liberté, Mr Saint-Arnaud la reconduisit j'usqu'à Palerme, comme l'aurait fait un agent de police, et il ne la quitta que lorsque son rôle d'espion fut terminé. Cette conduite lâche et vile, quand il rentra dans son corps, le fit mettre en quarantaine par ses collégues; ceux-ci refusèrent d'avoir des rapports avec un officier qui s'était deshonoré en remplissant le rôle d'espion et de geôlier. Objet de la répulsion et du mépris général dans son régiment, Saint-Arnaud dut le quitter pour entrer dans la légion étrangère qui s'organisait alors, et il partit bientôt pour l'Afrique où il put s'exercer tout à l'aise à cette guerre de razzias, de vol, de pillage, d'incendie et de guet-apens qu'il devait transplanter en France dix-sept ans plus tard. Comme le général Pélissier, il eut la gloire d'enfumer les Arabes dans les grottes du Dahara; mais, malgré ses cruels exploits, il végéta 4 ans, sans aucun avancement, ce ne fut qu'en 1837, et encore par rang d'ancienneté, qu'il passa capitaine, on le nomma en même temps comptable de sa compagnie; mais il puisa avec un tel sans-gêne dans sa caisse, que lorsque l'inspecteur général Ruillère la vérifia, il y trouva un déficit considérable. Le capitaine prévaricateur allait être traduit devant un conseil deguerre, condamné, deshonoré, dégradé et perdu, lorsque le lieutenant colonel Bedeau, touché du désespoir de son subordonné, parvint à fléchir la juste rigueur de l'inspecteur-général, qui ne fit pas de rapport. Grâce à cette tolérance le capitaine Saint-Arnaud conserva son grade, il ne fut pas même rayé du tableau d'avancement et, quand son tour d'ancienneté arriva, il passa chef-de-bataillon au 18e de ligne, en 1840; puis, grâce à la protection du général Bugeaud, son ancien geôlier en chef, à Blaye, il fut successivement promu aux grades de lieutenant colonel et de colonel; c'est en cette qualité qu'il fut nommé au commandement de la subdivision d'Orléansville, où il put impunément se livrer à son goût prononcé pour les exactions et les rapines; il se créa ainsi une petite liste civile, qui lui permit de mener un train princier dans son pachalik, au grand scandale de ses subordonnés, qui n'ignoraient pas les sources impures où il puisait l'or qu'il dépensait à pleines mains dans l'orgie et la débauche. Il avait alors un train de maison splendide, une table recherchée, un théâtre, où il attirait à grands frais les acteurs et surtout les actrices d'Alger; chevaux, meutes, maîtresses richement pourvues, rien ne manquait à ce petit pacha. Il trouva le moyen, avec dix mille francs d'appointement par an de payer 60 ou 80 mille francs de dettes, de prêter pareille somme aux colons d'Orléansville, tout en dépensant 40 ou 50 mille francs par an, et cela dans trois ans de temps. Les chefs des bureaux arabes avaient, dit-on, le secret de ce résultat extraordinaire. Ce fut peu de temps après que Bou-Maza se constitua volontairement prisonnier entre ses mains, ce hasard inespéré lui valut le grade de maréchal-de-camp, qui lui fut conféré en 1847. Il profita de cette bonne fortune pour retourner à Paris et pour faire un mariage avantageux.

Le 22 février 1848, le général Saint-Arnaud fut chargé de défendre la préfecture de police, mais il le fit mollement et capitula le 24, en sacrifiant lâchement un détachement de gardes municipaux faisant partie de sa brigade, et le lendemain, il offrit ses services au Gouvernement-provisoire, qui eut la faiblesse de les accepter et de le renvoyer en Afrique commander son ancienne subdivision d'Orléansville, où il continua ses déprédations et ses concussions en les dissimulant cependant un peu. Après la funeste expédition de Zaatcha, Saint-Arnaud remplaca Herbillon dans le commandement de la province de Constantine; c'est là que les embaucheurs bonapartistes allèrent le trouver et l'enrôlèrent facilement sous la banière de coup d'État, en lui promettant les étoiles de général de division, le ministère de la guerre et le bâton de maréchal-de-France, sans compter des avantages pécuniaires considérables. Il n'en fallait pas tant pour séduire l'ancien complice de la baronne de Pilay, qui accepta avec empressement les propositions qui lui furent faites. Il fut d'abord nommé commandant en chef d'une nouvelle expédition contre les Kabyles, qu'il conduisit avec une grande incapacité et une déplorable maladresse, mais qui lui valut néanmoins le grade de général de division. C'est revêtu de cette faveur qu'il quitta l'Algérie et vint à Paris pour accomplir l'honorable mission qui lui était réservée.

A son arrivée, on lui donna d'abord le commandement de la 2me division de l'armée de Paris et ensuite le ministère de la guerre; il occupait déjà ce dernier poste lors de la soirée de l'Elysée dont nous racontons les détails à nos lecteurs.

Ce n'était cependant pas sans une certaine appréhension qu'il entra dans la conjuration bonapartiste, il hésita pendant plusieurs mois avant de vouloir tenter l'aventure. Un incident nouveau vint tout à coup faire cesser ses hésitations et le pousser en avant dans la tentative criminelle qu'il préméditait depuis longtemps. Il fut informé, à la fin d'octobre 1851, qu'un conseiller à la cour d'appel d'Alger faisait une enquête à Orléansville sur certains désordres signalés dans son administration, et que ce magistrat avait fait des découvertes qui le compromettaient de la manière la plus grave.

L'affaire s'ébruita bientôt; l'Atlas et le National en parlèrent. Il était désormais impossible d'empêcher la justice de suivre son cours. Le gouverneur écrivit sans retard au ministre et tout ce qu'on put faire, ce fut d'interrompre momentanément l'enquête, sous un prétexte futile, mais elle devait être reprise prochainement.

Le général Saint-Arnaud, épouvanté du coup terrible qui le menaçait et qui l'aurait infailliblement perdu, se décida à tout tenter pour l'éviter il accepta le ministère de la guerre et se prépara au coup-d'État pour conjurer l'orage et échapper à la justice déjà prête à le saisir. Il se lança alors à corps perdu dans le guet-apens du 2 décembre, comme nous le verrons plus loin.

Il y avait aussi, dans les salons de l'Élysée, pendant la soirée dont nous parlons, un autre officier supérieur de l'armée, bien digne de figurer à côté de Saint-Arnaud et d'être son complice: c'était le général Magnan, commandant de l'armée de Paris. Cet officier supérieur, plus vieux que son collégue, avait servi dans les armées du premier empire, et fait, en 1810 et en 1811, les campagnes d'Espagne et de Portugal; en 1814, il était capitaine de la garde impériale et chevalier de la légion d'honneur; il quitta l'armée après les adieux de Fontainebleau, et, chose fort estimable, il entra pour vivre en qualité de clerc chez un notaire, qu'il quitta dès qu'il apprit le débarquement de Napoléon au golfe Juan. Il rentra alors dans la garde-impériale avec son grade, et assista à la bataille de Waterloo. Jusque là la conduite du capitaine Magnan n'eut rien que de très-honorable, pourquoi a-t-il terni plus tard un aussi beau début?

Jugeant sans doute alors la cause impériale à jamais perdue, comme il l'a dit plus tard, il prêta serment de fidélité à la Restauration, et déploya un tel zèle royaliste qu'il fut placé un des premiers dans la garde-royale, qui s'organisait, avec le grade de capitaine-adjudant-major, qui lui conférait le rang de chef de bataillon. Depuis cette époque le capitaine Magnan commença cette lutte d'intrigues et de ruses, qu'il soutint pendant 36 ans contre les procureurs, les huissiers, les gardes du commmerce et les recors, que ses innombrables créanciers mettaient à ses trousses. Dès lors le cinquième saisissable de ses appointements était séquestré, et cependant M. Magnan, outre son traitement, réalisait encore de très-beaux bénéfices au moyen de certains rapports de police, qui lui étaient chèrement payés sur la caisse des fonds secrets; il passait aussi pour prélever une forte part sur les gains de plus d'une sorte que faisait une artiste distinguée de la Comédie-Française. Eh bien, malgré ces bénéfices honteux et illicites, cet officier était toujours perdu de dettes.

Il fit, en 1823, la fameuse campagne d'Espagne, avec le grade de lieutenant-colonel, à la suite de l'armée de la foi. De retour de cette glorieuse expédition, il fut nommé colonel, il fit partie de l'expédition d'Alger et de celle dirigée conte Bône; il rentra ensuite en France, où avait éclaté la révolution de 1830, sans avoir obtenu de nouvel avancement malgré la recommandation de Mr. de Bourmont, qui l'avait fait noter comme légitimiste, ce qui lui fut alors très-défavorable. Le colonel Magnan était stationné à Montbrison avec son régiment, le 49e de ligne, lorsqu'éclata, à Lyon, l'insurrection de novembre 1831, qui fit prisonniers le général Ordonneau et le Prefet, qu'elle mit généreusement en liberté et qui força le général Roguet à battre en retraite; le colonel Magnan et la troupe sous ses ordres avaient fait partie de l'expédition dirigée contre la ville insurgée et, après l'échec éprouvé par l'armée, Magnan vait reçu l'ordre du général Roguet de retourner à Montbrison; mais au lieu de l'exécuter il se rapprocha de Lyon, entra en pourparler avec les insurgés, afin d'obtenir l'entrée de son régiment dans la ville, et leur fit distribuer des proclamations légitimistes qui n'obtinrent aucun succès. Cette conduite ambigüe et cette désobéissance aux ordres de son supérieur inspirèrent la plus grande défiance et firent décréter le colonel Magnan d'arrestation; ce dernier jugea prudent de prendre la fuite et se réfugia en Belgique; mais, moins compromis qu'il ne l'avait cru, il fut simplement mis à la solde de congé et remplacé dans son commandement. Il sollicita et obtint du service dans l'armée belge avec le grade de maréchal de camp; après trois années passées à l'étranger, il rentra en France avec le même grade qu'en Belgique et il fut chargé du commandement du département du Nord. C'est là que l'embaucheur bonapartiste Mésonan, soupçonnant son peu de dévouement à la monarchie de juillet, vint lui faire des propositions de la part du prince Louis, il lui offrit: 100 mille francs comptant, 300 mille francs plus tard, qui seraient déposés chez un banquier, et le bâton de maréchal de France.

Ces offres étaient séduisantes, mais il y avait de grandes éventualités à courir, et le général n'avait aucune confiance dans l'étoile de l'insuergé de Strasbourg; le sort du colonel Vandrey ne le tentait pas. Il mit l'envoyé bonapartiste à la porte en lui disant „d'aller se faire pendre ailleurs.“ Devant la Cour des Pairs, où il comparut comme témoin, il accabla le prétendant impérial de son mépris en lui disant en face : „que son parti était un parti ridicule et perdu.“

Cependant le zèle royaliste que déploya le général Magnan dans cette circonstance ne lui valut aucun avancement et ne rétablit pas sa position financière qui allait toujours en s'agravant; ses créanciers devenaient chaque jours plus pressés d'être payés et plus pressants. C'était envain qu'il avait recours à toutes espèces d'expédients pour se procurer de l'argent.

La justice découvrit alors que l'honorable général, qui vivait autrefois des fonds secrets et du produit des galanteries d'une actrice, avait imaginé un nouveau moyen, tout aussi honnête, de battre monnaie; il s'entendait avec les marchands d'hommes et les compagnies de remplaçements militaires pour faire accepter leurs marchandises de mauvais aloi, et partageait avec eux les bénéfices illicites de leur coupable industrie. L'illustre général spéculait sur la chair humaine, il faisait ce que l'on appelle vulgairement *la traîte des blancs.*

Ayant absolument besoin d'une somme de 8,000 francs pour payer un billet en souffrance, qu'il avait souscrit à un marchand d'hommes failli, il emprunta cette somme, à M. Tencé père, négociant, et lui céda en garantie, par acte sous seings privés, dûment enregistré, le mobilier qui garnissait son appartement. Mais, quand son prêteur voulut prendre possession des meubles cédés, M. Magnan lui avoua que ces derniers n'étaient pas à lui, mais à son tapissier, ainsi que le constatait un acte, aussi enrégistré, postérieur à celui qu'il avait fait en sa faveur, de sorte que la garantie qu'il lui avait donnée était illusoire. Cette manière de s'approprier l'argent des autres a un nom dans le code pénal, on la nomme *escroquerie*. Ce ne fut qu'après être entré dans la conspiration élyséenne que M. Magnan s'exécuta enfin et paya M. Tencé, avec le prix de son crime et de sa trahison. Malgré sa conduite coupable, le général Magnan ne fut pas destitué, il eut même de l'avancement et fut nommé général de division, il fut de nouveau envoyé, en Afrique et chargé de l'inspection générale de l'infanterie dans la province d'Alger. Quelque temps après, Abd-el-Kader s'étant réfugié au Maroc et Bou-Maza, errant sans suite s'étant rendu, la guerre sainte fut abandonnée et notre héros revint en France.

En 1848, le général Magnan, comme tous les officiers de son espèce et la plupart des bonapartistes, fit sa cour au Gouvernement-provisoire et se posa en républicain de la veille; il obtint ainsi le commandement de la Corse, d'où il fut bientôt rappelé pour aller prendre à Lyon le commandement de la troisième division de l'armée des Alpes. Pendant l'insurrection de juin 1848, il reçut l'ordre de marche sur Paris, et vint camper au camp de Saint-Maur; après l'élection du dix décembre 1848, il retourna à Lyon, pour le compte du prince président, et réprima l'insurrection du 15 juin 1849, qui eut lieu à l'occasion de la violation de la Constitution par l'expédition faite contre la République romaine. Il déploya contre les défenseurs du droit un grand luxe de canon, de mitraille et de fusillade, et obtint ainsi un facile succès, qui lui valut la croix de grand-officier de la légion d'honneur. De Lyon il alla à Strasbourg prendre le commandement de la 7me division militaire, il fut à cette époque nommé représentant du peuple par les électeurs de la Seine, il ne fit que de rares apparitions à l'Assemblée législative, et on ne le vit guère que tous les 6 mois, lors qu'il venait renouveler son congé et émarger son traitement, dont le 5me était saisi par ses éternels créanciers. Enfin le 16 juillet 1851, Louis-Napoléon Bonaparte, qui dès lors faisait prendre position à ses complices, le nomma commandant en chef de l'armée de Paris. Depuis le nouveau commandant travailla avec ardeur à se faire pardonner sa conduite devant la Cour-des-Pairs, si accablante et si outrageante pour celui qui depuis était parvenu à la présidence de la République, en attendant le moment d'agir tant désiré, qui devait lui fournir le moyen de payer ses dettes innombrables, et lui donner enfin ce bâton de maréchal de France, qui lui avait déjà été offert, en 1840, par le prétendant impérial.

A côté des généraux mercenaires, vils condottieri, qui attendaient le moment opportun pour se vendre, verser le sang, détruire tes libertés et toucher le prix de leurs trahisons, se promenait dans les salons de l'Élysée, toute la cohue, toute la meute des intrigants, des aventuriers, des valets, attendant leur part de la curée qui se préparait, afin de se repaître des dépouilles de la France et de son sang, de s'engraisser de ses sueurs et de s'enricher de son or. On voyait encore à l'Élysée:

Un Véron, docteur en industries équivoques, journaliste vénal, auteur immoral, viveur corrompu, Falstaff grossier, gâté de cœur, dépourvu de sens moral, prostitué à tous les régimes.

Un Granier-de-Cassagnac, ayant volé la moitié de son nom, bravo littéraire, dont la plume appartient au plus offrant et dernier enchérisseur, pensionné des fonds secrets sous Louis-Philippe et de la liste civile sous l'Empire, compromis dans l'affaire Bauvallon, taré jusqu'à la moëlle des os.

Un Barthélemy, jadis poète, tombé au rang des valets de plume, composant des cantates à l'heure et rimant des éloges par ordre.

Un Romieu, coureur de bouges et de mauvais lieux, qui a passé sa jeunesse dans la dissipation, la débauche et l'orgie, et consacré sa vieillesse à célébrer la venue des Cosaques dans des pamphlets dégoutants; à glorifier la force brutale, la mitraille, le règne du sabre et du canon, des forts remparts hérissés de baïonnettes et d'artillerie dans des flots de sang; „car le canon, dit-il, doit régler les questions de notre siècle et il les réglera, dut-il arriver de la Russie.“

Un Baroche qui, après avoir demandé „la mise en accusation d'un ministère odieux et coupable“ sous Louis-Philippe, devint plus tard, sous la République, le plus odieux et le plus coupable des ministres, vil transfuge qui passa du camp royaliste dans celui des républicains, qui se fit socialiste enragé en Février 1848, réactionnaire à tous crins en 1849, bonapartiste un au plus tard et impérialiste en 1851.

Un Dupin, âme vile et vénale, serviteur, ami et exécuteur testamentaire du vieux roi Louis-Philippe, et qui ne rougit pas plus tard d'accepter les faveurs de l'homme qui avait dépouillé les enfants de son bienfaiteur, en confisquant les biens de la famille d'Orléans; magistrat sans honneur, qui s'oublia jusqu'à prêter serment au parjure.

Un Larochejaquelin qui deshonora son nom, qui fit rougir ses aïeux dans leur tombe et qui fit mourir sa mère et sa femme de honte et de désespoir, en se parant de la livrée sénatoriale de l'héritier de l'assassin du duc d'Enghien.

Un Montalambert, qui est venu sanctionner avec son goupillon la mise en pratique de la devise de ses maîtres les jésuites: *la fin justifie les moyens*, et qui applaudit des deux mains à ceux qui, comme son patron Loyola „font des cadavres", mais des cadavres qui ne marchent pas, comme il y a eu un si grand nombre sur les boulevards, le quatre décembre 1851.

Un Veuillot, journaliste grossier et cynique, qui coassa dans la boue sanglante de décembre, se vautra comme un animal immonde dans l'ordure du coup-d'État, et s'acharna sur les cadavres des vaincus nomme un corbeau dégoutant ou une hyène avide.

Un Billaud, transfuge libéral, républicain-socialiste, passé au camp du despotisme, apostat politique coupable de toutes les palinodies.

Un banquier juif, agioteur perdu de crédit et de réputation en 1851, qui ne se sauva de la faillite que par le coup d'État, et qui, sous la république, n'avait pas craint de proposer la banqueroute à l'honnête citoyen Goudchaux.

Un Péreire et un Mirès, financiers du même acabit; tout le monde connait les malheurs judiciaires du second et son heureuse chance devant la cour de Douai qui l'a acquitté et rendu à la lierté.

Un Rouher, procureur auvergnat, rapace et

tenace, se précipitant dans le coup d'État, comme les chiens à la curée. Il fit d'abord assez triste figure, lui pauvre hère, au milieu de tous les viveurs émérites qui l'entouraient, il faisait tache sur ce tableau, à côté des figures joviales des Mimi Véron et des Coco Romieux; mais comme il était habile dans l'art des proscriptions, retors, sans scrupules, qu'il mentait avec audace, et qu'il haïssait d'instinct tout ce qui était grand, beau et généreux, ses petites défectuosités lui furent pardonnées; persévérant et tenace, comme ceux de sa race auvergnate, il eut bientôt conquis le premier rang et devint plus tard un des plus fermes soutiens de l'Empire.

Fortoul était un collégue digne de lui, ancien maître d'Études au collège de Toulouse, saint-simonien, voltairien, républicain, socialiste, révolutionnaire et philogyne, il sacrifia tout ce bagage sur l'autel du bonapartisme, et l'ancien pion pédagogue accepta, avec un aplomb plus qu'extraordinaire, le portefeuille de la marine, quoiqu'il n'eut jamais mis le pied dans une embarcation et qu'il n'eut jamais vu un vaisseau de guerre. Il avait été touché par la grâce napoléonienne qui, si elle ne donne pas le pouvoir de soulever les montagnes comme la foi chrétienne, accorde, parait-il, le talent nécessaire à la direction générale des flottes de l'Empire, et octroie le sang froid nécessaire pour braver le ridicule et les sifflets qui accueillirent l'ancien cuistre de collége lorsqu'on apprit sa nomination au ministère de la marine.

Ducos, le polygame, qui cachait à Auteuil une de ses trois femmes lorsque le prince daigna jeter les yeux sur lui pour en faire un de ses ministres. Ce personnage aux mœurs orientales était loin de s'attendre à une pareille faveur; aussi, quelques heures avant sa nomination, blâmait-il ouvertement le coup-d'État: „quel malheur! s'écriait-il, au milieu de l'émotion générale, voilà donc la guerre civile qui va ensanglanter la France! Ah! je l'avais bien prévu.“

Eh bien! le lendemain du jour où il prononçait ces paroles, il acceptait un portefeuille des fauteurs de la guerre civile, et devenait un des pourvoyeurs les plus ardents de Cayenne.

Carlier, un double traître, qui conspirait à la fois pour les orléanistes et pour les bonapartistes; et qui suivit à la fin la fortune de ces derniers étant fortement compromis dans la loterie des lingots d'or et redoutant la cour-d'assises, dont le coup-d'État l'a sauvé.

Piétri, vrai bandit corse, qui avait aidé à la perpétration du coup-d'État, avec le sang froid et la cruauté d'un bravo consommé. Pour mieux dissimuler les préparatifs de ce forfait, il se disait républicain et se portait garant de la loyauté du prince: „Ne redoutez rien de lui, ne le craignez pas, disait-il, aux membres de la Montagne, il est républicain comme nous, il respectera la République; s'il osait jamais l'attaquer, je n'attendrais pas que la loi le frappât; je courrais le poignarder moi-même; je voudrais être son Brutus. „Depuis Brutus-Pietri vit au ratelier du guet-apens, dont-il est un des plus fermes soutiens, comme préfet de police.

Vaudrey, l'ancien complice de Strasbourg, qui a repris son rôle de traître, sans qu'il soit besoin, cette fois, des charmes et des tendres faveurs de madame Gordon pour l'atteler au char du nouveau César et de sa fortune.

Mais arrêtons-nous, car nous n'en finirions pas si nous voulions citer tous les gens perdus d'honneur, qui assistaient à cette soirée; pas un honnête homme ne s'était fourvoyé au milieu de ces coquins.

Tels étaient les complices; presque tous hommes tarés, à la conscience vénale, à la moralité véreuse. Morny vivait aux dépens d'une femme; Saint-Arnaud mettait au mont-de-piété, pour 18 francs, les chemises de deux femmes, ses maîtresses, et se faisait payer ses dettes par une femme, pour sortir de Sainte-Pélagie, où il était prisonnier; Magnan avait été entretenu par une actirice; Vieyra vivait du produit de la prostitution de six malheureuses femmes pupliques; Vaudrey s'était laissé séduire par une femme; Ducos avait trois femmes légitimes; Fialin acceptait la maîtresse de son maître et en faisait sa femme; les proxénètes fournissaient des femmes; Saint-Arnaud se faisait le geôlier d'une femme en couches, qu'il espionnait, et obtenait ainsi de l'avancement; Magnan partageait avec des compagnies militaires les bénéfices de leur honteux trafic, il admettait à prix d'argent leur marchandise véreuse, il spéculait sur la chair humaine et trafiquait du sang de la France, il se faisait, ce que l'on appelle en argot de caserne, *mangeur de blanc.*

La plupart d'entre ces gens tarés sont des bâtards et portent des noms et des titres qui ne leur appartiennent pas.

Monsieur de Morny est un bâtard de Napoléon Ier et de la chaste Hortense de Beauharnais; Walewski est le produit des amours adultères de Napoléon Ier avec une belle Polonaise; Messieurs de Persigny, de Cassagnac, de Saint-Arnaud portent des noms et des titres qui ne leur appartiennent pas; le vieux Jérôme Bonaparte était un bigame, quand il épousa sa seconde femme la première, Madame Patterson, vivait encore et il n'avait pas divorcé avec elle, d'où il résulte qu'aux yeux de la loi ses deux enfants: Mathilde et le prince Jérôme, sont deux bâtards; M. Ducos est un trigame. Voilà les hommes de mœurs et de moralité qui gouvernent la France depuis 17 ans.

Leurs vices et leurs crimes ont été appréciés, côtés et payés à prix d'or.

On les avait pesés dans une balance, essayés sur une pierre de touche, tarifés sur un tableau; Fialin avait été chargé de ce soin.

On les avait recrutés des deux mains pour l'Empire, pour l'orgie et pour la luxure. Tous s'étaient prostitués.

L'un avait vendu ses vices, l'autre ses crimes; celui-ci sa trahison, celui-là son apostasie; un premier son corps, un second son intelligence, un troisième sa conscience; ce général son épée, ce magistrat le livre de la loi; ces juges leurs arrêts; ce représentant du peuple la Constitution; ce conseiller de Cour suprême la République; ce prélat sa religion; ce législateur son vote; ce journaliste son talent; cet écrivain sa plume; cet historien la vérité; ce poète sa muse; ces nobles leurs parchemins; cet orateur sa parole; ces fonctionnaires publics leurs services; ces soldats leurs baïonnettes; ces femmes leur beauté; ces bourreaux le sang des justes et tous, la liberté!

Les plus vils, les valets, les esclaves, les eunuques de Tibère, livraient leurs femmes, fournissaient leurs filles, procuraient des maîtresses, des concubines, des courtisanes ou se prostituaient en personne en vrais mignons. Et toutes ces infamies avaient cours et rapportaient: honneur, fortune, puissance.

Les consciences des Sibour, des Baroche, des Troplong, des Rouher; les vices des Morny, des Vieyra, des Fialin; les épées des Saint-Arnaud, des Magnan, des Espinasse, des Canrobert, des Forey des Montauban, etc.; les apostasies des Larochejaquelin, des Billaud, des Timon; les complaisances des Fleury, des Bacciochi, des Mocquart; le dévouement des Maupas, des Chappuis-Montlaville, des Conneau; les platitudes des Cassagnac, des Limeyrac, des Laguéronnière, des Césena; les louanges fades des Belmontet, des Barthelemy et des Arsène-Houssey; les malpropretés des Feydeaux, des Veuillot et des About; le concours des Fould, des Rothchild, des Péreire; les complicités des Girardin, des Guérould et des Havin et les charmes des Mathilde, des Miss Howard, des Despel et des Castiglione étaient côtés très-haut, et rapportaient des millions. Jamais on ne vit les hontes, les bassesses, les platitudes, les apostasies, les palinodies, les hypocrisies, les trahisons, les prostitutions, les délits et les crimes être aussi recherchés, aussi prisés, aussi payés et aussi rentés, titrés, décorés, gradés et honorés. C'étaient les saturnales de toutes les infamies; le triomphe de toutes les pourritures; les bacchanales de toutes les laideurs, de toutes les hideurs et de toutes les horreurs!

Pendant que cette cohue de corruptions faites hommes s'agitait, tournait, dansait, valsait tourbillonnait, enivrée par les symphonies et les harmonies de l'orchestre „le prince s'étant adossé à une cheminée appela d'un signe le colonel Vieyra, nommé la veille chef d'état-major de la garde nationale.

— „Colonel, lui dit-il, en souriant, êtes-vous assez maître de votre visage pour ne rien y laisser paraître d'une grande émotion?

— „Je le crois, mon prince, répondit Vieyra.

— „Fort bien alors. Et avec un sourire plus épanoui. C'est pour cette nuit, dit-il, à demi voix. Vous n'avez pas bougé; c'est bien, vous êtes fort. Pouvez-vous me répondre que demain le rappel ne sera battu nulle part et qu'aucune convocation de la garde nationale n'aura lieu?

— „Très-facilement, pourvu que j'aie assez d'ordonnances à ma disposition.

— „Voyez pour cela le ministre de la guerre.

— „Partez maintenant, mais pas desuite, on croirait que je vous ai donné un ordre.

— „Et prenant le bras de l'embassadeur d'Espagne qui s'avançait, le prince quitta la cheminée pendant que M. Vieyra, pour dérouter tous soupçons, allait échanger quelques banalités dans un groupe de dames.“ *

* Mayer, apologiste du coup-d'État. *Histoire du deux décembre.*

Une heure après l'incident que nous venons de rapporter d'après un écrivain bonapartiste, dans le fameux salon doré où, trente-six ans avant, (en 1815), Napoléon 1er avait fait ses adieux à sa famille et à ses compagnons d'armes avant de quitter la France pour toujours, le prince Louis-Napoléon Bonaparte, président de la République française, était seul, assis dans un vaste fauteuil, devant un bon feu, ayant les pieds sur les chenets.

Il semblait plongé dans les plus sombres réflexions; il était pâle et défait; ses traits étaient profondément altérés; sa physionomie respirait l'anxiété la plus vive et l'incertitude la plus grande; un léger tremblement nerveux agitait ses bras et ses jambes; ses mains se crispaient sur les appuis de son fauteuil qu'il serrait convulsivement; ses lêvres pales étaient contractées sous ses épaisses moustaches rousses et, quoiqu'il fut devant un bon feu, ses dents claquaient; les rides précoces de son front et de ses joues semblaient encore plus profondes que d'habitude; son teint pâle et jaunâtre était coloré d'un reflet livide; ses yeux ternes paraissaient encore plus vitreux qu'à l'ordinaire sous ses paupières pendantes; son regard éteint, morne et froid était d'une fixité effrayante.

Tout à coup le silence de tombeau qui régnait dans le cabinet fut interrompu par un léger bruit; le prince tressaillit, se leva comme s'il eut été mu par un ressort, et saisissant deux pistolets, qui étaient devant lui sur la cheminée, il les arma à toute aventure. Mais il les remit bientôt à leur place quand il aperçut, entre les battants de la porte entrebaillée, la physionomie de fouine de Monsieur Fialin.

— Eh bien, lui dit le prince, avez-vous réussi dans votre mission?

— Oui, prince, les 25 millions demandés sont là, dans le cabinet voisin, sous la garde du général Roguet.

— C'est bien, dit le prince, faites les apporter ici, car il me les faudra tout à l'heure pour payer Saint-Arnaud, Magnan, Canrobert, Forey, Espinasse, de Lourmel, etc., etc., car l'or et les billets de banque sont le nerf de la guerre et des conspirations. M. Fialin sortit et rentra bientôt accompagné de deux soldats qui portaient un coffre soigneusement fermé, paraissant très-lourd et que Louis-Napoléon Bonaparte fit déposer dans son cabinet de travail attenant au salon.

A peine les 25,000,000 étaient-ils placés au lieu indiqué, que l'ancien acteur Florival, l'ancien pensionnaire de la prison pour dette, l'ex-geôlier de la duchesse de Berry, l'ex-officier taré mis en disponibilité, l'ex-concussionnaire commandant d'Orléansville, le général Leroy, dit de Saint-Arnaud, ministre de la guerre, faisait son entrée.

Ce condottiere, malgré l'heure avancée de la nuit, était en grand uniforme, tout chamarré de croix et de décorations, et brodé d'or sur toutes les contures, aucun désordre ne se remarquait dans sa tenue, ni rien d'extraordinaire sur sa physionomie; toute sa personne, au contraire, respirait un air de confiance et de satisfaction. Ce soldat aventurier avait depuis longtemps perdu toute honte et toute pudeur; il était descendu au dernier degré de l'infamie; il savait braver de sang-froid le mépris public et le pilori de l'histoire; il était gai et content cette nuit là, car il était persuadé de toucher le prix des nouveaux crimes qu'il allait commettre et d'échapper à leur juste châtiment. Cet homme était dans sa sphère, il avait flairé le parjure et la trahison, aussi ce fut le sourire aux lèvres et d'un air radieux qu'il salua le prince.

Bientôt plusieurs autres personnages firent successivement leur entrée dans le salon.

C'étaient Messieurs: Fialin, de Morny, Florissant et de Maupas, que nos lecteurs connaissent.

Lorsque ces cinq personnages furent près de lui, Louis-Napoléon Bonaparte leur dit:

— Messieurs, c'est pour aujourd'hui....; les grandes destinées que je rêve et auxquelles je travaille depuis si longtemps vont enfin s'accomplir; voulez-vous me seconder dans mes projets, puis-je compter sur votre concours ferme et dévoué?

— Oui prince, vous pouvez compter sur nous jusqu'à la mort, répondirent les cinq offidés.

— Refléchissez bien; car, vous ne l'ignorez pas, nous jouons nos têtes, si nous succombons elles sont perdues, si au contraire nous triomphons, il n'y aura plus de bornes pour la satisfaction de notre ambition, nous serons les maîtres absolus de la France, nous aurons le pouvoir, les honneurs, la fortune, tout ce que des mortels peuvent souhaiter, nos desirs seront tous satisfaits.

— Toutes nos réflexions sont faites, répondirent les cinq complices, nous nous associons à votre fortune et, quoiqu'il arrive, nous la partagerons.

— Merci, Messieurs, avec des amis tels que vous je suis d'avance assuré du succès de mon entreprise.

Le président, qui avait prêté serment de fidélité à la République, à la Constitution et à l'Assemblée, le 20 décembre 1848, „en présence de Dieu et du peuple français“ et devant le monde entier, du haut de la tribune de l'Assemblée nationale, lut alors à ses complices un décret et des proclamations dans lesquels il déclarait: que l'Assemblée nationale était dissoute, que la constitution démocratique et libérale de la République était abolie, il proposait de la remplacer par celle despotique du premier Empire; et il proclamait en outre l'État de siége dans toute la première division militaire.

Quand le prince eut terminé ses communications et la lecture de toutes ses pièces, ses cinq complices s'inclinèrent en signe d'approbation.

Louis-Napoléon Bonaparte ouvrit ensuite le tiroir du bureau placé près de lui, dans lequel il prit cinq plis cachetés et il en remit un à chacun de ses confidents en leur disant:

Messieurs, voici mes instructions pour chacun de vous; je charge Monsieur de Persigny de la direction générale de mon coup-d'État; je nomme monsieur de Morny, ministre de l'intérieur, ce sera lui qui fera exécuter mes décrets et publiera mes proclamations dans toute la France, il révoquera les fonctionnaires publics suspectés de tiédeur, il suspendra tous les journaux à l'exception de ceux qui défendant ma politique et que je lui désignerai, il fera occuper les imprimeries par la force armée et apposer les scellés sur les presses, il adressera une circulaire à tous les préfets, et prendra toutes les mesures qu'il jugera utiles pour le succès de notre entreprise; M. Maupas est nommé préfet de police, il dirigera les arrestations dont il signera les mandats, parmi lesquels il y en aura 16 contre les représentants du peuple que j'ai jugés les plus dangereux ou les plus influents, il fera aussi emprisonner soixante-dix-huit chefs de clubs, de sociétés secrètes et de barricades, qui sont nominativement désignés dans mes instructions; le général Saint-Arnaud, ministre de la guerre, assurera le succès de mon coup-d'État au moyen de la force armée, il fera exécuter mes ordres par le commandant en chef de l'armée de Paris, le général Magnan, officier supérieur dévoué et audacieux, dont le concours nous est acquis, il fera appliquer rigoureusement l'État de siége, il défendra et empêchera les rassemblements sur la voie publique, il assurera l'exécution du décret de dissolution de l'Assemblée nationale, il fera arrêter et emprisonner tous les représentants qui opposeront de la résistance; il s'opposera à toute manifestation hostile dans la rue et à la construction des barricades, qu'il fera prendre et démolir par la force armée, et il emploiera tous les moyens, même les plus rigoureux, pour faire triompher notre œuvre. Dans le cas où nous serons forcés d'abandonner Paris, il fera retirer l'armée en bon ordre dans les forts et à Vincennes, où il nous sera facile de nous maintenir longtemps encore et de reprendre l'offensive pour reconquérir la capitale. Voici enfin un autre pli cacheté dans lequel je donne mes ordres les plus secrets, au général Saint-Arnaud, en lui indiquant d'autres mesures de rigueur, dont le succès est infaillible dans le cas où nous éprouverons une résistance trop énergique; mais je lui recommande de ne le décacheter que sur un ordre spécial que je lui donnerai à cet effet.

Mr Florissant restera attaché à notre personne en qualité d'aide-de-camp, et il sera particulièrement chargé de veiller à notre sureté et à celle du palais de Élysée; il devra toujours avoir des voitures attelées, prêtes à partir pour fuir en cas de défaite.

Messieurs, vous connaissez maintenant mes instructions, veuillez les faire exécuter promptement, et ne pas oublier qu'il y va de nos têtes; „qu'il faut, sous peine de défaite honteuse et de guerre civile, non pas seulement prévenir mais épouvanter. En matière de coup-d'État on ne discute pas, on frappe, on n'attend pas l'ennemi on fond dessus, on broie ou on est broyé!"

Après ces recommandations, Messieurs de Morny, Fialin, Florissant, de Maupas et Saint-Arnaud prirent les ordres qui leur étaient destinés en disant à L.-N. Bonaparte :

— Prince, vous pouvez vous confier à notre dévouement et à notre zèle pour l'exécution de vos ordres.

— C'est bien, Messieurs, je compte sur vous, mais, comme on ne sait pas ce qui peut arriver et que vous pouvez avoir besoin d'argent, je vais vous donner un acompte pour encourager, récompenser votre dévouement et vous prémunir contre les éventualités de l'avenir.

Louis-Napoléon Bonaparte passa ensuite dans

son cabinet de travail, dans lequel il fit successivement appeler tous ses complices afin de leur remettre une somme considérable.

Le premier introduit fut le général Saint-Arnaud, auquel le président de la République donna quinze cent mille francs en or et en billets de banque; savoir: cinq cent mille francs pour lui, cinq cent mille francs pour le général Magnan, cent mille francs pour le colonel Espinasse, cent mille francs pour Forey et trois cent mille francs pour faire distribuer aux officiers, sous-officiers et soldats de l'armée de Paris.

A la vue de ces richesses, les yeux de Saint-Arnaud brillèrent d'un fauve éclat, il prit avec avidité l'or et les billets de banque étalés devant lui, et il les engouffra dans ses proches profondes, véritables tonneaux des Danaïdes, dans lesquelles on aurait pu verser tous les trésors sans jamais les remplir.

— Ce que je vous remets aujourd'hui n'est qu'un acompte, dit le prince, vous recevrez encore pour vous trois cent mille francs dans trois jours et cinq cent mille francs aussitôt que notre entreprise aura réussi, sans compter le bâton de maréchal de France qui vous attend.

— Je vous remercie beaucoup, prince, dit le général mercenaire, que l'appât du lucre séduisait, je vous prouverai que je ne suis pas un ingrat; et vous n'aurez qu'à vous féliciter de votre générosité à mon égard; je vous réponds sur ma tête du succès de votre entreprise, et j'espère être bientôt maréchal de France.

Tous les confidents de Louis-Napoléon Bonaparte vinrent ensuite successivement recevoir à l'avance le prix de leur trahison. Persigny, Morny, Maupas et Florissant eurent chacun leur part dans la curée. Combien reçurent-ils? — On l'ignore, mais on suppose qu'ils ne furent pas moins bien payés que leur collégue Saint-Arnaud. Quand les machinateurs du coup-d'État eurent ainsi scellé leur pacte libertcide, il était deux heures du matin. Le prince les engagea à aller prendre un peu de repos en leur disant :

— Adieu, Messieurs, ou plutôt au revoir, n'oubliez pas que c'est aujourd'hui l'anniversaire de la bataille d'Austerlitz, et qu'il y a quarante-six ans, l'empereur, mon oncle, s'endormait après avoir préparé la victoire du lendemain. Espérons que dans quelques heures nous gagnerons notre bataille d'Austerlitz, et que le jour qui commence nous donnera le pouvoir et la puissance pour tous les autres jours.

— Nous le souhaitons tous, prince, et nous, allons préparer ce grand résultat.

IX.

Le Crime.

Après quelques heures de repos les conspirateurs bonapartistes se mirent à l'œuvre et chacun d'eux alla prendre le poste qui lui avait été assigné. Mr de Morny, le plus intelligent et le plus capable d'entre eux, apporta dans l'accomplissement de sa tâche tout le sang-froid d'un homme blasé, le mépris profond des hommes et des choses; il poussa le septicisme et l'immoralité jusqu'à l'oubli de tout sentiment d'honneur, de délicatesse, de probité et d'humanité; il se jeta résolument dans le crime, comme un homme qui a brûlé ses vaisseaux, comme un aventurier, un flibustier ou un bandit, qui n'a rien à perdre et tout à gagner. Comme tous ses collégues, les insolvables de la société du *dix-décembre*, il avait dissipé tout son avoir et contracté des dettes considérables; il lui fallait satisfaire à tout prix ses créanciers impitoyables, qui menaçaient de l'envoyer à Clichy et de saisir le charmant hôtel des Champs-Élysées où il étalait son fastueux adultère avec la femme Lebon; le matin même du coup-d'État, la Fulvie associée à sa fortune, à sa honte et au bénéfice de ses crimes lui écrivait pour lui renouveler la recommandation qu'elle lui avait déjà faite la veille d'employer les grands moyens, d'être sans pitié ni miséricorde: — „surtout frappez vigoureusement, lui disait-elle, souvenez-vous que si vous succombez tout est perdu pour nous, que nous serons à tout jamais réduits à mener une existence précaire, que la gêne et la misère seront notre partage, que si nous échappons à nos ennemis il nous faudra courir à travers le monde, errants et proscrits, sans un coin de terre, sans une pierre pour reposer notre tête.“ — Cette perspective était affreuse pour un viveur de la trempe du bâtard de Morny, aussi était-ce avec un désir ardent qu'il convoitait le pouvoir, les honneurs et la fortune; la fortune surtout si nécessaire à une existence de luxe et de plaisir, et qui procure toutes les jouissances.

Les mêmes motifs inspiraient tous ses collègues: Monsieur de Saint-Arnaud était, comme lui, perdu de dettes et de réputation et, de plus, menacé d'une enquête sur son passé, sur ses concussions à Orléansville, qui allait le deshonorer et le perdre à tout jamais; et, comme il avait conservé les mêmes goûts de débauche insatiable et de luxe effréné, il lui fallait pour les satisfaire puiser de nouveau à pleines mains dans les coffres de l'État.

Monsieur Florissant avait tout perdu, tout mangé, tout dissipé avec les femmes; il ne songeait qu'à deux choses: s'enricher et jouir, pour cela il eut commis tous les crimes et mis, s'il l'eut fallu, le feu aux quatre coins du globe.

Monsieur Maupas avait la même ambition inextinguible, la même soif de fortune que ses collégues, c'est pour cela aussi qu'il s'était jeté dans le crime de Décembre.

Quand à Mr Fialin, tout le monde sait qu'il n'avait ni sous ni mailles, et qu'il ne s'est mis dans la conjuration bonapartiste que pour remplir ses poches, et que pour avoir des titres, des châteaux et des rentes.

De tous ces conjurés il n'y en avait pas un seul qui eut une opinion politique, tous étaient poussés par les mobiles les plus bas et les plus abjects.

Voilà quels étaient les perpétrateurs du coup-d'État du deux décembre 1851.

Mais voyons les à l'œuvre; quand une fois ils eurent commencé leur infâme attentat, leurs violences et leurs cruautés égalèrent alors leur hypocrisie, leur ruse et leur astuce.

Les traîtres avaient annoncé dans leurs *bandos*

nocturnes collés sur les murs de la capitale, qu'ils seraient sans merci ni pitié envers les défenseurs du droit, qu'ils appelaient, comme toujours, des insurgés, des ennemis de l'ordre, des anarchistes.

„Toute tentative de résistance, disait Maupas, sera promptement et inflexiblement réprimée, qu'aucune d'elle ne se produise sans se briser immédiatement contre une inflexible répression."

Et, comme si ces avertissements féroces, n'étaient pas suffisants pour rendre la pensée de cruauté froide et perfide qu'ils cachaient, le préfet de police des malfaiteurs du deux décembre ajoutait:

„L'état de siége est décreté, le moment est venu d'en appliquer les *conséquences rigoureuses*...

„Que les citoyens paisibles restent à leur logis.

„Il y aurait *péril sérieux* à contrevenir aux dispositions arrêtées."

Les assassins prévenaient, en ces termes ambigus, les habitants de la capitale, qu'ils allaient commencer leurs épouvantables massacres et qu'il y aurait *péril sérieux* à sortir de *son logis*. Hélas! ils n'ont que trop bien justifié ces sinistres présages, comme nous le verrons plus loin.

Le traître Saint-Arnaud était beaucoup plus explicite; il avouait brutalement les procédés impitoyables qu'il voulait employer pour faire triompher son crime.

„Tout individu pris construisant ou défendant

des barricades ou les armes à la main, *sera immédiatement fusillé*, disait-il.

Les faits sont venus confirmer les craintes que causaient ces menaces féroces. A peine les cinq malfaiteurs, dont nous venons de parler, furent-ils installés dans leurs nouvelles fonctions, qu'ils se livrèrent à tous leurs instincts sauvages de banditisme. Mr Maupas, le préfet coupable, fit envahir par ses argousins, la nuit, à main armée, à l'aide de fausses clefs, de violence et d'effraction, les domiciles des réprésentants du peuple inviolables. M. M. Cavaignac, Charras, Cholat, Bedeau, Lamoricière, Leflo, Changarnier, Valentin, Thiers, Roger du Nord, Nadaud, Greppo, Miot, Lagrange, Baze, Baune, etc...., furent arrêtés après les scènes de violence les plus grossières et conduits dans les cellules de Mazas, où ils furent enfermés comme des malfaiteurs. Un nombre considérable d'autres citoyens, non représentants et connus pour leur dévouement à la République, subirent le même sort.

Après l'emprisonnement des représentants du peuple les plus influents, les violateurs du droit firent envahir, par une escouade de gendarmes mobiles et de soldats, le palais législatif, et chasser à coups de crosses et de baïonnettes les législateurs, qui étaient restés fermes à leur poste et qui venaient de décréter: „que Louis-Napoléon Bonaparte était déchu de ses fonctions de président de la République, comme coupable du crime de *haute trahison.* „Plusieurs représentants qui refusèrent de quitter leurs siéges en furent arrachés par force, à coups de crosses et de baïonnettes, et traînés en prison. Le colonel du 6me de ligne, un misérable soudard, ivre de champagne et d'absinthe, disait à ses soldats: „Emmenez ces brigands de représentants, s'ils font la moindre résistance, vos armes sont chargées, tirez dessus et si cela ne suffit pas fout... leur vos baïonnettes dans le ventre, soyez aveuglement soumis aux ordres de vos chefs, que rien ne vous arrête, tuez tout ce qui s'opposerait à votre gloire: femmes, enfants, vieillards; frappez les tous!

C'était sous la haute direction du colonel Espinasse que toutes les violences commises au palais législatif avaient eu lieu, ce félon gagnait en s'en rendant coupable cent mille francs, qui lui avaient été remis par les traîtres, fauteurs du coup-d'État.

Un nombre considérable de représentants du peuple ayant appris que le palais législatif était occupé militairement, se réunirent à la mairie du dixième arrondissement, sous la présidence de M. M. Vitet et Benoist-d'Azy, afin d'aviser aux moyens de défendre la Constitution et ils rendirent le décret suivant:

„Louis-Napoléon Bonaparte est déchu de ses fonctions de président de la République.

„Les citoyens sont tenus de lui refuser abéissance.

„Le pouvoir exécutif passe de plein droit à l'assemblée nationale.

„Les juges de la haute cour de justice sont tenus de se réunir immédiatement, sous peine de forfaiture, pour procéder au jugement du président de la République et de ses complices.

„En conséquence, il est enjoint à tous les fonctionnaires et dépositaires de la force publique d'obéir à toutes réquisitions faites au nom de l'assemblée sous peine de forfaiture et de trahison.

„Fait et adopté à l'unanimité, en séance publique, le 2 décembre 1851."

Par un autre décret l'Assemblée nommait le général Oudinot commandant en chef de l'armée de Paris et le chargeait de la défense de l'Assemblée.

Cette nomination fut des plus facheuse, car personne n'avait oublié que ce même général avait, en 1849, attaqué et pris Rome par trahison, renversé la République et rétabli le pape.

A peine le général Oudinot était-il nommé que la troupe, sous les ordres du général Forey, aussi vendu à l'Élysée, entourait et envahissait la mairie du 10e arrondissement.

Un officier se présenta avec un ordre du traître Magnan, lui enjoignant de faire évacuer la mairie et d'arrêter tous les représentants qui opposeraient de la résistance. Le général Forey, vint bientôt en personne pour exécuter sa honteuse mission. Le général Oudinot le somma, au nom de la Constitution et des décrets de l'Assemblée, de respecter l'inviolabilité de cette dernière; mais le félon, qui avait en poche le prix de son infâme trahison, passa outre en disant qu'il avait des ordres et qu'il les exécuterait.

— Vous devez avant tout respecter les lois et la Constitution, lui répondit l'homme qui avait violé ces mêmes lois et cette même Constitution en détruisant la république romaine.

— Je ne connais que mes ordres, peu m'importe les lois et la Constitution, répondit le général aux cent mille francs, et il donna l'ordre à sa troupe, ivre d'eau-de-vie d'arrêter les représentants du peuple. Les trabuccaires et les argousins des décembriseurs ses précipitèrent alors sur les représentants du peuple les saisirent au collet et les entraînèrent brutalement dans la rue, où la foule les accueillit aux cris de: vive la République! vive la Constitution! vive l'Assemblée! vive les représentants!

On eut alors un navrant spectacle en voyant arrêter 300 représentants du peuple, élus de la nation, et comptant dans leurs rangs toutes les célébrités de la France: d'anciens ministres, des écrivains, des orateurs, des magistrats, des hommes illustres dans les sciences, les lettres, la magistrature, le barreau l'armée; etc...., parmi lesquels on comptait plusieurs généraux. Tous ces illustres citoyens furent empoignés par des argousins, traînés entre deux haïes de soldats avinés, à la tête desquels marchait triomphalement un général félon; tous ces législateurs furent conduits dans la cour d'une caserne où on les parqua comme un troupeau de vil bétail, en le exposant aux lazzis des soldats en goguette.

La haute cour de justice, à la nouvelle du guet-apens du deux décembre 1851, s'assembla et prit l'arrêté suivant:

„En vertu de l'article 68 de la Constitution, la haute cour de justice déclare Louis-Napoléon Bonaparte *prévenu du crime de haute trahison*, convoque le haut jury national pour procéder sans délai au jugement du coupable etc.....“

Quand le fils naturel de la vertueuse Hortense, l'amant de la Lebon, l'homme de la *Niche à Fidèle*, devenu ministre de l'intérieur, par la grâce de la trahison et du parjure, eut connaissance de l'arrêt de la haute cour, il fit envahir le prétoire par une bande de ses baskirs. Les juges en hermine, ces graves magistrats en chevaux blancs, revêtus de la toge et de la robe, appuyés sur le livre de la loi, la Constitution à la main, qui venaient de mettre en accusation Louis-Napoléon

Bonaparte prévenu *du crime de haute trahison*, furent chassés brutalement de l'enceinte du tribunal, par les soldats avinés et corrompus du nouveau Bas-Empire, et jetés à la porte du sanctuaire de la justice.

Les membres du Conseil-d'État, qui avaient protesté contre le crime du deux décembre, eurent le même sort que les représentants du peuple et qui les juges de la haute cour, ils furent chassés par la force armée du lieu de leurs délibérations.

Partout les criminels du deux décembre avaient mis les sabres de leurs argousins et les baïonnettes de leurs soldats à la place de la souveraineté du peuple, de la justice et de la loi.

Mais les coupables ne s'arrêtèrent pas en si beau chemin, une fois entrés dans la voie de la trahison et de la violence, ils devaient naturellement la suivre jusqu'au bout; le crime est un engrenage fatal, terrible, inexorable, une fois qu'il vous a saisi il ne vous lache plus. Après le parjure, la violation de la Constitution, et de la souveraineté du peuple, le vol des caisses de l'État, l'arrestation des représentants, les brutalités exercées contre les magistrats, etc., devaient nécessairement venir l'assassinat et le massacre des citoyens; c'est ce qui a eu lieu en effet. Comme tous les grands coupables, les contempteurs du droit devaient nécessairement descendre les derniers degrés du crime et verser le sang, après avoir volé la liberté et les caisses publiques. C'était dans la logique fatale de leur destinée, comme nous le verrons plus loin.

Les représentants du peuple, faisant partie de la Montagne, avaient aussi publié une protestation et un acte de déchéance contre le président de la République. Voici la copie textuelle de cette pièce énergique et virile, rédigée par le citoyen Victor Hugo.

Au peuple et à l'armée:

„Louis-Napoléon Bonaparte est un traître.

„Il a violé la Constitution.

„Il s'est lui-même mis hors la loi.

„Les représentants républicains rappellent au peuple et à l'armée les articles 68 et 110 de la Constitution etc. . . . .

. . . .

„Que le peuple fasse son devoir, les représentants républicains marchent à sa tête.

„Aux armes! vive la République! vive la Constitution! (Suivent les signatures.).

Le trois décembre 1851, à sept heures du matin, les auteurs de cette proclamation énergique résolurent de défendre la République les armes à la main. Les citoyens Cournet, Amable-Lemaître,

Maillard, Ruin et d'autres tout aussi dévoués; les représentants du peuple Baudin, Deflotte, Dulac, Schoelcher, Bruckner, Maigne et Malardier, se rendirent au faubourg Saint-Antoine et firent un appel à ses habitants pour combattre avec eux les violateurs de la Constitution et de la souveraineté du peuple. Aux cris aux armes! aux barricades! que poussèrent ces généreux citoyens une centaine d'ouvriers se joignirent à eux, et ils se mirent immédiatement tous ensemble à construire une barricade au coin des rues, de Cotte et Sainte-Margueritte; à peine leur construction était elle ébauchée qu'arriva un détachement d'infanterie; à la vue des soldats, tous les républicains se rangèrent derrière la barricade et s'apprétèrent à repousser l'attaque de la troupe. Quand celle-ci fut à la portée de la voix les représentants montèrent sur la barricade et lui firent signe de s'arrêter.

— Nous sommes représentants du peuple, dirent-ils aux soldats, on vous trompe, on vous fait porter vos armes contre la Constitution et la République, défendez les au contraire; venez combattre pour elles avec nous; écoutez notre voix, celle de l'honneur, ce sera votre gloire et vous empêcherez la guerre civile et vous sauverez la République!

— Taisez-vous répondit l'officier, nommé Pujol, qui commandait le détachement, je ne veux pas vous entendre, j'obéis à mes chefs...., retirez-vous où je commande le feu.

— Vous pouvez nous tuer, répondirent les Montagnards et leurs compagnons, mais vous ne nous ferez pas reculer; nous sommes les défenseurs de la justice, de la loi et du droit, nous leurs ferons un rempart de nos corps, et vous serez obligés de percer nos poitrines avant d'arriver jusqu'à eux; souvenez-vous qu'en nous frappant vous vous rendrez coupables d'un grand crime.

Pour toute réponse l'officier ordonna à ses soldats d'apprêter leurs armes et d'avancer. Ceux-ci croisèrent la baïonnette; les défenseurs de la Constitution en firent autant, mais dans ce mouvement précipité, et malgré la recommandation de ne pas tirer, qui avait été faite, un coup de feu partit des rangs des républicains, et les soldats y répondirent par une décharge; Baudin, debout sur la barricade, reçut trois balles dans la tête et tomba baigné dans son sang; un jeune ouvrier placé près de lui fut également tué; les républicains firent alors une décharge générale sur la troupe, un soldat tomba mort et plusieurs furent blessés.

Les militaires se précipitèrent ensuite à la baïonnette sur la barricade, schœlcher reçu deux blessures et, après une vigoureuse résistance, les républicains, mal armées, durent céder au nombre, furent dispersés et se réfugièrent dans les maisons voisines.

Cet épisode d'héroïque résistance de quelques citoyens courageux et de six ou sept représentants du peuple, qui accomplirent jusqu'au bout le mandat qui leur avait été confié; cette mort sublime du martyr Baudin, tombant la Constitution à la main, sous les balles des sicaires des parjures de décembre; ce jeune ouvrier mourant pour la République à côté de l'élu du peuple, sont des exemples sublimes de l'accomplissement du devoir et du dévouement poussés jusqu'au sacrifice, et ils seront à jamais des titres d'honneur et de gloire pour la République qui les inspira.

Voici un autre trait d'héroïsme tout aussi grand que celui que nous venons de raconter.

Le même jour, trois décembre, quelques républicains avaient défendu toute la journée une faible barricade construite à la jonction de la rue du Cadran et de la rue Montmartre. A dix heures du soir deux autres républicains vinrent se joindre aux combattants. C'étaient Carpentier, délégué du comité socialiste et Dussoubs jeune, frère du représentant du département de la Haute Vienne, ils arrivaient de la mairie du 6me arrondissement où une lutte sanglante avait eu lieu dans la journée. Dussoubs dont une balle avait labouré la poitrine était très-agité. Ce brave jeune homme était profondément peiné de ce que son frère, représentant du peuple, retenu au lit par une maladie, ne pouvait venir combattre les violateurs de la Constitution, et il avait résolu de prendre sa place sur les barricades et de mourir pour la République. Il y avait à peine une demie heure que les deux nouveaux combattants étaient derrière la barricade, quand la troupe, sous les ordres du traître de Lourmel, attaqua les républicains. Dussoubs, debout sur les pavés amoncelés et ceint de l'écharpe de son frère, s'adressa aux soldats; il les adjura de ne pas soutenir les violateurs de la Constitution, les ennemis de la République qui, depuis deux jours versaient le sang du peuple et foulaient aux pieds tous leurs serments; il leur démontra l'étendue de leurs crimes et fit appel aux sentiments de fraternité qui doivent unir les soldats au peuple.

Le commandant, simulant l'attendrissement, invita le jeune républicain à descendre de la barricade et à venir auprès de lui pour fraterniser, traiter de la paix et éviter l'effusion du sang; généreux et confiant, comme on l'est à son âge, Dussoubs n'hésita pas à descendre et à aller au devant de ses ennemis; mais à peine eut-il fait dix pas, que sur un signe de de Lourmel les sicaires du despotisme abaissèrent leurs fusils, firent feu et l'assassinèrent. Ils se précipitèrent ensuite sur la barricade et l'enlevèrent après de rudes assauts. Carpentier et une quinzaine de ses braves amis combattirent en héros et moururent en martyrs.

Mais leur mort et celle du généreux Dussoubs furent bien vengées, de nombreux soldats furent tués dans cette attaque et leurs cadavres nagèrent dans une mare de sang au pied de la barricade.

Dans cette journée du trois décembre, il y avait eu un grand nombre de combats dans les rues Montmartre, Saint-Sauveur, du Petit-Carreau, Montorgueil, Aumaire, au passage du Saumont, partout les soldats de la trahison, du parjure et du guet-apens du deux décembre se montrèrent impitoyables et, selon les ordres féroces qu'ils avaient reçus de leurs chefs, ils fusillèrent sans miséricorde tous leurs prisonniers.

Les bourreaux inéxorables ne se lassaient pas d'égorger leurs victimes, Chinderhan on le capitaine Mandrin à la tête de leurs bandes de brigands n'en eussent pas fait autant et se fussent montrés plus humains.

X.

Les Massacres.

Après les lâches assassinats des prisonniers, que nous avons racontés dans le chapitre précédent, devaient nécessairement venir les égorgements des promeneurs inoffensifs.

Voici en quels termes les raconte un écrivain bonapartiste, apologiste de tous les crimes qui furent commis alors, M. le capitaine Mauduit :

„Le 3 décembre 1851, vers dix heures et demie du soir, le colonel de Rochefort, du premier lancier, reçut la mission de partir avec deux escadrons seulement pour maintenir la circulation sur les boulevards....

„Le colonel ayant reçu l'ordre de charger tous les groupes, il se servit *d'une ruse de guerre* dont le résultat fut de châtier un certain nombre de promeneurs en paletots.

„Il masqua ses escadrons pendant quelques instants, dans un pli de terrain, près du Château-d'Eau, pour leur donner le change et leur laisser croire qu'il était occupé de ce côté de la Bastille; mais, faisant brusquement un demi tour sans être aperçu et prescrivant aux trompettes de l'avant-garde de se mettre dans les rangs, il se mit en marche au pas, jusqu'au moment où il se trouva à l'endroit le plus épais de cette foule compacte et incalculable, avec l'intention de piquer tout ce qui s'opposerait à son passage. Les plus audacieux.... se placèrent en avant du colonel et firent entendre le cri insultant de: *Vive l'Assemblée nationale!* Reconnaissant à ce cri une provocation, le colonel Rochefort s'élança comme un lion furieux, au milieu du groupe d'oú il était parti en frappant d'estoc et de taille et de lance. *Il resta sur le carreau plusieurs cadavres.*

„Les lanciers subirent cette rude *épreuve morale* avec un calme admirable.

„De retour à la place Vendôme, et sa *mission accomplie* (mission d'assassin), le colonel de Rochefort s'empressa de rendre compte au général de division Carrelet."

Quelle préméditation, quel sang-froid dans le crime, quel calme dans la férocité! Timour Tamerlan, qui, selon la légende, était né les poings fermés et pleins de sang; Simon de Montfort, qui disait à ses massacreurs: „tuez toujours Dieu saura bien reconnaître les siens;" Charles IX assassinant Jean

Goujon d'un coup d'arquebuse, tiré d'une fenêtre du Louvre, pour donner le signal du massacre de la Saint-Barthelemy; Philippe II, condamnant à mort tous les habitants des Pays-Bas; le duc d'Albe, le bourreau exécuteur des hautes œuvres de ce cruel monarque, idéal des princes catholiques, écrivant à ce dernier, après le sac d'une ville: sire, j'ai exécuté vos ordres et il n'est pas resté dans cette cité pierre sur pierre, ni un être vivant, ni une femme pure; tous les brigands, que nous venons de citer, agissaient, disons-nous, avec moins de cruauté et étaient moins féroces que les assassins du deux-décembre. Les bonapartistes seuls étaient capables de surpasser ces montres des temps passés qui sont encore aujourd'hui la honte de l'humanité.

Mais ce fut surtout le lendemain, que les assassins versèrent le sang à flots.

Comme nous l'avons dit, la résistance s'était organisée de toute part contre le coup-d'État. Le quatre décembre les nombreuses barricades, élevées dès le matin, devenaient formidables, des hommes énergiques, des républicains courageux se préparaient à les défendre vigoureusement, pendant que de nombreux rassemblements de gens bien mis, appartenant à la bourgeoisie, se formaient sur les boulevards, et témoignaient d'une manière non équivoque de leur antipathie pour le coup-d'État et de leur dévouement à la République. La conscience publique se réveillait indignée contre l'odieux attentat, contre la trahison et le parjure. Tout le monde sentait que la résistance allait prendre un caractère énergique et qu'une bataille serait livrée.

Le sieur Maupas, préfet de police, perdait la tête; à une heure et quart il témoignait de ses craintes dans une dépêche au ministre de l'intérieur.

„Les nouvelles deviennent tout à fait graves, disait-il; les insurgés occupent les maisons; les boutiquiers leur livrent leurs armes; la mairie du 5me arrondissement est occupée par les insurgés; ils se fortifient sur ce point.... Voici le moment de frapper un coup décésif, il faut le bruit et l'effet du canon, et il les faut tout de suite."

Dans une seconde dépêche, du même au même, le premier dit: „Les barricades prennent de grosses proportions, elles s'élèvent formidables dans le quartier Saint-Denis; des maisons sont déjà occupées par l'émeute, on tire par les fenêtres; les barricades vont jusqu'au deuxième étage.... Masses compactes aux environs de la préfecture de police. On tire par une grille. — Que faire?

Réponse du ministre de l'intérieur: „Tirez par votre grille."

Comme la résistance augmentait sans cesse et que l'attaque continuait, le préfet de police, perdant de plus en plus la tête, envoya encore plusieurs dépêches à M. de Morny, avec cette continuelle interrogation : Que faut-il faire ?

Le ministre de l'intérieur, voyant que M. Maupas avait grand peur, lui répondit deux fois : *Couchez-vous !* et à une troisième interrogation : *Couchez-vous genf....*

La peur gagnait tout le monde : dans les ministères, à l'État-major, à l'Élysée, on tremblait. Le vieux Jerôme Bonaparte, ex-roi de Westphalie, assiégé par les plus sombres terreurs, écrivait à son neveu pour dégager sa responsabilité et pour lui conseiller des mesures plus libérales.

Pendant que ces faits se passaient, ce dernier tremblait dans sa peau, suant la peur, enfoncé dans son fauteuil, devant ses chenets.

Chaque détonation et chaque coup de canon, qui parvenaient jusqu'à lui, le faisaient trembler, il voyait déjà l'émeute furieuse forcer son palais, enfoncer sa porte et le punir de son attentat. Il tomba dans une noire mélancolie, son impassibilité habituelle l'abandonna ; il n'avait plus rien de ce que ses courtisans appelaient le flegme poussé *jusqu'au génie* ; sa physionomie était blafarde et cadavéreuse. De temps en temps la porte du salon s'entrebaillait et la figure aigrefine de M. Fialin, presque aussi pâle que celle de son maître, apparaissait.

— Quelles nouvelles ? demandait le prince.

— Mauvaises...., très-mauvaises, répondait le complice, de plus en plus pâle, la résistance grandit partout, dans des proportions effrayantes, si cela continue dans quelques heures nous serons cernés et il sera trop tard pour nous sauver.

— Que dites-vous là? Fialin, s'il en est ainsi, donnez l'ordre du départ; allez-vous assurer si les voitures sont prêtes et si je puis fuir encore.

Au moment où Fialin allait sortir pour exécuter les ordres qui venaient de lui être donnés, un jeune officier de cavalerie, ayant des pistolets aux poings, fit son entrée dans la salle; à son apparition et à la vue de ses armes, le prince et son complice firent un mouvement de terreur.

— Qui parle de fuir lâchement, dit le nouveau venu; croyez-vous que je vous laisserai recommencer ici une nouvelle édition des échauffourées ridicules de Strasbourg et de Boulogne, que le manque de courage, la lâcheté et la forfanterie de M. Fialin ont fait échouer si misérablement; croyez-vous que j'ai risqué ma tête pour la perdre? La partie que nous avons engagée, doit être menée jusqu'au bout avec audace, sous peine de défaite honteuse et de châtiment inexorable. Il nous faut donc triompher à tout prix; et, montrant ses pistolets, il ajouta: le premier qui parle de fuir je lui brûle la cervelle! Vous savez prince, ajouta-t-il, ce qui a été convenu entre nous, il ne s'agit pas de reculer maintenant, mais bien de faire exécuter les ordres secrets qui ont été donnés à Saint-Arnaud; veuillez me remettre pour cela les instructions nécessaires, afin que je les envoie au général. Et comme le prince, en proie à une grande terreur, plongé dans une espèce de prostration, restait immobile et inerte devant le jeune officier, celui-ci lui tendit une plume et une feuille de papier en lui disant:

— Voyons, écrivez: „j'ordonne au ministre de la guerre d'exécuter les ordres secrets que je lui ai remis cachetés."

Mais le prince, toujours inerte, semblait ne pas entendre; Fleury arma alors ses pistolets et plaçant la gueule de l'un deux sur le front du président, il lui dit:

— Toute hésitation de votre part vous serait fatale; et, comme je ne veux pas perdre ma tête, si vous ne vous exécutez pas de suite, je fais feu.

Le froid du canon du pistolet produisit sur le prince l'effet d'une pile galvanique; l'instinct de la conservation le fit sortir de sa torpeur; il fit un soubressaut; il prit la plume et écrivit l'ordre demandé.

— Très-bien, dit Florissant, après l'avoir lu; maintenant nous sommes sauvés. Prince, vous me remercierez plus tard de la violence que je viens d'exercer sur vous, car elle aura été la cause de notre salut.

Et ployant l'ordre, il le plaça dans une enveloppe cachetée, à l'adresse du général Saint-Arnaud et sortit pour l'envoyer à ce dernier par un aide-de-camp.

Fialin, plus mort que vif, avait profité de la préoccupation de son maître pour disparaître.

Quand le prince fut seul, il s'accouda sur la table, plaça sa tête dans ses deux mains, et attendit l'effet des ordres qu'il venait d'ordonner d'exécuter.

Il était plongé dans une sorte de torpeur attendant le dénouement du drame qui se jouait, les yeux fixés sur une liasse de papiers sur laquelle il avait écrit le mot *Rubicon.* C'était un plan de coup-d'État fait par l'ancien préfet de police Carlier.

Le Rubicon, que les conspirateurs bonapartistes, auteurs du coup-d'État, allaient franchir, était une mare de sang, sur laquelle surnageraient bientôt des débris humains : des têtes fracassées, des bras, des jambes séparées du tronc par les boulets et par la mitraille, des éclats de cervelles, des corps affreusement mutilés, troués par les balles, percés par les baïonnettes, hachés par les sabres, à côté desquels on verrait des corps de belles jeunes femmes souillés par les égorgeurs de décembre et des cadavres de pauvres petits enfants empallés ou lardés par les baïonnettes.

Le coup-d'État du deux décembre s'est édifié sur des ruines, ses lauriers ont poussés sur les cadavres de ses victimes. Les larmes, les sueurs, le sang et l'or du peuple ont alimenté ses orgies; l'abaissement, l'esclavage et la honte de la France feront sa gloire et sa puissance; c'est par ruse et par trahison qu'il acueilli les palmes sanglantes; c'est dans la nuit, comme un hibou, qu'il a jeté son cri sinistre, son *alea jacta est;* c'est entouré de la rouge auréole des assassins qu'il comparaîtra devant la postérité; car il s'est plongé tout entier dans le crime, dans l'infâmie!

Dès que Saint-Arnaud reçut l'avis que Fleury venait de lui faire parvenir, il décacheta le pli qui lui avait été remis par Louis-Napoléon Bonaparte dans la nuit du deux décembre, et il le lut avec beaucoup de soin et d'attention, après quoi, il prit une plume et écrivit de sa plus belle main un ordre pour le général Magnan, commandant de l'armée de Paris, auquel il le fit porter de suite par un de ses aides-de-camp. Il était alors une heure et demie, les troupes de la garnison de Paris, consignées dans leurs casernes, s'ébranlèrent bientôt pour aller prendre les postes de combat qui leur avaient été assignés d'avance. Les divisions Carrelet et Levasseur furent massées sur les boulevards, depuis celui du Temple jusqu'à celui de la Madeleine, avec ordre de converger vers les portes Saint-Denis et Saint-Martin.

La première division, celle du général Carrelet, avait à elle seule 16,410 hommes. Toutes les troupes dont elle se composait : infanterie, cavalerie et artillerie, étaient entassées les unes contre les autres sur les boulevards, depuis la Madeleine jusqu'à la rue Montorgueil. Ce jour là les trottoirs des boulevards étaient couverts d'une quantité considérable de curieux, de promeneurs élégants, d'hommes, de femmes et d'enfants ; les fenêtres des maisons étaient garnies de spectateurs, tous contemplaient avec étonnement et avec stupéfaction, ce déploiement extraordinaire de forces.

Cornélia Marcus et Félice O.... étaient sur le boulevard regardant, comme tout le monde, la masse compacte des militaires qui couvrait la chaussée.

— Vois donc ces soldats, disait Cornélia, vois quel air extraordinaire ils ont, leurs yeux brillent d'un éclat inaccoutumé, leurs joues sont colorées, on dirait que beaucoup d'entre eux chancellent en s'appuyant sur leurs fusils.

— Tu as raison, chère amie, répondit Félice O..., ces militaires sont ivres et leurs officiers ne le sont pas moins qu'eux, as-tu remarqué quel air étrange ils ont, de quelle façon sinistre ils regardent les passants. On dirait que ces hommes préméditent un mauvais coup.

— Mais écoute, entends ce piétinement de chevaux, vois quel mouvement considérable a lieu dans la foule?

— Ce sont des lanciers, ceux du colonel de Rochefort, le massacreur, qui a déjà tué tant de monde hier au soir sur les boulevards, observe comme ce brigand a l'air farouche, il médite bien sûr quelques mavais coup.

— Quel misérable, ajouta Cornélia, je tremble qu'il ne fasse ici de nouvelles victimes.

Pendant que Cornélia et Félice causaient ainsi, les lanciers avançaient toujours, et le public les accueillait aux cris mille fois répétés de: Vive la Constitution! vive la République!

Au moment où les cavaliers arrivèrent vis-à-vis de Cornélia et de son compagnon, les cris redoublèrent. Le colonel assassin, encore souillé du sang qu'il avait versé la veille, ivre d'eau-de-vie, de colère et de rage, avide de massacre et de carnage, „aussi rapide que l'éclair, d'un seul bond, franchit les chaises et l'asphalte, tomba au milieu des groupes et fit aussitôt le vide au tour de lui. Ses lanciers se précipitèrent alors à sa suite; un de ses adjudants abattit à coup de sabres deux individus....; en un clin d'œil le rassemblement fut dispersé; les curieux s'enfuirent précipitamment, laissant bon nombre d'entre eux sur la place, le colonel continua sa marche en dispersant tout ce qu'il rencontrait devant lui, une trentaine de cadavres restèrent sur le carreau; presque tous étaient bien vêtus et couverts d'habits fins. *

Dès que le colonel de Rochefort sauta sur le trottoir avec son cheval, Félice, entraînant avec lui Cornélia, se recula rapidement en arrière pour éviter les atteintes de ce furieux; mais ce dernier, qui les aperçut, leur asséna un grand coup de sabre, qui eut certainement fendu en deux la tête de Cornélia sans la présence d'esprit et le courage de Félice. Ce dernier, lorsqu'il vit la jeune femme être l'objet des attaques du militaire forcené, saisit une chaise, para heureusement le coup de sabre destiné à sa compagne et se réfugia avec elle dans la maison du Grand-Balcon; tous deux furent conduits, ainsi que quelques autres personnes, au premier étage où est situé le cercle du Commerce.

Il était alors deux heures quarante-cinq minutes; à ce moment arrivèrent plusieurs estafettes apportant des ordres venant du quartier-général de Magnan, c'étaient ceux que Florissant avait fait transmettre une heure avant au ministre de la guerre et que ce dernier faisait exécuter.

La troupe, échelonnée depuis le boulevard de la Madeleine jusqu'à celui Bonne-Nouvelle, changea alors

---

* *Révolution militaire du deux décembre*, pages 217 et 218, par M. Mauduit, apologiste du coup d'Etat.

subitement de front, infanterie, cavalerie et artillerie firent face à la foule qui encombrait les trottoirs.

Les fenêtres étaient couvertes de spectateurs: d'hommes, de femmes et d'enfants avec leurs bonnes, presque tous habitants du quartier, qui avaient fermé leurs boutiques.

Félice et Cornélia regardaient avec une longue vue les troupes les plus éloignées, vers l'extrémité du boulevard Bonne-Nouvelle, lorsque tout à coup ils entendirent quelques coups de fusils tirés par la tête de la colonne et en peu d'instants le feu se propagea avec rapidité et descendit le boulevard comme un rideau de flammes ondulantes. * Il était si régulier que beaucoup le prirent d'abord pour un feu de joie en réjouissance de la prise de quelques barricades, ou bien le crurent destiné à indiquer la position des troupes à quelque autre division. Ce ne fut que quand il arriva à une cinquantaine de mètres de lui que Félice reconnut le son tranché des cartouches à balles; mais alors même il pouvait encore à peine croire le témoignage de ses oreilles, car quant à celui de ses yeux il ne lui faisait découvrir aucun ennemi sur lequel la troupe eut pu faire feu. Il continua ainsi à regarder les soldats jusqu'à ce que la compagnie placée au-des-

---

* Ce récits est emprunté à un Anglais, qui l'a publié dans le Times.

sous de lui apprêta ses armes. Il entraîna aussitôt Cornélia derrière le massif de la muraille entre les deux fenêtres où il se cacha avec elle. Aussitôt une grelle de balles vint frapper le plafond audessus de leurs têtes, les couvrit de poussière et de morceaux de plâtre. Une seconde après ils se couchèrent sur le parquet pour éviter d'être atteints, et une deuxième décharge frappa toute la façade de la maison, le balcon et les fenêtres, une balle brisa la glace sur la cheminée, une autre le globe de la pendule, tous les carreaux de vitres à l'exception d'un seul, les rideaux et les chassis des fenêtres furent coupés. Tandis qu'on rechargeait les armes, Félice et Cornélia en profitèrent pour se réfugier dans les chambres du derrière de la maison et pendant plus d'un quart d'heure ils entendirent le retentissement de la fusillade. Quelques minutes après les canons furent démasqués et pointés contre le magasin de M. Sallandrouze, cinq maisons plus bas, à la droite du Grand-Balcon. La troupe a fait décharge sur décharge sans qu'on lui ait riposté, elle a tué beaucoup de malheureux qui étaient sur les boulevards parce qu'on ne voulait les recevoir dans aucune maison; un grand nombre de personnes ont été tuées sur le seuil de leur porte et quelques unes dans l'intérieur de leur domicile. Il faut que cette fusillade faite de gaieté de cœur ait été le résultat d'une *panique* et que les soldats aient voulu effrayer par un premier feu, dans la crainte que les fenêtres ne fussent garnies d'ennemis cachés, ou qu'elle ait été le résultat d'une *impulsion sanguinaire.* Cette double hypothèse est également *deshonorante* pour des militaires. Mais nous sommes persuadé que la dernière opinion est la seule vraie, et que c'est sur les ordres exprès de l'Élysée remis par Saint-Arnaud à Magnan que ce massacre a eu lieu.

Mais ce n'est pas tout, quand la fusillade fut un peu calmée, les cris des servantes et des gens qui habitaient le rez-de-chaussée de la maison annoncèrent un nouvel événement, et le bruit de plusieurs centaines de voix criant du dehors : Ouvrez! ouvez ! indiquèrent que la force armée voulait entrer.

C'était M. de Larochefoucault, descendant d'une des premières familles de France, un preux, jaloux des lauriers du colonel de Rochefort, qui menaçait de prende d'assaut la maison. Personne n'ayant été lui ouvrir, dans la crainte d'être massacré, il fit enfoncer la porte et entra à la tête de ses soldats ivres d'eau-de-vie et de poudre. Ces furieux se précipitèrent dans les magasins et dans les escaliers, démolissant, brisant et renversant tous les obstacles qu'ils rencontraient sur leur passage. Ils cherchèrent partout, de la cave au grenier et arrêtèrent tous ceux qu'ils aperçurent, entre autre le tailleur bonapartiste Dusautoy et deux de ses ouvriers, qu'ils voulaient absolument fusiller. Ils fouillèrent successivement toutes les chambres jusqu'à ce qu'ils arrivassent enfin dans celle où Cornélia, Félice et les membres du Cercle du Commerce étaient réfugiés il les menacèrent de les fusiller tous. Le général Lafontaine, membre du Cercle, essaya vainement de faire entendre raison à M. de Larochefoucault, mais voyant que ce forcené était ivre, et parconséquent dans une position à ne rien comprendre, il lui dit :

— Eh bien, descendons et vous nous fusillerez, puisque telle est votre intention.

Arrivé sur le boulevard, avec ses compagnons et ses bourreaux, le général aperçut un colonel de sa connaissance, il s'approcha de lui et lui dit :

— Voilà un capitaine ivre, qui veut absolument me faire fusiller avec trente personnes innocentes et parfaitement tranquilles, veuillez le mettre aux arrêts et nous délivrer.

Le général Lafontaine et ses compagnons, parmi lesquels se trouvaient Cornélia et Félice, furent ainsi sauvés des mains d'une soldatesque en débauche, ivre de sang et de carnage. Le général Reybell, qu'ils rencontrèrent un peu plus loin, dit à l'un d'eux, à M. de Sax, le célèbre artiste, inventeur des instruments qui portent son nom, en faisant sans doute allusion à la profession de ce dernier :

Moi aussi, je fais un peu de musique en ce moment. Cette plaisanterie était bien digne en tous points d'un des chefs des bandes féroces de l'Élysée.

Les mêmes scènes de barbarie se reproduisirent au café Cardinal, au café Anglais, chez Tortoni, à l'hôtel de Castille, chez M. Brandus, au Prophète, chez Sallandrouze, chez Messieurs Pecquet, médecin et Boyer, pharmacien.

Dans plusieurs maisons, où pénétrèrent les brigands à la solde de l'Élysée, tous les habitants furent exterminés. Les soldats enfonçaient les portes, entraient dans l'intérieur, montaient à tous les étages; on entendait pendant un moment un tumulte épouvantable, des cris affreux, des bruits confus, de sourdes détonations, des cliquetis d'armes et des râles; les soldats sortaient, puis tout rentrait bientôt dans un silence de mort et, un instant après, les tuyaux de fonte, qui dans ces maisons servent à l'écoulement des eaux, vomissaient sur le trottoir un flot rouge et fumant; ce sang encore chaud était celui des inoffensifs habitants de ces maisons, que la troupe venait d'égorger en exécution des ordres qu'elle avait reçus. N'y a-t-il pas de quoi frémir d'horreur au souvenir de ces atrocités?

Mais pourquoi, dira-t-on, s'en être rendu coupable, quel est le motif, le mobile qui a pu inspirer ces massacres, dont ont ne comprend pas tout d'abord l'utilité?

M. Mayer, apologiste du deux-décembre a répondu tout au long à ces questions, dans son livre, page 55, en disant: „Sous peine de défaite honteuse, il faut *épouvanter*, en matière de coup d'État on ne discute pas on frappe, on n'attend pas l'ennemi on fond dessus, on broye ou on est broyé.“ *

On le voit, c'est absolument comme en matière de guet-apens ordinaire; quand on veut assassiner quelqu'un, au coin d'un bois, il faut l'épouvanter d'abord; on ne discute pas on frappe, on fond sur l'ennemi, on le poignarde, on lui brûle la cervelle, on le broye ou on est broyé.

Ainsi c'était pour *épouvanter* et pour terrifier le peuple de la capitale, pour *broyer* tous ses adversaires, pour noyer dans le sang et pour anéantir par la terreur toute résistance, que la troupe avait accompli les affreux massacres dont nous avons parlé; qu'elle avait tout tué, sans distinction de sexe, d'âge et d'opinion, ainsi qu'elle en avait reçu l'ordre de l'Élysée.

Mais la fusillade et les bayonnettes ne suffisaient pas toujours à l'impatience des massacreurs, l'artillerie leur était nécessaire pour aider et accélérer leur œuvre de destruction. Ce sont encore les organes des assassins de décembre qui le racontent.

On lit en effet dans la *Patrie*: „Un feu de tirailleurs appuyé *d'un obusier* a été instantanément

---

* *Révolution militaire du Deux-Décembre*, par Mayer.

dirigé contre les maisons; les fenêtres, les façades, ont été en partie détruites; puis les détachements sont entrés dans l'intérieur et ont passé par les armes tous les individus qui s'y trouvaient cachés; six d'entre eux, que l'on à découverts derrière des tapis, qu'ils avaient amoncelés pour éviter les balles de la troupe, ont été fusillés sur l'escalier de l'hôtel Lannes, aujourd'hui dépôt des tapis de la fabrique Sallandrouze.

„Plusieurs scènes de même nature se sont passées aux environs du théâtre des Variétés, et la troupe a fait justice des assassins."

Selon l'honnête journal des bandits du deux-décembre, les assassins sont naturellement ceux qui ont été assassinés.

M. Mauduit, écrivain bonapartiste, raconte: „qu'il était entré dans la rue Saint-Denis, où s'étaient livrés les combats les plus sanglants. Deux énormes brèches, à deux angles de maison, annonçaient que là s'étaient arrêtés deux obus avant leur explosion, qui, par leur détonation, avaient brisé tous les carreaux du voisinage. Plus loin, à la maison formant l'angle de la rue Saint-Denis et du boulevard Bonne-nouvelle, il ne restait pas un seul carreau, ni aux devantures des magasins, ni aux croisées. C'était là le résultat des détonations des pièces que l'on avait dû mettre en batterie."

La maison Sallandrouze est une de celles qui

ont le plus souffert du canon; deux pièces placées sur le boulevard, à quelque pas, étaient braquées sur la façade de cette maison et tiraient dessus à bout portant et à toute volée; les boulets à une distance aussi rapprochée entraient profondément dans les murs; et, quoique cette maison, construite en pierres de taille, fut très-solide, elle se fendait et se lézardait de toutes parts, et elle allait s'écrouler sous les coups redoublés des décharges d'artillerie, quand un officier vint au galop de son cheval faire cesser le feu, sans lui ce bâtiment se serait écroulé sur les canonniers et sur les pièces. Les artilleurs ne cessèrent de tirer que pour sauver leurs vies.

La maison Billecoq eut aussi le même sort, elle était si fortement endommagée par la mitraille, les boulets et les obus, qu'on a été obligé de l'étayer pour l'empêcher de s'écrouler, et qu'on devra reconstruire sa façade.

Après avoir, comme nous l'avons dit, massacré les promeneurs sur les boulevards et les paisibles habitants dans leur domicile, soit à l'aide du fusil, soit à l'aide du canon, les assassins du deux-décembre se mirent à faire la chasse aux passants inoffensifs; ils tirèrent dessus comme sur du gibier; mais ils poussèrent encore plus loin l'infamie, ils assassinèrent odieusement ceux qui leur demandèrent protection, ils massacrèrent aussi leurs prisonniers et les lardèrent à coup de baïonnettes;

ils tuèrent lâchement les vieillards, les femmes et les enfants; les plus humains firent coucher ces derniers avec les morts. Ils massacrèrent aussi des femmes grosses et en couches, et n'épargnèrent pas même leurs petits enfants, qu'ils portèrent triomphalement, comme des sauvages, au bout de leurs baïonnettes.

Nous n'en finirions pas si nous voulions énumérer ici toutes les horreurs dont les décembriseurs se rendirent coupables; car ces misérables n'ont laissé aucune infamie à commettre; ils ont poussé la dépravation jusqu'à profaner, à mutiler les cadavres et à voler les morts; cela n'a du reste rien de bien étonnant; les soldats des faussaires, des parjures, des assassins et des voleurs du deux-décembre, des gens souillés de tous les crimes et de toutes les atrocités devaient nécessairement imiter l'exemple de leurs maîtres et, comme eux, se deshonorer par tous les forfaits; ces misérables avaient tellement perdu tout usage du sens moral, toute retenue sur la pente du mal, toute pudeur et toute conscience des crimes atroces qu'ils venaient de commettre, que, quand le soir fut venu, ils allumèrent des feux, bivouaquèrent sur le théâtre de leurs exploits et, les pieds dans le sang, entourés des cadavres de leurs victimes, ils se mirent à boire et à fumer; puis, mêlant la débauche à l'ivrognerie, ils envoyèrent chercher des malheureuses prostituées, afin d'assouvir sur elles toutes leurs brutales passions, mêlant ainsi le sang à la luxure.

Plus d'une pauvre mère, d'une épouse éplorée, dont le fils ou le mari ne rentraient pas, en cherchant les corps de ceux qu'elles aimaient, au milieu des cadavres, purent apercevoir les ignominies des orgies dégoutantes d'une soldatesque ivre de vin, de sang et de luxure.

Cornélia et Félice, en rentrant chez eux, le soir, furent témoins de ces hideux spectacles.

— Regarde, disait la jeune femme, à celui qu'elle aimait, les assassins de la République romaine, consomment un nouveau crime, ils égorgent la République française. Les hommes, qui ont rétabli à Rome la théocratie cléricale, le plus monstrueux et le plus détesté de tous les despotismes, vont restaurer en France la tyrannie impériale, le pouvoir du sabre et le régne de la force brutale. Ce résultat était facile à prévoir, après l'odieux attentat commis contre la République romaine, la république française ne pouvait espérer échapper au même sort. Le crime engendre le crime, et la logique inexorable fait que celui qui se commet aujourd'hui est une conséquence de celui accompli en 1849. La République française est maintenant punie d'avoir égorgé, il y a deux ans, sa sœur, la République romaine; ce fratricide abominable ne pouvait rester sans châtiment.

— Oui, répondit Félice O..., quand une fois

un homme ou un peuple est entré dans la voie du crime, il ne s'arrête ordinairement que quand il est justement puni de ses forfaits.

— Le châtiment est quelquefois bien lent à frapper le coupable, répondit Cornélia, d'un air profondément attristé.

— Lorsque cela arrive, dit Félice O..., c'est que le peuple est tombé dans un profond abaissement, c'est qu'il n'a plus conscience de sa dignité et de ses droits; qu'il a perdu le sentiment de la justice, la notion du bien, l'amour de la vertu et l'horreur du crime; qu'il est dégradé en un mot. Les peuples virils, qui ont conservé les qualités qui distinguent les hommes libres des esclaves, c'est-à-dire, le sentiment de la dignité humaine, de l'égalité, de la justice, l'amour de la liberté, la haine du servilisme, de la tyrannie, du despotisme et de l'esclavage, ces peuples disons-nous, ne supportent pas longtemps le joug; ils s'arment contre ceux qui les oppriment et brisent bientôt leurs fers. L'histoire nous en offre de nombreux exemples: Lorsque le premier César voulut asservir sa patrie, Rome n'était pas encore dégradée par des siècles de servitude, elle avait encore tout son amour de l'indépendance et de la liberté; aussi, quelqu'illustre et quelque grand que fut son premier tyran, le poignard de Brutus en eut bientôt raison. Mais plus tard, lorsque le despotisme et la tyrannie eurent détruit les qualités et le caractère viril du peuple romain, on vit régner une longue suite de tyrans, tous plus abjects et plus infâmes les uns que les autres, et le peuple supporta avec calme et résignation toutes leurs oppressions et tous les excès de leur despotisme. Les gouvernements, qui règnent par la volonté des masses, quoiqu'on en dise sont les miroirs fidèles des peuples, et le thermomètre le plus sûr et le plus exact sur lequel on puisse mesurer le degré de leur état social et de leur dignité.

— D'où l'on pourrait conclure, cher ami, que nous vivons à une époque de décadence et de servilisme où toute dignité et tous nobles sentiments sont morts, puisque nous avons eu le malheur d'assister à la chute de notre chère république, et que nous avons pu voir s'accomplir les crimes odieux, dont nous sommes témoins depuis trois jours, sans que le peuple, pris d'un sentiment de profonde indignation et de colère, ait anéanti les misérables qui se sont rendus coupables de ces forfaits abominables.

— Cette conclusion pourrait bien être éronnée, ma chère Cornélia ; voici pourquoi, d'abord la république romaine n'est pas tombée sous une tyrannie intérieure, mais bien sous les armées de nations étrangères, plus nombreuses et plus fortes que les siennes, ensuite elle a lutté avec courage et persévérance, et si elle a succombée ce n'est que sous le nombre et sous la force. Quant à ce qui vient d'arriver ici, nous ne pouvons encore nous prononcer aujourd'hui; si, depuis trois jours, la résistance n'a pas été aussi forte que nous aurions pu le souhaiter, il ne faut cependant pas encore désespérer de l'avenir, car nous ignorons ce qu'il nous réserve; nous ne savons pas ce qui s'est passé dans les départements à l'occasion du coup-d'État qui s'accomplit en ce moment.

— Tu as raison, mon ami, mais je crois qu'il serait dangereux de nous faire trop illusion, et que nous ferons bien de ne compter que sur nous pour punir les coupables des guets-apens de Rome et de Paris.

— C'est mon opinion, chère amie, aussi la première question que nous aurons à discuter, au sein de la Jeune-Italie, d'après la lettre que je viens de recevoir de notre collégue Giuseppe M..., sera celle de savoir s'il n'est pas bientôt temps de délivrer l'Italie et la France de leurs tyrans.

— C'est là une question facile à résoudre, répondit Cornélia, car il n'est jamais trop tôt pour renverser les tyrans, et l'heure est venue de frapper les nôtres.

— Je le crois aussi, et ce sera cette opinion que je chercherai à faire prévaloir au sein des ventes de l'association.

— Et si tu la fais adopter, tu auras rendu un grand service à la cause de la liberté et de l'humanité.

— Je l'espère, répondit Félice, aussi vais-je y travailler de toutes mes forces.

— Et moi également, ajouta Cornélia.

Cette nuit là les deux conspirateurs dévoués songèrent longtemps au meilleur moyen à employer pour accomplir leur dessein.

FIN DU PREMIER VOLUME.

www.ingramcontent.com/pod-product-compliance
Ingram Content Group UK Ltd.
Pitfield, Milton Keynes, MK11 3LW, UK
UKHW012150240726
13966UKWH00001B/243